高职高专汽车类专业技能型教育教材

汽车底盘及车身电控系统维修

第 2 版

主　编　栾琪文　于京诺
副主编　申　宇
参　编　梁桂航　姚美红　谢在玉
　　　　于　慧　朱　良　王春燕

机械工业出版社

本书系统阐述了现代汽车底盘及车身电子控制系统的结构原理、故障诊断与维修方法。全书共分 11 章，主要内容包括：防抱死制动系统、驱动防滑转系统、电子稳定程序、巡航控制系统、安全气囊系统及预紧式安全带、电控悬架系统、电控动力转向系统、中央门锁与智能进入系统、防盗系统、汽车导航系统、车载网络技术。在讲解各系统结构原理的基础上，主要以大众车系和丰田车系为例介绍了各系统的故障诊断与维修方法，并附有相应的实训项目，有利于培养学生的实践技能。此外，每章都附有复习思考题，以方便教学。

本书既可作为高等职业教育汽车运用与维修专业的教材，又可作为其他相关专业的辅助教材，还可以供汽车维修技术人员参考使用。

图书在版编目(CIP)数据

汽车底盘及车身电控系统维修/栾琪文，于京诺主编；申宇编著.—2 版.—北京：机械工业出版社，2019.1（2025.1重印）
高职高专汽车类专业技能型教育教材
ISBN 978-7-111-61672-6

Ⅰ.①汽⋯　Ⅱ.①栾⋯②于⋯③申⋯　Ⅲ.①汽车-底盘-电气控制系统-车辆检修-高等职业教育-教材②汽车-车体-电气控制系统-车辆检修-高等职业教育-教材　Ⅳ.①U472.41

中国版本图书馆 CIP 数据核字（2018）第 303158 号

机械工业出版社（北京市百万庄大街 22 号　邮政编码 100037）
策划编辑：母云红　责任编辑：母云红　谢　元
责任校对：肖　琳　封面设计：鞠　杨
责任印制：常天培
固安县铭成印刷有限公司印刷
2025 年 1 月第 2 版第 9 次印刷
184mm×260mm　·18.75 印张·456 千字
标准书号：ISBN 978-7-111-61672-6
定价：55.00 元

电话服务　　　　　　　　　　网络服务
客服电话：010-88361066　　　机 工 官 网：www.cmpbook.com
　　　　　010-88379833　　　机 工 官 博：weibo.com/cmp1952
　　　　　010-68326294　　　金 书 网：www.golden-book.com
封底无防伪标均为盗版　　　机工教育服务网：www.cmpedu.com

高职高专汽车类专业技能型教育教材
编委会

主　任　蔡兴旺（韶关大学）
副主任　胡光辉（湖南交通职业技术学院）
　　　　　梁仁建（广东轻工职业技术学院）

编　委（按姓氏笔画排序）：
　　　　　万　捷　（北京计划劳动管理干部学院）
　　　　　马　纲　（江苏城市职业学院）
　　　　　仇雅莉　（湖南交通职业技术学院）
　　　　　戈秀龙　（嘉兴职业技术学院）
　　　　　王　飞　（广州城市职业学院）
　　　　　王一斐　（甘肃交通职业技术学院）
　　　　　王海林　（华南农业大学）
　　　　　刘　威　（北京计划劳动管理干部学院）
　　　　　刘兴成　（甘肃交通职业技术学院）
　　　　　纪光兰　（甘肃交通职业技术学院）
　　　　　何南昌　（广州科技职业技术学院）
　　　　　吴　松　（广东轻工职业技术学院）
　　　　　张　涛　（沈阳理工大学应用技术学院）
　　　　　李幼慧　（云南交通职业技术学院）
　　　　　李庆军　（黑龙江农业工程职业学院）
　　　　　李建兴　（宁波城市职业技术学院）
　　　　　李泉胜　（嘉兴职业技术学院）
　　　　　陈　红　（广州科技职业技术学院）
　　　　　范爱民　（顺德职业技术学院）
　　　　　范梦吾　（顺德职业技术学院）
　　　　　贺大松　（宜宾职业技术学院）
　　　　　赵　彬　（无锡商业职业技术学院）
　　　　　赵海波　（沈阳理工大学应用技术学院）
　　　　　夏长明　（广州金桥管理干部学院）
　　　　　钱锦武　（云南交通职业技术学院）
　　　　　曹红兵　（浙江师范大学职业技术学院）
　　　　　黄红惠　（江苏城市职业学院）
　　　　　谭本忠　（广州市凌凯汽车技术开发有限公司）

序　　言

　　据统计，"十一五"期间中国汽车运用维修人才缺口 80 万。未来 5 年汽车人才全面紧缺，包括汽车研发人才、汽车营销人才、汽车维修人才和汽车管理人才等。2003 年，教育部启动了"国家技能型紧缺人才培养项目"，"汽车运用与维修"是其中的项目之一。2006 年，教育部和财政部又启动了国家示范性高等职业院校建设计划，其中的一个重要内涵就是以学生为主体，以就业为导向，建立新的职教课程体系、教育模式与教学内容，而教材建设是最重要的一个环节。

　　为适应目前高等职业技术教育的形势，机械工业出版社汽车分社召集了全国 20 多所院校的骨干教师于 2007 年 6 月在广东省韶关大学组织召开"高职高专汽车类专业技能型教育教材"研讨会，确定了本套教材的编写指导思想和编写计划，并于 2007 年 8 月在湖南长沙召开"高职高专汽车类专业技能型教育教材"主编会，讨论并通过了本套教材的编写大纲。

　　本套教材紧紧围绕职业工作需求，以就业为导向，以技能训练为中心，以"更加实用、更加科学、更加新颖"为编写原则，旨在探索课堂与实训的一体化，具有如下特点：

　　1. 教材编写理念：融入课程教学设计新理念，以学生为主体，以老师为指导，以提高学生实践职业技能和创新能力为目标，理论紧密联系实践，思想性和学术性相统一。理论知识以够用为度，技能训练面向岗位需求，注重结合汽车后市场服务岗位群和维修岗位群的岗位知识和技能要求，使学生学完每一本教材后，都能获得该教材所对应的岗位知识和技能，反映教学改革和课程建设的新成果。

　　2. 教材结构体系：根据职业工作需求，采用任务驱动、项目导向的新模式构建新课程体系。理论教学与技能训练有机融合，系统性与模块化有机融合，方便不同学校、不同专业、不同实验条件剪裁选用。

　　3. 教材内容组织：精选学生终身有用的基础理论和基本知识，突出实用性、新颖性，以我国保有量较大的轿车为典型，注意介绍现代汽车新结构、新技术、新方法和新标准，加强"实训项目"内容的编写，引导学生在"做"中"学"。内容安排采用实例引导的方式，以激发学生的阅读兴趣，符合学生的认知规律。

　　4. 教材编排形式：图文并茂，通俗易懂，简明实用，由浅入深，深浅适度，符合高职学生的心理特点。每一章均结合人力资源和社会保障部职业资格考试要求，给出复习思考题，使教学与职业资格考试有机结合。

　　此外，为构建立体化教材，方便教师和学生学习，本套教材配备了实训指导光盘和多媒体教学课件。实训指导光盘的内容为实训项目的规范性操作录像和相关资料，附在教材中；多媒体教学课件专供任课教师采用，可在机工教材服务网（www.cmpedu.com）免费下载。

虽然本套教材的各参编院校在教、学、做一体化教学方面进行了有益的探索，但限于认识水平和工作经历，教材中难免仍有许多不足之处，恳请各位专家、同行给予批评指正。

高职高专汽车类专业技能型教育教材编委会

第 2 版前言

《汽车底盘及车身电控系统维修》第 1 版出版已有 8 年时间，本书是为了使汽车运用与维修及相关专业的学生和技术人员能够及时了解汽车底盘及车身电子控制系统的有关知识、掌握汽车底盘及车身电子控制系统故障诊断与维修的基本技能而编写的。近年来，随着汽车电子控制技术的飞速发展，在汽车底盘及车身的系统和部件中，电子控制技术已经发生了很多变化，而且增加了一些新的电子控制技术。在这种情况下，我们对《汽车底盘及车身电控系统维修》第 1 版进行了修订。

基于党的二十大报告中关于"深入实施人才强国战略""坚持尊重劳动、尊重知识、尊重人才、尊重创造"的要求，本次修订在讲授基础理论的同时融入探索性实践内容，以增强学生的自信心和创造力。

第 2 版选用了目前在用的典型车型，删除了老旧车型和老旧技术内容，由原来的 10 章增加到 11 章。在第 1 版安全气囊系统部分增加了预紧式安全带。中央门锁与防盗系统分为两章，一章为中央门锁与智能进入系统，另一章为防盗系统。第 11 章车载网络技术里增加了 MOST 和 FlexRay 总线结构和工作原理。

本教材是高职高专汽车类专业技能型教育教材之一，为推进党的二十大精神进教材、进课堂、进头脑，紧跟时代发展和技术发展，按照深入浅出、理论与实践相结合、注重实践技能培养的原则，在讲解汽车底盘及车身各主要电控系统结构、原理的基础上，重点介绍了故障诊断与维修方法，并且在每章的后面都附有相应的实训项目，以加强对学生理论应用于实际能力的培养以及实践技能的培养。本教材介绍的电控系统故障诊断与维修内容以及在实训项目中所涉及的典型车型，既考虑到这些车型在电控技术方面所具有的代表性，又考虑到学校对于相关实验、实习设备配备的方便性。除此之外，在每章的前面都给出了学习目标，后面附有复习思考题，以利于学生的学习和教师组织教学。

本教材由栾琪文、于京诺担任主编，申宇担任副主编，第 1 章、第 2 章由栾琪文编写；第 3 章由申宇、王春燕编写；第 5 章由谢在玉编写；第 8 章、第 9 章由姚美红、梁桂航编写；第 10 章由朱良编写；第 6 章、第 7 章由于慧编写；第 4 章、第 11 章由梁桂航编写。本教材在编写过程中还得到了润华汽车集团、上海通用东岳汽车有限公司和何全民、陈涛等的大力支持，在此表示衷心的感谢。

由于编者水平有限，书中难免存在错误或疏漏之处，恳请读者批评指正。

编　者

第 1 版前言

近年来，随着汽车电子控制技术的飞速发展，在汽车底盘及车身的系统和部件中，越来越多地采用了新的电子控制技术。为了使汽车运用与维修专业及其相关专业的学生和技术人员能够及时了解汽车底盘及车身电子控制系统的有关知识，掌握汽车底盘及车身电子控制系统故障诊断与维修的基本技能，我们编写了本教材。

本教材按照深入浅出、理论与实践相结合、注重实践技能培养的原则，在讲解汽车底盘及车身各主要电控系统结构、原理的基础上，重点介绍了故障诊断与维修的方法，并且在每一章的后面都附有相应的实训项目，以加强对学生理论应用于实际能力的培养以及实践技能的培养。本教材介绍的电控系统故障诊断与维修内容以及在实训项目中所涉及的典型车型，以常见的大众车系和丰田车系为主，这既考虑到这些车型在电控技术方面所具有的代表性，又考虑到学校对于相关实验、实习设备配备的方便性。除此之外，在每章的前面都给出了学习目标，后面附有复习思考题，以利于学生的学习和教师组织教学。

本教材由于京诺担任主编，第 1 章、第 2 章由于京诺编写；第 3 章由杨占鹏编写；第 4 章、第 9 章由朱良编写；第 5 章由谢在玉编写；第 6 章、第 7 章由于慧编写；第 8 章由宋进桂编写；第 10 章由梁桂航编写；姚美红参加了部分编写工作。本教材在编写过程中还得到了何全民、栾琪文、陈涛等的大力支持，在此表示感谢。

由于编者水平有限，书中难免存在错误或疏漏之处，恳请读者批评指正。

编　者

目 录

序言
第2版前言
第1版前言

第1章 防抱死制动系统（ABS）
1.1 概述 …………………………………… 1
1.2 ABS主要部件的结构和工作原理 …… 8
1.3 典型防抱死制动系统 ………………… 19
1.4 ABS的故障诊断与维修 ……………… 22
本章小结 …………………………………… 25
复习思考题 ………………………………… 26
实训项目1 轮速传感器的检测 ………… 28
实训项目2 ABS执行元件测试 ………… 29

第2章 驱动防滑转系统（ASR）
2.1 概述 …………………………………… 30
2.2 ASR的基本组成和工作原理 ………… 33
本章小结 …………………………………… 35
复习思考题 ………………………………… 36

第3章 电子稳定程序（ESP/EBD/BAS/HAC）
3.1 概述 …………………………………… 38
3.2 ESP主要部件的结构和工作原理 …… 40
3.3 EBD/BAS/HAC ……………………… 43
3.4 丰田皇冠汽车制动控制系统 ………… 44
本章小结 …………………………………… 61
复习思考题 ………………………………… 62
实训项目3 丰田皇冠汽车制动控制系统
电路检测 ……………………… 64
实训项目4 丰田皇冠汽车制动控制系统
故障码诊断 …………………… 65

第4章 巡航控制系统（CCS）
4.1 概述 …………………………………… 66
4.2 定速巡航控制系统 …………………… 67
4.3 主动巡航控制系统 …………………… 83
本章小结 …………………………………… 88
复习思考题 ………………………………… 89
实训项目5 丰田卡罗拉汽车巡航控制系统
典型电路的检测 …………………… 91

第5章 安全气囊系统（SRS）及预紧式安全带 …………… 92
5.1 概述 …………………………………… 92
5.2 SRS主要部件的结构与工作原理 …… 94
5.3 装备预紧式安全带的安全气囊系统 … 103
5.4 安全气囊系统故障诊断与维修 ……… 105
本章小结 …………………………………… 113
复习思考题 ………………………………… 114
实训项目6 故障码的读取与清除 ……… 115
实训项目7 丰田皇冠/锐志汽车SRS
故障码诊断 …………………… 116

第6章 电控悬架系统
6.1 概述 …………………………………… 117
6.2 电控悬架系统的结构与工作原理 …… 119
6.3 电控悬架系统工作过程 ……………… 133
6.4 典型汽车电控悬架系统 ……………… 141
6.5 电控悬架系统的故障诊断与检修 …… 149
本章小结 …………………………………… 155
复习思考题 ………………………………… 156
实训项目8 丰田皇冠汽车电控悬架系统
故障码诊断 …………………… 159

第7章 电控动力转向系统
7.1 液压式电控动力转向系统 …………… 160
7.2 电动式电控动力转向系统 …………… 165
7.3 电控动力转向系统故障诊断与检修 … 169
7.4 四轮转向系统 ………………………… 173
7.5 线控转向系统 ………………………… 180
本章小结 …………………………………… 182
复习思考题 ………………………………… 183
实训项目9 丰田皇冠汽车电控动力转向系统
故障码诊断 …………………… 185

第8章 中央门锁和智能进入系统 ………… 186
8.1 中央门锁系统 ………………………… 186
8.2 无线门锁遥控系统 …………………… 191
8.3 智能进入系统 ………………………… 193
8.4 丰田皇冠/锐志汽车智能进入系统

故障检修 ………………… 194
  本章小结 …………………………… 198
  复习思考题 ………………………… 198
  实训项目10 丰田皇冠/锐志汽车智能进入系统
      电路检修 ………………… 200

第9章 防盗系统 ………………… 201
 9.1 防盗系统的分类 ………………… 201
 9.2 防盗系统的工作原理 …………… 202
 9.3 丰田皇冠/锐志汽车防盗系统故障
   诊断 ……………………………… 204
 本章小结 …………………………… 208
 复习思考题 ………………………… 209
 实训项目11 丰田皇冠/锐志汽车防盗系统
      电路检查 ………………… 210

第10章 汽车导航系统 …………… 211
 10.1 概述 …………………………… 211
 10.2 汽车内部信息导航系统 ……… 214
 10.3 无线电导航系统 ……………… 219

 10.4 一汽威驰汽车导航系统 ……… 229
 10.5 北斗卫星导航系统 …………… 244
 本章小结 …………………………… 245
 复习思考题 ………………………… 246
 实训项目12 威驰汽车导航系统的
      自诊断测试 ……………… 248

第11章 车载网络技术 …………… 250
 11.1 概述 …………………………… 250
 11.2 控制器局域网 ………………… 255
 11.3 车载网络应用实例 …………… 269
 11.4 车联网简述 …………………… 281
 本章小结 …………………………… 282
 复习思考题 ………………………… 282
 实训项目13 大众汽车CAN总线系统的故障
      诊断与维修 ……………… 284
 实训项目14 多路传输系统通信线路的
      故障诊断 ………………… 286

参考文献 …………………………………… 288

第1章 防抱死制动系统（ABS）

📡 **学习目标：**

- 了解 ABS 的基础理论、组成和分类。
- 掌握 ABS 传感器的结构和工作原理。
- 掌握 ABS ECU 的结构和工作原理。
- 掌握 ABS 制动压力调节器的结构和工作原理。
- 掌握 ABS 故障诊断与维修方法。
- 培养学生剖析汽车复杂结构的能力，树立专业志向以及精益求精的工匠精神和劳动精神。

1.1 概述

汽车防抱死制动系统（Anti-lock Brake System，ABS），是汽车上的一种主动安全装置。其作用是在汽车制动时防止车轮抱死，以缩短制动距离，提高汽车制动过程中的方向稳定性和转向控制能力，改善汽车的行驶安全性。

1.1.1 ABS 的基础理论

1. 汽车制动时的附着条件

汽车制动时，车轮制动器的制动力矩约束车轮转动，因此会有地面制动力 F_X 作用于车轮使汽车减速。地面制动力 F_X 是轮胎与地面之间的摩擦力，与汽车的行驶方向相反，是使汽车减速的外力。地面制动力越大，汽车的制动效能越高。

当制动器制动力矩比较小时，随着制动器制动力矩的增大，地面制动力 F_X 也增大，汽车制动减速度增大，此时轮胎在路面上滚动。但随着制动器制动力的继续增大，地面制动力将受到地面与轮胎之间的附着力 F_φ 的限制而不再增长，当地面制动力 F_X 达到附着力 F_φ 时，车轮便抱死滑移。因此，地面制动力 F_X 只能小于或等于附着力 F_φ：

$$F_X \leqslant F_\varphi \tag{1-1}$$

可见，增大附着力 F_φ 是提高制动效能的关键。附着力 F_φ 是地面阻止车轮滑动所能提供的切向反作用力的极限值。附着力 F_φ 正比于地面对车轮的法向反作用力 F_Z 以及车轮与地面之间的附着系数 φ，即

$$F_\varphi = F_Z \varphi \tag{1-2}$$

在地面对车轮的法向反作用力 F_Z 一定的情况下，附着力的大小取决于附着系数 φ。附着系数 φ 的大小与路面和轮胎的性质有关，还与车轮的滑移率有关。

2. 车轮滑移率

汽车行驶时车轮有三种运动状态：当汽车低速滑行时，可以认为车轮是做纯滚动；当汽车处于驱动状态时，驱动车轮在滚动的同时存在一定程度的滑转；当汽车处于制动状态时，制动车轮在滚动的同时存在一定程度的滑移。

车轮滑移率是表示制动过程中车轮滑移程度的。滑移率是指车速与车轮速度的差值与车速之比。滑移率 s 的表达式为：

$$s = \frac{v - v_\omega}{v} \times 100\% = \frac{v - r\omega}{v} \times 100\% \tag{1-3}$$

式中　v——车速（m/s）；

v_ω——车轮速度（m/s）；

r——车轮半径（m）；

ω——车轮转动角速度（rad/s）。

车轮在路面上纯滚动时，$v = v_\omega$，$s = 0$；车轮完全抱死时（即在路面上纯滑移），$\omega = 0$，$s = 100\%$；车轮在路面上边滚动边滑移时，$v > v_\omega$，$0 < s < 100\%$。车轮滑移率越大，说明车轮运动中滑动成分所占比例越大。汽车制动时，在路面附着系数以及作用于车轮上的垂直载荷一定的情况下，车轮制动器的制动力矩越大，车轮滑移率将越大。

3. 附着系数与滑移率的关系

车轮与地面之间的附着系数 φ 会随着车轮滑移率的变化而变化，如图1-1所示。从图中可以看出：

1）路面性质不同，附着系数不同。干燥路面附着系数大，潮湿路面附着系数小，冰雪路面附着系数更小。

2）在同一种路面上，附着系数随滑移率的变化而变化，并且除了雪地的纵向附着系数曲线以外，其他各种路面附着系数曲线的变化趋势大致相同。

下面以常见的干燥硬实路面为例，说明附着系数与滑移率之间的关系。图1-2所示为干燥硬实路面纵向附着系数 φ_x 和横向附着系数 φ_y 随滑移率 s 的变化规律。

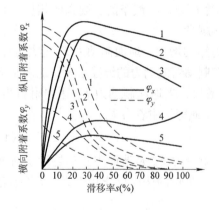

图1-1　附着系数与滑移率的关系
1—水泥（干）　2—沥青（干）　3—沥青（湿）
4—雪（松）　5—冰

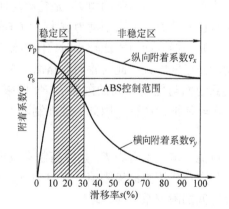

图1-2　干燥硬实路面附着系数与滑移率之间的关系

从图 1-2 中可以看出，开始时随着滑移率的增大，纵向附着系数 φ_x 迅速增大，当滑移率达到 20% 时，纵向附着系数达到最大值，被称为峰值附着系数，用 φ_p 表示。与峰值附着系数对应的车轮滑移率称为峰值附着系数滑移率，用 s_p 表示。此后随着滑移率的继续增大，纵向附着系数逐渐减小，进入到制动非稳定区。当滑移率达到 100%，即车轮完全被抱死滑移时，其附着系数称为滑动附着系数，用 φ_s 表示。通常情况下滑动附着系数总是小于峰值附着系数，在干燥硬实路面上 φ_s 一般比 φ_p 小 10%~20%；在潮湿硬实路面上 φ_s 一般比 φ_p 小 20%~30%。

从图 1-2 中还可以看出，当滑移率为零时，横向附着系数 φ_y 最大，随着滑移率的增大，横向附着系数逐渐减小，当滑移率达到 100% 时，横向附着系数接近于零。

4. 汽车采用 ABS 的必要性

汽车制动时，车轮与路面之间的纵向附着系数 φ_x 影响汽车的制动距离，纵向附着系数越大，制动距离越短。车轮与路面之间的横向附着系数 φ_y 影响汽车制动时的方向稳定性和转向控制能力，横向附着系数越大，制动时的方向稳定性和转向控制能力越好。由上述的附着系数与滑移率之间的关系可知，当汽车制动时如果将车轮完全抱死，滑移率达到 100%。就纵向附着系数而言，其滑动附着系数低于峰值附着系数，这将使车轮完全抱死时的制动距离比具有峰值附着系数时的制动距离变长；就横向附着系数而言，由于在车轮抱死时的横向附着系数接近于零，汽车几乎失去了横向附着能力，因此使汽车的方向稳定性变差，一旦汽车遇到横向干扰力的作用，就可能产生侧滑、甩尾甚至回转等情况。另外，一旦转向车轮抱死，当需要汽车转弯时，尽管驾驶人操纵转向盘使转向车轮偏转，但由于转向轮已经失去了横向附着能力，转向轮将在路面上滑动，汽车不会按照转向轮偏转的方向行驶，而是沿汽车行驶惯性力的方向向前滑动，从而使汽车失去转向控制能力。

综上所述，汽车制动时车轮抱死会使制动距离变长，方向稳定性变差，失去转向控制能力，因此制动时应避免车轮抱死。汽车上采用 ABS 的目的就是避免制动时车轮抱死，将滑移率控制在 10%~30%，在此范围内既有最大的纵向附着系数，使制动距离最短，又有较大的横向附着系数，以获得较好的横向稳定性和转向控制能力。

1.1.2 ABS 的组成和工作过程

ABS 是在传统制动系统的基础上，增加了一套防止车轮制动抱死的控制系统，如图 1-3 所示。ABS 通常由轮速传感器、电子控制单元（Electronic Control Unit, ECU）、制动压力调节器和 ABS 警告灯等组成。制动压力调节器主要包括电磁阀总成、液压泵总成和储液器等。

装备 ABS 的汽车并非只要制动 ABS 就起作用，当制动强度比较低时，ABS 不起作用，只有当制动强度达到一定程度 ABS 才起作用。汽车行驶时，轮速传感器会将每一个车轮的转速信号送至 ECU，汽车制

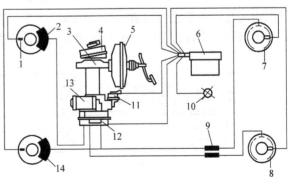

图 1-3 典型 ABS 的组成

1—轮速传感器 2—右前制动器 3—制动主缸 4—制动液罐
5—真空助力器 6—ECU 7—右后制动器
8—左后制动器 9—比例阀 10—ABS 警告灯 11—储液器
12—电磁阀总成 13—液压泵总成 14—左前制动器

动时，ECU 通过监测每一个车轮的轮速信号判断车轮的运动状态，如果制动强度比较低，ECU 监测到的车轮滑移率较小，ABS 不起作用，此时的制动就是常规制动。随着制动踏板继续踏下，制动强度增大，如果 ECU 监测到某一车轮滑移率增大到一定程度，ECU 将发出指令，控制制动压力调节器，使该车轮的制动压力降低或保持不变，防止该车轮滑移率进一步增大，防止车轮抱死，将车轮滑移率控制在 10%～30% 的理想范围。

图 1-3 中 ABS 警告灯装在仪表板上，当 ABS 的 ECU 检测出 ABS 有故障时，ABS 警告灯将点亮，提示驾驶人 ABS 出现了故障，ABS 警告灯还可用于闪烁输出故障码。

图 1-3 中比例阀的作用是根据制动强度、载荷等因素来改变前、后制动器制动力的比值，使之接近于理想的前、后轮制动力分配曲线，提高制动效能。

1.1.3　ABS 的分类

生产 ABS 的厂家很多，主要有德国的博世（Bosch）、戴维斯（Teves）公司，美国的本迪克斯（Bendix）、凯尔西·海斯（Kelsey-Hayes）公司，及日本的电装（Denso）公司等。这些公司生产了各种不同类型的 ABS，归纳起来可以按照以下方式分类。

1. 按总体结构布置分类

ABS 按总体结构布置分类可以分为整体式和分开式两类。整体式 ABS 是指 ABS 的制动压力调节器与制动主缸构成一个整体，结构紧凑、管路接头少，但结构复杂、成本较高，一般用于高级乘用车。分开式 ABS 是指 ABS 的制动压力调节器与制动主缸分开布置，通过制动管路连接。分开式制动压力调节器在车上布置灵活，成本较低，但制动管路接头较多。目前大多数汽车采用分开式 ABS。

2. 按控制通道和传感器数目分类

所谓控制通道是指在 ABS 中能够独立进行制动压力调节的制动管路。按照控制通道数目分，ABS 可以分为四通道式、三通道式、二通道式和一通道式。

（1）四通道式　四通道式 ABS 又可分为以下两种形式。

1）四传感器、四通道、双管路前后布置（图 1-4a）。四通道 ABS 有 4 个轮速传感器，可以检测每一个车轮的运动状态。在通往 4 个车轮制动器轮缸的管路中，各设一路制动压力调节电磁阀，可以对每一个车轮制动器的制动压力进行单独调节，构成四通道控制形式。

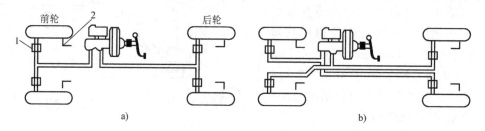

图 1-4　四通道 ABS
a) 双管路前后布置　b) 双管路 X 布置
1—制动压力调节器　2—轮速传感器

由于四通道 ABS 可以单独对每一个车轮进行制动压力控制，ECU 通过轮速传感器信号监测到哪一个车轮趋于抱死，就通过制动压力调节器限制哪一个车轮的制动压力，因此附着系数利用率高，制动时可以最大限度地利用每一个车轮的最大附着力，使制动距离最短。四通道 ABS 的缺点是在某些情况下左右两侧制动力不平衡，例如左右两侧车轮接触的路面附着系数不同，或左右两侧车轮的垂直载荷相差过大，就会造成两侧制动力相差较大，产生制动跑偏，影响汽车制动时的行驶安全性。

2）四传感器、四通道、双管路 X 布置（图1-4b）。这种形式与前一种的区别仅在于制动管路的布置不是前后管路布置，而是 X 管路布置。

（2）三通道式　三通道式 ABS 又可分为以下三种形式。

1）四传感器、三通道、前后管路布置、前轮独立控制、后轮低选控制（图1-5a）。三通道式 ABS 的两个前轮分别为两个通道，可以单独对两个前轮的制动压力进行控制，两个后轮共用一个通道，两个后轮制动压力始终相等，只能一起进行控制。

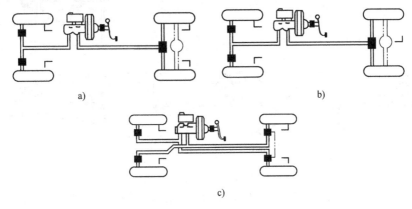

图1-5　三通道 ABS
a) 四传感器、三通道、双管路前后布置、前轮独立控制、后轮低选控制
b) 三传感器、三通道、双管路前后布置、前轮独立控制、后轮低选控制
c) 四传感器、三通道、双管路 X 布置、前轮独立控制、后轮低选控制

前轮独立控制是指可以对两个前轮的制动压力单独进行控制。这样控制的好处是由于乘用车前轴的垂直载荷较大，再加上制动时的载荷转移，使前轮的制动力占汽车总制动力的比例较大（可达70%），前轮独立控制有利于充分利用两前轮的附着系数，缩短制动距离。但是前轮独立控制可能导致制动过程中两前轮的制动力不相等，但由于两前轮制动力不平衡对汽车行驶时方向稳定性的影响相对较较小，可以通过驾驶人的转向操纵对此造成的影响进行修正。

后轮低选控制是指在制动过程中，ECU 监测到两个后轮中的任何一个首先趋于抱死，就同时对两个后轮的制动压力进行控制，这就是所谓的后轮低选原则。两后轮按照低选原则进行控制时，可以保证汽车在各种条件下两侧后轮的制动力相等，即使两侧车轮与路面之间的附着系数相差较大，两个车轮的制动力都限制在附着力较小一侧的车轮的附着力水平，保证了汽车在各种条件下制动时都具有良好的方向稳定性。后轮低选原则的缺点是附着条件较好一侧车轮的附着系数不能充分利用，与四通道、四轮独立控制的 ABS 相比，制动距离稍长。

2）三传感器、三通道、双管路前后布置、前轮独立控制、后轮低选控制（图1-5b）。这种形式与前一种的区别仅在于省去了一个轮速传感器，两个后轮共用一个安装在后桥主减速器上的轮速传感器。

3) 四传感器、三通道、双管路 X 布置、前轮独立控制、后轮低选控制（图 1-5c）。这种形式看起来像是四通道式，但实际上却是三通道式。虽然两后轮制动器分别与两条制动管路连接，管路彼此独立，并且在每一条制动管路都有一路制动压力调节电磁阀，但制动过程中 ECU 是按照低选原则对两侧后轮的制动压力同时进行控制的，相当于两后轮制动器为一个通道。

（3）二通道式 二通道式 ABS 又可分为三传感器二通道式、四传感器二通道式和二传感器二通道式三种形式（图 1-6）。二通道式 ABS 结构简单，成本低廉，但在制动时的方向稳定性、转向控制能力和制动效能等方面难以得到兼顾，目前较少采用。

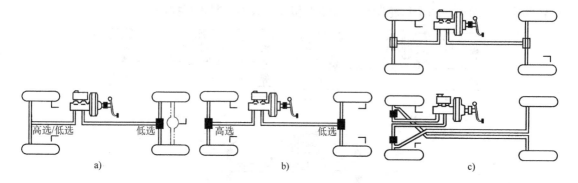

图 1-6 二通道 ABS
a) 三传感器二通道 b) 四传感器二通道 c) 二传感器二通道

（4）一通道式 一通道 ABS（图 1-7）在后轮制动管路中设置一个制动压力调节器调节两后轮的制动压力，在后桥主减速器上安装一个轮速传感器，或者在两个后轮上各安装一个轮速传感器。一通道 ABS 通常都是按照低选原则对两后轮进行控制的，这样使得附着条件较好的一侧后轮的附着系数不能得到充分利用，缩短制动距离的效果并不明显，但可以提高汽车制动时的方向稳定性。

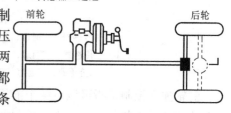

图 1-7 一通道 ABS

一通道式 ABS 对两个前轮没有进行控制，前轮的制动就是常规制动，因此在制动时前轮容易抱死，转向操纵性差。但由于对后轮采用了低选控制，能够明显提高制动时的方向稳定性，并且结构简单、成本低廉，所以某些轻型货车上有应用。

1.1.4 ABS 的控制技术

1. ABS 的控制方式

ABS 无论采用哪种控制方式，其目的都是根据轮速、减速度、车速等信号，判断制动时车轮的运动状态，并通过调节车轮制动器轮缸的制动压力，将车轮滑移率控制在 10%～30% 的范围内，从而获得最佳制动性能。

目前 ABS 的控制方式有车轮滑移率控制方式、逻辑门限值控制方式、最优化控制方式、滑模动态变结构控制方式和模糊控制方式等。其中车轮滑移率控制方式和模糊控制方式需要使用成本较高的多普勒雷达检测车速,因此采用较少。在剩下的三种控制方式中,逻辑门限值控制方式由于实时响应好、执行机构比较容易实现而应用广泛。

逻辑门限值控制方式通常是将车轮的减速度(或角减速度)和加速度(或角加速度)作为主要控制门限,而将车轮滑移率作为辅助控制门限。通过检测车轮的角速度来计算车轮速度和加、减速度,再利用车轮速度和存储在存储器内的制动开始时的汽车速度计算车轮的参考滑移率。ABS 工作时,将这些控制参数与预先设定的门限值进行比较,根据比较结果控制制动压力调节器的电磁阀动作来改变制动力的大小,并在控制过程中记录前一控制周期(在制动过程中,从制动减压、保压到增压为一个控制周期)的各个控制参数,再根据这些参数值确定下一个控制周期的控制条件。

2. ABS 的控制过程

根据道路附着条件的不同,ABS 的控制过程通常分为高附着系数路面控制、低附着系数路面控制和附着系数由高到低的路面控制情况。下面以图 1-8 所示的高附着系数路面控制为例说明 ABS 的控制过程。

在制动初始阶段,车轮制动轮缸的制动压力随制动踏板力的增大而增大,车轮速度 v_ω 下降,减速度增大,如图 1-8 中第一阶段曲线所示。由于制动力较小,车轮的运动状态还没有达到 ABS 起作用的条件,此阶段实际上为常规制动阶段。

当减速度增加到设定门限值 $-a$ 时,ABS ECU 发出指令,使相应的电磁阀转换到"保持压力"状态,控制过程进入第二阶段——保压阶段。取此时的车轮速度为初始参考车速,然后按照给定的斜率计算或确定参考车速 v_{ref},由参考车速可以计算出任意时刻的车轮滑移率,称为参考滑移率。

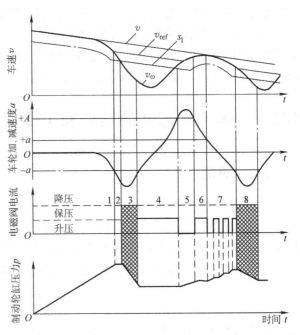

图 1-8 高附着系数路面 ABS 的控制过程
v—车速 v_{ref}—参考车速 s_1—滑移率门限值
v_ω—车轮速度 $+A$、$+a$—车轮加速度门限值
$-a$—车轮减速度门限值

将参考滑移率与设定的滑移率门限值 s_1 进行比较,如果参考滑移率小于滑移率门限值,表明车轮还工作在附着系数与滑移率关系曲线(图 1-2)的稳定区,则继续维持"保压"状态,以充分利用路面附着系数。当参考滑移率大于滑移率门限值时,说明车轮已工作在附着系数与滑移率关系曲线的不稳定区,ABS ECU 发出指令,使相应的电磁阀转换到"减压"状态,控制过程进入第三阶段——减压阶段。

减压后车轮制动力下降,在汽车惯性力作用下车轮减速度开始向正值方向变化,当车轮减速度的绝对值小于车轮减速度门限值 $-a$ 的绝对值时,ABS ECU 使相应的电磁阀再次转换到"保压"状态,控制过程进入第四阶段。

进入第四阶段后,由于汽车惯性力的作用,车轮减速度的绝对值越来越小而变为正值

（加速度），如果车轮加速度未能超过第一个加速度控制门限值 $+a$，则判定路面情况为低附着系数，此时按照低附着系数路面的控制过程进行控制；如果车轮加速度超过第一个加速度控制门限值 $+a$，则继续"保压"；如果车轮加速度超过第二个加速度控制门限值 $+A$ 时，ABS ECU 使制动压力进入第五阶段——"增压"阶段。

增压后，车轮加速度下降，当车轮加速度低于加速度控制门限 $+A$ 时，控制过程进入第六阶段——"保压"阶段，直至车轮加速度降低到加速度控制门限值 $+a$ 时，第六阶段结束。

此后，为了充分利用路面附着系数，进入"增压"和"保压"快速转换的第七阶段。由于制动压力的增大，车轮减速度大于设定门限值 $-a$ 时，控制过程进入第八阶段——"减压"阶段，ABS 进入第二个控制周期，控制过程与上述相同。

ABS ECU 按照设定的控制方式和控制过程，控制制动压力调节器以每秒 2~10 次的频率调节制动轮缸的压力，防止车轮抱死滑移，将各车轮的滑移率控制在理想滑移率附近，缩短汽车的制动距离，提高汽车制动时的方向稳定性和转向控制能力。

1.2 ABS 主要部件的结构和工作原理

1.2.1 传感器

1. 轮速传感器

轮速传感器的作用是检测车轮转速，并将车轮转速信号送入 ABS ECU。轮速传感器一般都安装在车轮处，但有些驱动车轮的轮速传感器安装在主减速器或变速器等传动系统部件中。目前 ABS 轮速传感器主要有电磁式和霍尔式两种。

（1）电磁式轮速传感器 电磁式轮速传感器主要由传感器和齿圈组成。安装在车轮处的轮速传感器如图 1-9 所示，齿圈安装在随车轮一起转动的部件上，如半轴、轮毂制动盘等，传感器安装在固定的部件上，如半轴套管、转向节、制动底板等。

安装在传动系统部件中的轮速传感器如图 1-10 所示，传感器安装在主减速器或变速器壳体上，齿圈安装在变速器输出轴上，或借用主减速器从动齿轮作为齿圈。

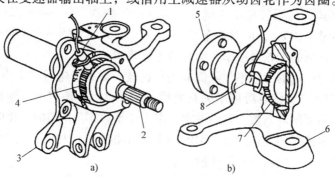

图 1-9 安装在车轮处的轮速传感器
a）驱动轮 b）从动轮
1、8—电磁式轮速传感器 2—半轴 3—悬架支承 4、7—齿圈 5—轮毂
6—转向节

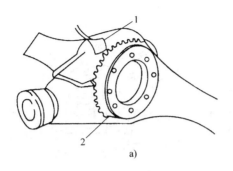

图 1-10 安装在传动系统中的轮速传感器
a) 主减速器 b) 变速器
1、5—电磁式轮速传感器 2—主减速器从动齿轮 3—齿圈 4—变速器

传感器与齿圈之间的间隙很小,通常只有 0.4~2.0mm。为保证传感器间隙正确,传感器的安装位置必须正确,并按照规定的力矩拧紧,否则会影响传感器信号的正常输出。

传感器主要由永久磁铁、铁心和线圈组成,齿圈则是由磁阻较小的铁磁性材料制成,传感器的结构如图 1-11 所示。

电磁式轮速传感器的工作原理如图 1-12 所示,当齿圈上的某一个齿的齿顶与传感器的磁极端部对正时,磁极端部与齿圈之间的间隙最小,形成的磁阻最小,穿过线圈的磁通最大。当齿圈转动到两个轮齿之间的部分对准传感器磁极端部时,磁极端部与齿圈之间的间隙最大,形成的磁阻最大,穿过线圈的磁通最小。转子每转过一个齿,穿过线圈的磁通就发生一次周期

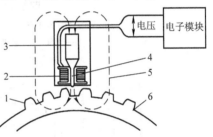

图 1-11 电磁式轮速传感器的基本结构
1—轮齿 2—线圈 3—永久磁铁
4—磁极 5—磁通 6—齿圈

性的强弱变化,磁通的这种变化就会在线圈中感应出交变电压信号,其频率与齿圈的齿数和转速成正比。ABS ECU 通过对轮速传感器输入的电压脉冲频率进行处理,就可以确定车轮的转速。

电磁式轮速传感器的优点是结构简单、成本低,但存在以下缺点。

1) 电磁式轮速传感器的信号电压随车速的变化而变化,信号电压的幅值一般在 1~15V。当车速很低时,传感器产生的信号电压很低,ABS 无法正常工作。

2) 电磁式轮速传感器频率响应较低,当车轮转速过高时,传感器的高频频率响应差,在高速行驶时容易产生错误信号。

3) 电磁式轮速传感器的抗电磁波干扰能力较差,尤其在输出信号幅值较小时。

(2) 霍尔式轮速传感器 霍尔式轮速传感器也是由传感器和齿圈组成的。传感器则由永久磁铁、霍尔元件和集成电路等组成,霍尔式轮速传感器的磁路如图 1-13 所示。

霍尔式轮速传感器是根据霍尔效应原理工作的,永久磁铁的磁力线穿过霍尔元件通向齿圈,在图 1-13a 所示位置时,穿过霍尔元件的磁力线较少,磁场较弱,霍尔元件产生的霍尔电压较低;当齿圈转动至图 1-13b 所示位置时,穿过霍尔元件的磁力线集中,磁场较强,霍尔元件产生的霍尔电压较高。随着齿圈的转动,霍尔元件将输出毫伏(mV)级的准正弦波电压信号。霍尔式轮速传感器中的集成电路(图 1-14a)中的放大电路首先将该信号放大,

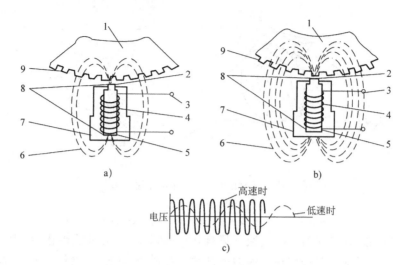

图 1-12 电磁式轮速传感器的工作原理
a) 两齿之间部分与磁极端部对正 b) 齿顶与磁极端部对正 c) 传感器信号
1—齿圈 2—磁极端部 3—线圈引线 4—线圈 5—永久磁铁
6—磁力线 7—电磁式轮速传感器壳体 8—磁极 9—轮齿

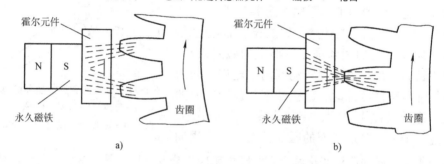

图 1-13 霍尔式轮速传感器的磁路
a) 霍尔元件磁场较弱 b) 霍尔元件磁场较强

然后经施密特触发器转换成标准的脉冲信号,再经过输出放大后输出给 ABS ECU。集成电路中的各级波形如图 1-14b 所示。

霍尔式轮速传感器的优点是:

1)输出的信号电压不随转速的变化而变化,在汽车电源电压为 12V 的条件下,信号的幅值保持在 11.5~12V,即使车速很低时也是如此。

2)传感器频率响应可达 20kHz,在 ABS 中相当于车速为 1000km/h 时所检测的信号频率,因此不会出现高速时频率响应差的问题。

3)由于霍尔式轮速传感器输出的电压信号强弱不随转速变化,且幅值较高,因此抗电磁干扰能力较强。

霍尔式轮速传感器的缺点是结构复杂、成本较高,并且工作时需要有电源电压。

2. 减速度传感器

减速度传感器也称 G 传感器,目前主要用于四轮驱动汽车检测制动时的减速度,以识别是否为冰、雪等易滑路面。

(1)差动变压器式减速度传感器 图 1-15 所示为差动变压器式减速度传感器的结构,

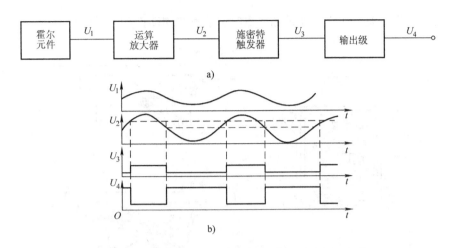

图1-14 霍尔式轮速传感器集成电路框图及各级波形
a) 霍尔式轮速传感器集成电路框图 b) 霍尔式轮速传感器集成电路各级波形

图1-16所示为这种传感器的工作原理。差动变压器的原边线圈连接在振荡电路中,对变压器输入一个交变的电压信号,差动变压器的副边是两个匝数相等绕向相反的线圈,汽车静止或匀速行驶时,差动变压器线圈内的铁心在片簧的作用下处于线圈的中间位置,差动变压器副边的两个线圈的感应电压总是大小相等,方向相反,因此其输出为零。当汽车制动减速时,铁心受到惯性力的作用克服片簧的弹力向前移动,副边的两个线圈产生的感应电压大小不相等,输出信号随之变化,并且汽车减速度越大,铁心的移动量越大,输出的信号值越大。

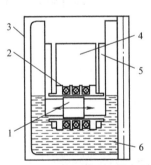

图1-15 差动变压器式减速度传感器的结构
1—铁心 2—线圈 3—差动变压器 4—印制电路板 5—片簧 6—变压器油

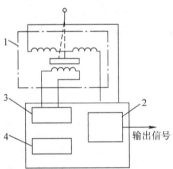

图1-16 差动变压器式减速度传感器的工作原理
1—差动变压器 2—解调电路 3—振荡电路 4—基础电路

(2) 水银开关式减速度传感器 四轮驱动汽车上安装的车身减速度传感器一般采用水银开关式,图1-17所示为水银开关式减速度传感器的结构和工作原理。当汽车处于水平位置时,开关内的水银位于底部,水银将两电极连通,开关接通;汽车在低附着系数的路面上制动时,由于减速度小,开关内的水银移动较小,开关仍处于接通状态;汽车在高附着系数路面上制动时,由于制动减速度较大,水银在惯性力作用下向前移动,开关断开。ABS ECU根据开关的状态,就可以判断出路面附着系数的信息。图1-17所示的减速度传感器装有方向相反的两个水银开关，在汽车前进和后退时都能够检测路面附着系数信息。

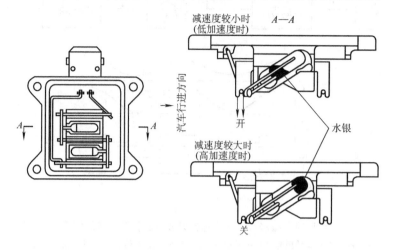

图 1-17　水银开关式减速度传感器的结构和工作原理

1.2.2　电子控制单元

ABS 电子控制单元（ECU）主要用于接收轮速传感器和其他传感器的输入信号，根据设定的控制逻辑，通过计算和逻辑分析、判断后，输出控制指令，控制制动压力调节器调节制动压力。

ABS ECU 主要由输入电路、计算电路、输出电路、安全保护电路等组成。图 1-18 所示为 ABS ECU 的电路框图（四传感器三通道）。

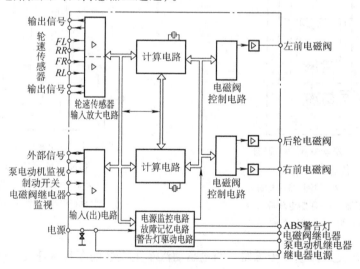

图 1-18　ABS ECU 的电路框图（四传感器三通道）

1. 输入电路

输入电路由低通滤波电路和整形、放大电路组成，用于对轮速传感器等输入信号进行处理，并将模拟信号转变成数字信号输入计算电路。

为了监测轮速传感器及其线路的工作情况，ABS 自诊断系统由计算电路发出监测信号，经输入电路至各轮速传感器，然后再经输入电路将反馈信号送入计算电路，依此判断轮速传感器电路是否正常。输入电路除了传送轮速传感器监测信号外，还接收电磁阀继电器、泵电动机继电器等工作电路的监测信号，并将这些信号经处理后送入计算电路，依此判断这些工作电路工作是否正常。

输入电路还接收点火开关、制动开关、制动液位开关等外部信号。

2. 计算电路

计算电路的作用是根据轮速传感器和其他传感器的输入信号，按照设定的控制逻辑，经计算和逻辑分析、判断后，输出控制指令。

计算电路一般由两个微处理器（CPU）组成，以保证系统工作安全可靠。两个微处理器接收同样的输入信号，在进行运算和处理过程中，通过交互式通信，对两个微处理器的处理结果进行比较，如果处理结果不一致，微处理器立即使 ABS 停止工作，防止系统发生故障后导致错误控制，此时制动系统相当于没有 ABS 的普通制动功能。

计算电路不仅能够监测 ECU 内部的工作情况，还能监测轮速传感器和泵电动机继电器、电磁阀继电器等执行器的工作电路。当监测到这些电路工作不正常时，立即向安全保护电路输出指令，使 ABS 停止工作。

3. 输出电路

输出电路的主要功能是将计算电路输出的数字控制信号（如制动压力增加、保持、降低）转变成模拟信号，通过功率放大器驱动执行器工作。

4. 安全保护电路

安全保护电路由电源监控、故障记忆、继电器驱动和 ABS 警告灯驱动等电路组成。安全保护电路接收汽车电源的电压信号，对电源电压是否稳定在规定范围内进行监控，同时将 12V 或 14V 电源电压变成 ECU 内部需要的 5V 标准电压。

安全保护电路还可以根据微处理器输出的指令，对有关继电器电路、ABS 指示灯电路等进行控制。当 ABS 出现故障时，如电源电压过低、轮速传感器信号不正常，计算电路、电磁阀控制电路、泵电动机电路有故障时，能够根据微处理器的指令，切断有关继电器的电源电路，使 ABS 停止工作，恢复常规制动功能，起到失效保护作用。同时接通仪表板上的 ABS 警告灯，提示驾驶人 ABS 出现了故障，应及时维修，并且将故障信息存储在存储器内，以便进行自诊断检测时读取故障信息。

1.2.3 制动压力调节器

制动压力调节器是 ABS 的执行器，其功用是接收 ECU 的指令，通过电磁阀自动调节车轮制动器的制动压力。

制动压力调节器根据动力来源的不同可分为液压式和气压式两类，液压式主要用于乘用车和轻型货车，气压式主要用于中型和大型客车以及货车。这里只介绍液压式制动压力调节器。按照制动压力调节器调压方式的不同，制动压力调节器又可以分为循环式和可变容积式。

1. 循环式制动压力调节器的组成

循环式制动压力调节器主要由电磁阀、回油泵、储液器等组成（图 1-19）。电磁阀用于控制连接制动主缸和制动轮缸以及储液器三条管路的通断，实现对制动轮缸制动压力的调节；储液器用于暂时储存制动轮缸减压过程中流出的制动液，并衰减制动液的压力波动；回油泵则将储液器的制动液泵回制动主缸。

（1）电磁阀 制动压力调节器的电磁阀主要有三位三通电磁阀和二位二通电磁阀两种。

三位三通电磁阀的表示符号如图 1-20 所示，它有三个液压通孔、三个工作位置，因而有三种工作状态。三位三通电磁阀的结构如图 1-21 所示，当电磁线圈 7 中没有电流通过时，衔铁 6 在主弹簧 12 和副弹簧 15 预紧力的作用下处于上端极限位置，并通过其上端的凸肩带动上压板 13 将回液球阀 4 压靠在回液管 1 端部的阀座上，封闭电磁阀的回液管 1，使其处于关闭状态；而下压板 14 则受主弹簧 12 的作用，将进液球阀 5 向上抬起离开进液管端部的阀座 11，进液阀开启，制动液可以从进液口 8（接制动主缸）进入电磁阀，再从出液口 16（接制动轮缸）流出，此时的工作状态如图 1-22a 所示。

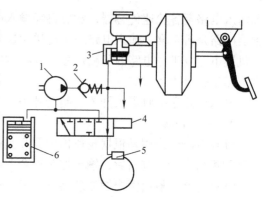

图 1-19 循环式制动压力调节器的组成
1—回油泵 2—单向阀 3—制动主缸
4—电磁阀 5—制动轮缸 6—储液器

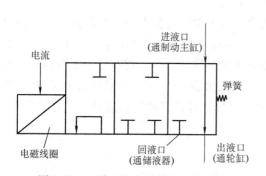

图 1-20 三位三通电磁阀的表示符号

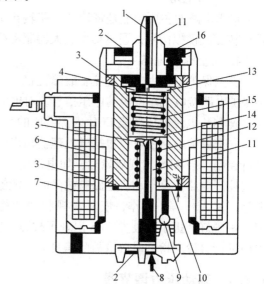

图 1-21 三位三通电磁阀的结构
1—回液管 2—滤芯 3—衔铁支承圈 4—回液球阀
5—进液球阀 6—衔铁 7—电磁线圈 8—进液口
9—限压阀 10—凹槽 11—阀座 12—主弹簧
13—上压板 14—下压板 15—副弹簧 16—出液口

当电磁线圈 7 通较小电流时，产生较小的电磁吸力，吸引衔铁 6 向下移动一定距离，此时主弹簧 12 被压缩，下压板 14 在副弹簧 15 的作用下将进液球阀 5 压靠在进液管端部的阀座 11 上，进液口 8 关闭，而回液球阀 4 仍然被上压板 13 压靠在回液管 1 端部的阀座上，回液口 16 也关闭，制动液既不能进入也不能流出电磁阀，此时的工作状态如图 1-22b 所示。

第 1 章 防抱死制动系统（ABS）

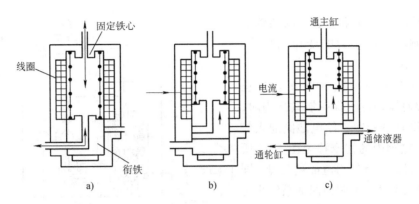

图 1-22 三位三通电磁阀的工作状态
a）电流为零 b）通小电流 c）通大电流

当电磁线圈 7 通大电流时，对衔铁 6 产生较大电磁吸力，衔铁下移至下端极限位置，衔铁下移带动上压板 13 下移，回液球阀 4 离开回液管端部的阀座，回液管 1 处于开启状态，而进液口 8 仍处于关闭状态，因而从出液口 16 流回的制动液可以从回液管 1 流出电磁阀，此时的工作状态如图 1-22c 所示。

（2）回油泵和储液器　回油泵和储液器如图 1-23 所示，回油泵由永磁电动机和柱塞泵组成，当电动机工作时，带动凸轮旋转，驱动柱塞向下运动，柱塞下方的制动液受到压缩，顶开出液阀，制动液被泵回制动主缸；当凸轮基圆与柱塞接触时，柱塞在弹簧力的作用下向上运动，出液阀关闭，储液器内的制动液进入柱塞泵泵腔。

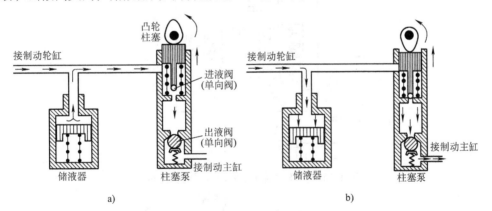

图 1-23 回油泵和储液器
a）柱塞上行 b）柱塞下行

储液器内有活塞和弹簧，当制动轮缸的制动液流入储液器时，推动活塞并压缩弹簧向下移动，使储液器的储液容积增大，暂时存储制动液，减小回流制动液的压力波动。

储液器有高压和低压之分，为了区分，通常将低压储液器称为储液器，而将高压储液器称为储能器或蓄能器。循环式制动压力调节器使用的是储液器，而可变容积式制动压力调节器内除了有储液器以外还有储能器。

2. 循环式制动压力调节器的工作过程

（1）常规制动过程　常规制动过程如图 1-24 所示，根据 ABS ECU 的指令，制动压力调节器的电磁线圈不通电，柱塞（衔铁）在弹簧力的作用下位于最下端，制动主缸的管路经电磁阀与制动轮缸管路相通,制动轮缸的压力随制动主缸压力的变化而变化。此时回油泵不工作。

(2) 保压过程 在 ABS 工作过程中,当需要对制动轮缸保持制动压力时,根据 ABS ECU 的指令,给电磁阀通入较小电流,电磁阀中的柱塞移至图 1-25 所示的中间位置,所有的通道都被关闭,同时切断回油泵电动机电源使回油泵停止工作,制动轮缸内的制动压力保持不变。

(3) 减压过程 当需要对制动轮缸进行减压时,ABS ECU 发出指令,使制动压力调节器电磁阀通入较大的电流,

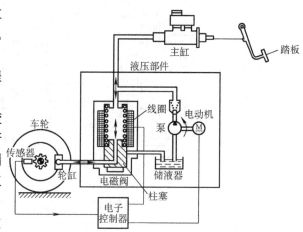

图 1-24 循环式制动压力调节器的常规制动过程

电磁阀中的柱塞在电磁力作用下移向上端,如图 1-26 所示。此时制动主缸与制动轮缸之间的通路被切断,而制动轮缸与储液器之间的管路被接通,制动轮缸中的部分制动液流入储液

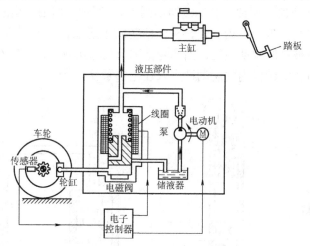

图 1-25 循环式制动压力调节器的保压过程

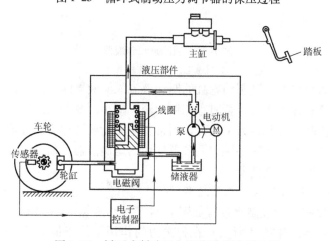

图 1-26 循环式制动压力调节器的减压过程

器，从而减小了该车轮的制动压力。ABS ECU 同时启动回油泵工作，将流入储液器的制动液泵回制动主缸。

由于减压过程中由制动轮缸流入储液器的制动液被回油泵又"循环"回制动主缸，因此这种制动压力调节器称为循环式制动压力调节器。另外，制动液在循环回制动主缸的过程中，会造成制动主缸内的制动液压力波动，因而制动踏板会有反弹的感觉，踏板反弹的频率为 3~4 次/s。

（4）增压过程 当需要对制动轮缸增加制动压力时，ABS ECU 发出指令，使电磁阀断电，电磁阀中的柱塞在弹簧力的作用下又回到原始位置，制动主缸和制动轮缸的管路再次相通，来自制动主缸的制动液可以再次进入制动轮缸，使制动轮缸的压力增大，如图 1-27 所示。

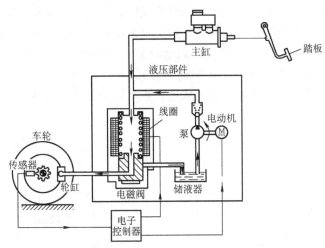

图 1-27 循环式制动压力调节器的增压过程

3. 可变容积式制动压力调节器的工作过程

可变容积式制动压力调节器主要由电磁阀、控制活塞、液压泵、储液器和储能器等组成。

（1）常规制动过程 常规制动过程如图 1-28 所示，电磁阀线圈中没有电流通过，电磁阀中的柱塞在弹簧力的作用下位于最左端位置，将控制活塞的大端工作腔与储液器接通，控制活塞大端工作腔内的控制油液可以进入储液器，控制活塞在其右端回位弹簧的作用下运动到最左端位置，控制活塞左端的推杆将单向阀顶开，使制动主缸与制动轮缸之间的管路连通，制动主缸内的制动液可以直接进入制动轮缸，制动轮缸的制动压力随制动主缸的压力的变化而变化。

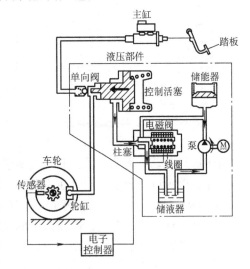

图 1-28 可变容积式制动压力调节器的常规制动过程

（2）保压过程 保压过程如图 1-29 所示，当需要保持制动压力时，ABS ECU 发出指令，给制动压力调节器的电磁线圈通入较小的电流，电磁阀中的柱塞在电磁吸力和弹簧力的共同作用下处于中间位置，因此将通向储能器、控制活塞工作腔以及储液器的油路全部封闭，来自储能器和液压泵的控制油液不能进入控制活塞大端工作腔，控制活塞大端工作腔的控制油液被密封，工作腔内的油压保持不变，控制活塞保持一定位置不动，因此控制活塞小端工作腔的容积不发生变化，而此时单向阀仍处于关闭状态，所以制动轮缸的油压保持不变。

（3）减压过程　减压过程如图1-30所示，在ABS工作过程中，当需要减小制动轮缸的制动压力时，ABS ECU给制动压力调节器的电磁线圈通入较大的电流，电磁阀中的柱塞在电磁吸力的作用下克服弹簧力移至右端位置，将储能器与控制活塞工作腔之间的油路接通，同时将通向储液器的油路关闭。液压泵开始工作，来自储能器或液压泵的高压控制油液进入控制活塞大端的工作腔，克服弹簧弹力，推动控制活塞右移。控制活塞右移的过程可分为两个阶段，开始时随着控制活塞的右移单向阀落座关闭，制动主缸与制动轮缸之间的通路被切断，制动主缸的制动液不可能再进入制动轮缸，这是第一个阶段；此后，随着控制活塞继续右移，控制活塞小端工作腔的容积增大，制动轮缸内的部分制动液进入控制活塞小端工作腔，制动轮缸的制动液压力下降。轮缸制动压力减小的程度取决于控制活塞向右移动的距离，移动距离越大，控制活塞小端形成的减压容积就越大，轮缸制动压力降低得也越大。

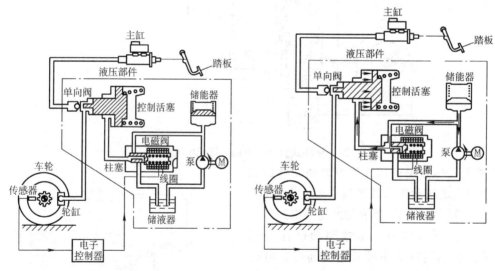

图1-29　可变容积式制动压力
　　　　调节器的保压过程

图1-30　可变容积式制动压力调节器的减压过程

由于这种制动压力调节器工作时是通过改变控制活塞小端的容积调节轮缸的制动压力的，因此被称为可变容积式制动压力调节器。

（4）增压过程　增压过程如图1-31所示，当需要增大制动压力时，ABS ECU切断制动压力调节器电磁线圈的电流，电磁阀中的柱塞在弹簧力的作用下回到左端原始位置，将控制活塞大端工作腔与储液器的管路接通，控制活塞大端工作腔内的控制油液流入储液器，控制活塞在弹簧力的作用下回到左端初始位置，控制活塞端部的推杆顶开单向阀，将制动主缸与制动轮缸之间的油路连通，来自制动主缸的制动液可以再次进入制动轮缸，使制动轮缸的压力增大。

可变容积式制动压力调节器中的液压泵与循环式制动压力调节器中的回油泵的作用不

同。循环式制动压力调节器中的回油泵的作用是将减压过程中流入储液器的制动液泵回制动主缸,而可变容积式制动压力调节器中的液压泵的作用是为控制油液建立油压,用于对控制活塞的控制。液压泵由安装在液压泵出口处的压力控制开关控制工作,当储能器内的控制油液压力低于设定压力时,压力控制开关闭合,接通液压泵电动机电路,液压泵工作,将控制油液由储液器泵入储能器;当储能器内的压力高于设定压力时,压力控制开关断开,液压泵停止工作,如此将储能器内控制油液的压力始终保持在规定的范围内。

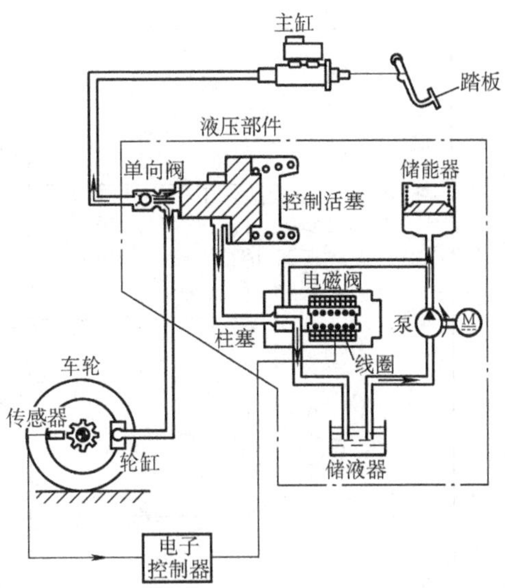

1.3 典型防抱死制动系统

图1-31 可变容积式制动压力调节器的增压过程

下面以丰田威驰汽车ABS为例进行介绍。

1. ABS的组成

威驰汽车ABS为四通道式,主要由四个电磁式轮速传感器、ABS ECU及执行器总成、ABS熔断器以及故障警告灯等组成。ABS执行器的制动压力调节器为循环式,由八个二位二通电磁阀和回油泵等组成。威驰汽车ABS电路图如图1-32所示。

2. ABS故障自诊断检测

(1) 读取和清除故障码

故障码的读取和清除可以使用丰田手持式诊断仪,也可以通过人工方式进行。

1) 故障码读取方法如下。

① 用诊断仪读取故障码。将诊断仪与故障诊断插接器数据通信接口(Data Link Connector, DLC) 3相连,将点火开关转至ON位置,按诊断仪上的提示进行操作,即可读取故障码。

② 人工读取故障码。

a. 关闭点火开关,使用丰田专用连接工具SST09843-18040连接故障诊断插接器(DLC3)端子TC与CG。

b. 将点火开关转至ON位置,仪表板上的ABS故障警告灯将闪烁输出故障码。故障码的显示方式如图1-33所示,故障码见表1-1。

表1-1 威驰汽车ABS故障码表

故障码	诊断	故障码	诊断
C0200/31	右前轮速传感器信号故障	C0273/13	ABS电动机继电器电路断路
C0205/32	左前轮速传感器信号故障	C0274/14	ABS电动机继电器电路短路
C0210/33	右后轮速传感器信号故障	C0278/11	ABS电磁阀继电器电路断路
C0215/34	左后轮速传感器信号故障	C0279/12	ABS电磁阀继电器电路短路
C0226/21	右前电磁阀故障	C1241/41	蓄电池电压过低或过高
C0236/22	左前电磁阀故障	C1249/49	制动灯开关电路断路
C0246/23	右后电磁阀故障	C1251/51	泵电动机锁止
C0256/24	左后电磁阀故障	故障灯常亮	ABS ECU故障

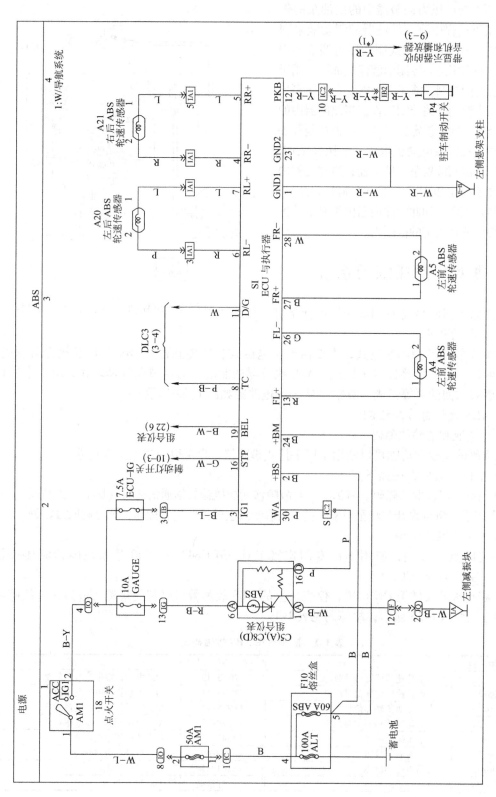

图 1-32 威驰汽车 ABS 电路图

2) 故障码清除方法如下。

① 用诊断仪清除故障码。将诊断仪与故障诊断插接器（DLC3）相连，将点火开关转至 ON 位置，按诊断仪上的提示进行操作即可清除故障码。

② 人工清除故障码。

a. 关闭点火开关，使用丰田专用连接工具 SST09843-18040 连接故障诊断插接器（DLC3）端子 TC 与 CG。

b. 将点火开关转至 ON 位置，在 5s 内将制动踏板踩下不少于 8 次，即可清除故障码。

（2）执行器测试

执行器测试是通过诊断仪向汽车上的电子控制单元发出指令，再由电子控制单元向汽车上的有关执行元件发出工作指令，使执行元件工作，以判断执行元件工作是否正常。进行执行器测试时，将车辆举起，一人在车内操纵诊断仪，另一人在车外转动车轮，根据车轮能否转动，判断执行元件工作情况。具体步骤如下。

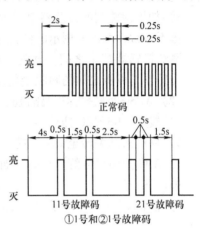

图 1-33 故障码显示方式

1) 连接丰田手持式诊断仪。

① 将丰田手持式诊断仪连接到故障诊断插接器（DLC3）上。

② 起动发动机怠速运转，在诊断仪上选择"ACTIVE TEST（动作测试）"模式。

2) 测试执行器电动机是否工作。

① 操纵诊断仪，接通电动机继电器，应能听到执行器电动机工作的声音。

② 断开电动机继电器，踩下制动踏板并保持 15s，制动踏板不应下沉。

③ 接通电动机继电器，检查制动踏板不应有脉动（连续接通电动机继电器的时间不应超过 5s，两次接通的时间间隔应大于 20s）。

④ 断开电动机继电器，放松制动踏板。

3) 测试右前轮动作。

① 踩下制动踏板。

② 同时接通右前轮进、出油电磁阀 SFRH 和 SFRR，检查制动踏板不应下沉（连续接通电磁阀的时间不应超过 5s，两次接通的时间间隔应大于 20s）。

③ 同时切断右前轮进、出油电磁阀 SFRH 和 SFRR，检查制动踏板应下沉。

④ 接通电动机继电器，检查制动踏板应回升（连续接通电动机继电器的时间不应超过 5s，两次接通的时间间隔应大于 20s）。

⑤ 切断电动机继电器，放松制动踏板。

4) 按照相同的方法测试其他车轮电磁阀。

3. ABS 电路检测

（1）轮速传感器及其电路检测

1) 关闭点火开关，拔下 ABS ECU 插接器。

2) 使用万用表测量 ECU 插接器（图 1-34）端子 13 和端子 26（左前轮速传感器）、端子27和端子28（右前轮速传感器）、端子6和端子7（左后轮速传感器）、端子4和端子5（右后轮速传感器）之间的电阻，前轮速传感器的电阻值应为1.4~1.8kΩ，后轮速传感器的电阻值应不大于2.2kΩ。

3）如果检测到某一传感器的电阻值与上述值不符，拔下该轮速传感器插接器，直接检测该传感器两端子之间的电阻，以判断故障在传感器还是在线路。

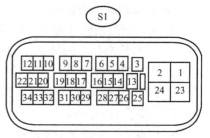

图1-34 ABS ECU 插接器

4）如果检测到的传感器电阻值正常，但仍怀疑传感器工作不正常，可以使用示波器检测轮速信号波形，将示波器连接到ABS ECU线束插接器被检测的传感器端子之间，驾驶车辆以20km/h的车速行驶。如果波形异常，说明齿圈损坏、传感器与齿圈之间的间隙变化过大或者传感器与齿圈之间有铁屑等杂质。

（2）ABS故障警告灯电路检测

1）拔下ABS ECU插接器。

2）将点火开关转至ON位置。

3）ABS故障警告灯应点亮。如果警告灯不亮，修理或更换组合仪表总成；如果警告灯亮，进行下一步骤。

4）检查ABS ECU端子30与组合仪表之间的线路和插接器。

1.4　ABS的故障诊断与维修

1.4.1　使用与检修注意事项

1）装备ABS的汽车在制动时切忌反复踩、放制动踏板，而应保持制动踏板持续踩下。

2）ABS起作用时会产生液压噪声，制动踏板会振颤，这属于正常现象，应继续保持制动踏板踩下。

3）应使用汽车生产厂家推荐的规格和型号的轮胎，不能混用不同规格的轮胎。轮胎的气压应符合厂家要求。

4）应及时补充制动液，并按照汽车生产厂家要求的间隔更换厂家推荐型号的制动液。

5）更换制动液后，或者使用中发现制动踏板发软，应及时对制动系统进行排气。

6）ABS是以常规制动为基础，如果常规制动系统有故障，ABS就不能正常工作。因此在检查ABS故障之前，应先确认常规制动系统工作正常。

7）如果需要拆卸制动液压系统有关的部件或管路，应首先对系统进行泄压。泄压的方法是：关闭点火开关，反复踩制动踏板，直至感觉制动踏板阻力明显增大为止。另外，在制动液压系统没有安装好之前，不要接通点火开关，以免电动泵工作泵油。

1.4.2　ABS故障检修的一般程序

不同车型ABS故障的检修方法不尽相同，但故障检修的一般程序基本相同。图1-35所示为ABS故障检修的一般程序，使用中可灵活运用。也可以根据不同车型、不同故障现象通过更为简单的步骤判断出故障，或根据经验直接判断出故障原因。

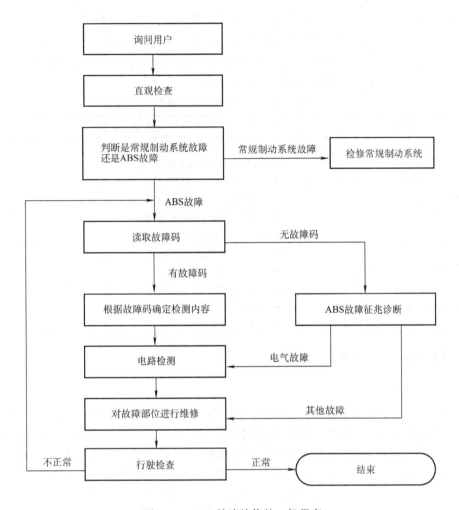

图 1-35　ABS 故障检修的一般程序

（1）询问用户　向用户询问故障现象、故障发生的条件，是否检修过，检修过哪些部位等，并且最好驾驶车辆对用户叙述的故障现象进行验证，以便对故障原因进行综合判断。

（2）直观检查　包括制动液压系统是否泄漏，制动液质量以及液位，ABS 部件以及线束和插接器外观是否完整，连接是否可靠。

（3）判断是常规制动系统故障还是 ABS 故障　接通点火开关后如果 ABS 故障警告灯不亮、常亮或者在汽车行驶过程中点亮，则为 ABS 故障；如果 ABS 故障警告灯工作正常，则根据故障现象判断是否为常规制动系统故障，如果不是常规制动系统故障，则应检测 ABS。

（4）读取故障码　根据不同车型，按照相应的方法读取故障码，如果有故障码，应根据故障码表确定需要进一步检查的内容。

（5）ABS 故障征兆诊断　有故障现象，但没有读取到故障码时，可以按照故障征兆诊断表（表 1-2）确定需要检查的内容。如果需要检查的是电气故障，则应进行电路检测；如果是其他故障，则直接对故障进行处理。

（6）电路检测　无论是通过故障码还是故障征兆诊断表诊断出故障的范围后，通常都要通过电路检测（检测电阻、电压、波形等）确定故障的具体部位。

（7）对故障部位进行维修　对于线路以及插接器的故障可进行相应的维修处理，对于部件故障，通常是进行更换。但更换部件时如果需要拆卸制动液压系统部件，则应注意先泄压。

（8）行驶检查　维修工作结束后，以30km/h以上的车速行驶，观察ABS故障警告灯是否正常。进行制动试验，观察车辆制动是否正常。

表1-2　ABS故障征兆诊断表

故障征兆	检查内容
ABS不工作，紧急制动时车轮抱死，或者制动效果差	● 读取故障码，再次确认无故障码输出 ● 检查轮速传感器及其电路 ● 检查ABS执行器及其电路 ● 检查ABS ECU的电源及搭铁电路 ● 检查制动液压系统是否泄漏 ● 更换ABS ECU进行试验
ABS故障警告灯不正常	● 检查ABS故障警告灯及电路 ● 更换ABS ECU进行试验
不能进行自诊断检测	● 检查ABS故障警告灯及电路 ● 检查诊断插座电路 ● 更换ABS ECU进行试验

1.4.3　ABS故障检修方法

1. 故障自诊断检测

故障自诊断检测通常包括读取故障码、读取数据流（测量数据块）、执行器测试等。

（1）读取故障码　现代汽车读取故障码通常有两种方式，一种是使用诊断仪读取故障码，例如1.3节中介绍的使用诊断仪读取威驰汽车ABS故障码，将诊断仪连接到汽车上的诊断插座上，通过操纵仪器读取故障码（使用诊断仪还可以查阅故障码的含义以及电路检测方法）；另一种是人工方式读取故障码，例如1.3节中威驰汽车通过短接诊断插座相应的端子或者通过其他方式触发自诊断系统，通过故障警告灯闪烁输出故障码，或通过汽车上的信息显示屏输出故障信息。

（2）读取数据流（测量数据块）　数据流是ECU接收的各种即时输入数据以及输出的各种即时控制数据的总称。数据流可以通过诊断仪读取，通过对数据流的分析，可以发现异常信息，以便于对故障进行判断。

（3）执行器测试　执行器测试是诊断仪的功能之一，通过诊断仪向被检测系统的控制单元发出指令，使控制单元驱动有关的执行器工作，从而判断执行器是否存在故障。例如1.3节中介绍的使用丰田诊断仪对威驰汽车ABS执行器的测试。

2. 根据故障征兆诊断故障

如果系统存在故障现象，但没有读取到故障码，就需要根据故障征兆列出可能产生该故障现象的各种原因，然后按照可能性的大小以及先易后难的原则，对可能的各种原因逐一检查排除，直至找到故障所在。

3. 电路检测

通过上述的故障检测方法，无论是读取到故障码，还是通过读取数据流发现不正常情况而怀疑某一部件，以及通过执行器测试发现某一部件工作不正常，也包括根据故障征兆诊断故障，都需要进一步检测电路以确定故障的具体部位。电路检测的内容通常是确定故障是在部件还是在线路、插接器或者熔断器等具体位置，以及故障的类型和性质等。电路检测常用的手段有使用万用表检测电阻、电压，以及使用示波器检测波形等。

本 章 小 结

- ABS 的作用是在汽车制动时防止车轮抱死，以缩短制动距离，提高汽车制动过程中的方向稳定性和转向控制能力，改善汽车的行驶安全性。
- 汽车制动时，车轮与路面之间的纵向附着系数影响汽车的制动距离，横向附着系数影响汽车制动时的方向稳定性和转向控制能力。
- 汽车制动时如果车轮完全抱死，其纵向附着系数将比滑移率为 10%～30% 时的峰值附着系数小，使制动距离变长；其横向附着系数将接近于零，使汽车的方向稳定性变差。另外，一旦转向车轮抱死，将使汽车失去转向控制能力。因此在汽车上采用 ABS，在制动时将滑移率控制在 10%～30%，以缩短制动距离，提高汽车制动过程中的方向稳定性和转向控制能力，改善汽车的行驶安全性。
- ABS 通常由轮速传感器、ECU、制动压力调节器和 ABS 警告灯组成。制动压力调节器主要包括电磁阀总成、液压泵总成和储液器。
- ABS 的分类按总体结构布置分类可以分为整体式和分开式两类；按照控制通道数目分，可分为四通道式、三通道式、二通道式和一通道式；按照传感器数目分可分为四传感器式、三传感器式和二传感器式等。
- ABS 的控制方式有车轮滑移率控制方式、逻辑门限值控制方式、最优化控制方式、滑模动态变结构控制方式和模糊控制方式。其中逻辑门限值控制方式由于实时响应好，执行机构比较容易实现而应用广泛。
- 采用逻辑门限值控制方式的 ABS 在高附着系数路面的控制过程包括七个阶段，依次为常规制动阶段、保压阶段、减压阶段、保压阶段、增压阶段、保压阶段、增压和保压快速转换阶段，然后再循环回减压阶段。
- ABS 轮速传感器主要有电磁式和霍尔式两种。电磁式轮速传感器主要由永久磁铁、铁心和线圈组成；霍尔式轮速传感器由永久磁铁、霍尔元件和集成电路等组成。
- 电磁式轮速传感器的优点是结构简单，成本低。缺点是信号电压随车速的变化而变化，频率响应较低，抗电磁波干扰能力较差。霍尔式轮速传感器的优点是输出的电压信号不随转速的变化而变化，高速时频率响应好，抗电磁干扰能力较强。缺点是结构复杂，成本较高，并且工作时需要有电源电压。
- 减速度传感器主要有差动变压器式和水银开关式，主要用于四轮驱动汽车检测制动时的减速度，以识别是否为冰、雪等易滑路面。
- ABS ECU 主要由输入电路、计算电路、输出电路、安全保护电路等组成。主要用于接收轮速传感器和其他传感器的输入信号，根据设定的控制逻辑，通过计算和逻辑分析、判断后，输出控制指令，控制制动压力调节器调节制动压力。
- 制动压力调节器可以分为循环式和可变容积式。其功用是接收 ECU 的指令，通过电磁阀自动调节制动器的制动压力。
- 循环式制动压力调节器主要由电磁阀、回油泵、储液器等组成；可变容积式制动压力调节器主要由电磁阀、控制活塞、液压泵、储液器和储能器等组成。它们的工作过程都可以分为常规制动过程、保压过程、减压过程、增压过程。

- ABS 具有故障自诊断功能，当接通点火开关时，ABS ECU 便开始对系统进行自检，如果系统正常，ABS 故障警告灯点亮 2s 后将熄灭。如果接通点火开关后 ABS 故障警告灯不亮，或者常亮，或者行驶过程中 ABS 故障警告灯点亮，均说明 ABS 有故障，应读取故障码，查明故障原因并排除故障。
- 在对 ABS 进行故障检修时应按照故障检修的一般程序进行，但使用中可灵活运用，也可以根据不同车型、不同故障现象通过更为简单的步骤判断出故障，或根据经验直接判断出故障原因。
- ABS 故障检修方法包括故障自诊断检测和根据故障征兆诊断故障以及电路检测方法。其中故障自诊断检测主要包括读取故障码、读取数据流和执行器测试等。

复习思考题

一、填空题

1. ABS 通常由_____、_____、_____和 ABS 警告灯组成。
2. ABS 的分类按总体结构布置分类，可以分为_____和_____两类；按照控制通道数目分类，可以分为_____、_____、_____和_____。
3. ABS 的控制方式有_____、_____、_____和_____。
4. 采用逻辑门限值控制方式的 ABS 在高附着系数路面的控制过程依次为常规制动阶段、_____、_____、_____、_____、_____、_____，然后再循环回到减压阶段。
5. ABS 轮速传感器主要有_____和_____两种。
6. 轮速传感器与齿圈之间的间隙通常只有约_____，为保证传感器间隙的正确，传感器的安装位置必须正确，并按照_____拧紧。
7. 电磁式轮速传感器主要由_____、_____和_____组成。
8. 霍尔式轮速传感器由_____、_____和_____等组成。
9. 常见的减速度传感器有_____式和_____式。
10. ABS ECU 主要用于接收_____的输入信号，根据设定的控制逻辑，通过计算和逻辑分析、判断后，输出控制指令，控制_____调节制动压力。
11. ABS ECU 主要由_____、_____、_____、_____等组成。
12. 按照制动压力调节器调压方式的不同，制动压力调节器可以分为_____式和_____式。
13. 循环式制动压力调节器主要由_____、_____、_____等组成。
14. 循环式制动压力调节器的电磁阀主要有_____和_____两种。
15. 储液器有高压和低压之分，通常将低压储液器称为_____，而将高压储液器称为_____或_____。
16. 制动压力调节器的工作过程可分为_____、_____、_____和_____。
17. ABS 是以_____为基础，如果_____有故障，ABS 就不能_____。
18. 如果需要拆卸制动液压系统有关的部件或管路，应首先对系统进行_____。

19. ABS 起作用时会产生_____，制动踏板会_____，这属于正常现象，应继续保持_____。

二、判断题

1. 具有 ABS 的汽车并非只要制动 ABS 就起作用，当制动强度比较低时，ABS 不起作用，只有当制动强度达到一定程度时，ABS 才起作用。（　　）
2. 后轮低选控制是指在制动过程中，ECU 监测到两个后轮中的任何一个首先趋于抱死，就同时对两个后轮的制动压力进行控制。（　　）
3. 减速度传感器也称 G 传感器，目前主要用于四轮驱动汽车检测制动时的减速度，以识别是否为冰、雪等易滑路面。（　　）
4. ABS ECU 的计算电路一般由两个微处理器（CPU）组成，如果两个微处理器的处理结果不一致，微处理器立即使 ABS 停止工作。（　　）
5. 可变容积式制动压力调节器使用的是储液器，而循环式制动压力调节器内除了有储液器以外还有储能器。（　　）
6. ABS 起作用时制动踏板有反弹感觉的是具有可变容积式制动压力调节器的 ABS。（　　）
7. 纵向附着系数在滑移率为 100% 时最大。（　　）
8. 汽车制动时，车轮与路面之间的横向附着系数影响汽车的制动距离，纵向附着系数影响汽车制动时的方向稳定性和转向控制能力。（　　）
9. 横向附着系数在滑移率为 100% 时最大。（　　）
10. 只要 ABS 故障警告灯点亮，就说明 ABS 有故障。（　　）

三、问答题

1. 地面制动力与附着力有什么样的关系？
2. 什么是滑移率？
3. 画出干燥硬实路面附着系数与滑移率的关系曲线，滑移率对纵向和横向附着系数有何影响？
4. 汽车采用 ABS 的必要性是什么？
5. 后轮低选控制的优缺点是什么？
6. 电磁式轮速传感器的优缺点是什么？
7. 霍尔式轮速传感器的优缺点是什么？
8. 当转向车轮抱死时，会对汽车的行驶产生什么样的影响？
9. 霍尔式轮速传感器的组成及工作原理是什么？
10. 循环式制动压力调节器的工作过程是什么？
11. 如何检测威驰汽车 ABS 轮速传感器故障？
12. ABS 的使用与检修注意事项有哪些？
13. ABS 故障检修的一般程序是什么？
14. ABS 故障检修方法通常有哪些？

实训项目 1　轮速传感器的检测

车　辆　型　号	车辆识别代码	检　测　系　统

一、实训目标

　　掌握轮速传感器的结构原理和检测方法。

二、知识准备

　　1. 威驰汽车 ABS 为_____式，主要由_____、_____及_____、ABS 熔断器以及故障警告灯等组成。ABS 执行器的制动压力调节器为_____式，由_____个二位二通电磁阀和回油泵等组成。

　　2. 画出威驰汽车 ABS 轮速传感器与 ABS ECU 之间的电路图。

三、操作步骤

　　威驰汽车 ABS 轮速传感器的检测步骤如下。

　　(1) 测量轮速传感器电路的电阻　关闭点火开关，拔下 ABS ECU 线束插接器，分别测量 ABS ECU 线束插接器的端子 13 与 26（左前轮速传感器）、27 与 28（右前轮速传感器）、6 与 7（左后轮速传感器）、4 与 5（右后轮速传感器）之间的电阻，前轮速传感器正常值应为_____，后轮速传感器应为_____，实际测量值分别是_____、_____、_____、_____。

　　(2) 测量轮速传感器电阻　如果某一传感器电路的电阻实际测量值与正常值不符，拔下该轮速传感器插接器，直接检测该传感器两端子之间的电阻，电阻值为_____，说明故障在_____。

　　(3) 检测轮速传感器波形　将示波器连接到 ABS ECU 线束插接器被检测的传感器端子之间，驾驶车辆以 20km/h 的车速行驶。根据示波器的显示绘出波形。

　　通过上述检测，得出的结论是：_____
_____。

四、实训小结

_____
_____。

第1章 防抱死制动系统(ABS)

实训项目2　ABS执行元件测试

车 辆 型 号	车辆识别代码	检 测 系 统

一、实训目标

掌握运用诊断仪对威驰汽车ABS执行元件测试的方法。

二、知识准备

1. 执行元件测试是通过_____向汽车上的电子控制单元发出指令,再由电子控制单元向汽车上的有关执行元件_____,使执行元件工作,以此判断执行元件_____。

2. 威驰汽车ABS执行元件测试可以检测_____、_____的工作是否正常。

三、操作步骤

1) 连接丰田手持式诊断仪。

① 将丰田手持式诊断仪连接到诊断插座DLC3上。

② 起动发动机怠速运转,在诊断仪上选择"ACTIVE TEST(动作测试)"模式。

2) 测试执行器电动机是否工作。

① 操纵诊断仪,接通电动机继电器,应能_____。

② 断开电动机继电器,踩下制动踏板并保持15s,制动踏板_____。

③ 接通电动机继电器,检查制动踏板_____(连续接通电动机继电器的时间不应超过_____,两次接通的时间间隔应_____)。

④ 断开电动机继电器,放松制动踏板。

3) 测试右前轮动作。

① 踩下制动踏板。

② 同时接通右前轮进、出油电磁阀SFRH和SFRR,检查制动踏板_____(连续接通电磁阀的时间不应超过5s,两次接通的时间间隔应大于20s)。

③ 同时切断右前轮进、出油电磁阀SFRH和SFRR,检查制动踏板应_____。

④ 接通电动机继电器,检查制动踏板应_____(连续接通电动机继电器的时间不应超过5s,两次接通的时间间隔应大于20s)。

⑤ 切断电动机继电器,放松制动踏板。

4) 按照相同的方法测试其他车轮电磁阀。

通过上述检测,得出的结论是:_____
_____。

四、实训小结

_____
_____
_____。

第2章 驱动防滑转系统（ASR）

📝 学习目标：
- 了解ASR的基础理论和控制方式。
- 掌握ASR的基本组成和工作原理。
- 培养学生科技报国的家国情怀和使命担当，树立精益求精的工匠精神。

2.1 概述

驱动防滑转系统（Anti-Slip Regulation，ASR），其作用是在汽车驱动过程中，将车轮的滑转率控制在理想滑转率的范围（10%~30%）内，防止车轮滑转，以提高汽车在驱动过程中的方向稳定性和转向控制能力，并且提高汽车的加速性能。

由于驱动防滑转系统主要是通过调节车轮的牵引力实现对车轮的防滑转控制，因此该系统也称为牵引力控制系统（Traction Control System，TCS），丰田公司则称其为TRAC或TRC。

2.1.1 ASR的基础理论

1. 汽车行驶的附着条件

汽车行驶时，驱动力的增大受到地面附着力的限制，当驱动力超过附着力时，驱动轮将在地面上滑转，驱动力将被限制在地面附着力之内。因此汽车行驶的附着条件是：

$$F_t = \frac{M_n}{r} \leq F_z \varphi \tag{2-1}$$

式中　F_t——汽车驱动力（N）；

　　　M_n——作用于驱动轮上的转矩（N·m）；

　　　　r——车轮半径；

　　　F_z——地面对车轮的法向反作用力；

　　　φ——车轮与地面之间的附着系数。

随着驱动轮转矩的增大，汽车的驱动力随之增大，当驱动力超过地面附着力时，驱动轮开始滑转。

2. 车轮滑转率

驱动轮滑转的程度用滑转率表示，滑转率是指车轮速度与车速的差值与车轮速度之比。滑转率s_d的表达式为

$$s_{d} = \frac{v_{\omega} - v}{v_{\omega}} \times 100\% = \frac{r\omega - v}{r\omega} \times 100\% \tag{2-2}$$

式中 v_{ω}——车轮速度（m/s）；

v——车速（m/s）；

r——车轮半径（m）；

ω——车轮转动角速度（rad/s）。

车轮在路面上纯滚动时，$v_{\omega} = v$，$s_d = 0$；车轮在地面上完全滑转时，车速 $v = 0$，$s_d = 100\%$；车轮在路面上边滚动边滑移时，$v_{\omega} > v$，$0 < s_d < 100\%$。车轮滑转率越大，说明车轮驱动过程中滑转成分所占比例越大。

3. 附着系数与车轮滑转率之间的关系

驱动时车轮与路面之间的附着系数与滑转率之间的关系与制动时相似，如图2-1所示。开始时随着车轮滑转率的增大，纵向附着系数迅速增大，当滑转率达到30%时，纵向附着系数达到最大值，此时横向附着系数也比较大。此后，随着滑转率的增大，纵向附着系数逐渐下降，当滑转率达到100%时，在干沥青路面上纵向附着系数比峰值纵向附着系数会下降10%~20%，并且横向附着系数几乎下降为零。因此在完全滑转的情况下，不仅会由于纵向附着系数比峰值时下降导致所能够提供的地面驱动力减小，而且由于横向附着系数接近于零导致汽车行驶稳定性和操纵性能的下降，对于后轮驱动汽车会失去方向稳定性，对于前轮驱动汽车会失去转向控制能力。

在汽车上装备ASR的目的就是在汽车起步、加速或在附着系数较低的路面上驱动时，将车轮的滑转率控制在10%~30%，使车轮与路面保持较高的附着力，提高汽车的牵引力和操控性。在车上安装ASR有如下优点：

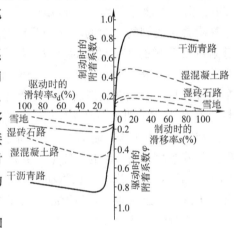

图2-1 纵向附着系数与滑移率和滑转率的关系

1）提高了汽车的动力性。汽车在起步、行驶过程中可获得最佳的驱动力，尤其是在附着系数较小的路面，汽车起步、加速及爬坡能力得到显著改善。

2）提高了汽车的行驶稳定性和前轮驱动汽车的转向控制能力。

3）减少了轮胎磨损，降低了发动机油耗。

2.1.2 ASR的控制方式

ASR工作时将驱动轮滑转率控制在最佳范围的方式有以下三种。

1. 对发动机输出转矩进行控制

当驱动轮滑转率超过理想滑转率范围时，ASR减小发动机输出转矩。减小发动机输出转矩的手段有：

1）调节发动机进气量，如通过副节气门调节发动机进气量。

2）调节燃油量，如减少或中断喷油。

3）调节点火时间，如减小点火提前角。

通过改变副节气门的开度调节发动机进气量,虽然反应速度较慢,但不会影响发动机的正常工作。调节燃油量和点火提前角虽然反应速度快,但调节燃油量可能使发动机燃烧不稳定,推迟点火提前角可能造成燃烧不完全。

2. 对滑转车轮进行制动控制

当驱动轮滑转时,ASR 控制执行机构对滑转车轮进行制动,就可以阻止车轮进一步滑转,将车轮滑转率控制在理想范围内。如果汽车行驶在左右两侧附着系数相差比较大的路面上,当附着系数较小一侧的车轮滑转时,通过对此车轮进行制动,不仅可以阻止该车轮的滑转,而且可以增大附着系数较大一侧车轮的驱动力,其原理如图 2-2 所示,当右侧驱动轮行驶在高附着系数路面上,左侧驱动轮行驶在低附着系数路面时,如果没有 ASR,由于差速器平均分配转矩的特性,处于高附着系数侧的车轮的驱动力只能与处于低附着系数侧的车轮的驱动力 F_L 相等,汽车的总驱动力等于 $2F_L$。但如果 ASR 对滑转车轮进行制动,就会在滑转车轮上产生一个制动力 F_B,发动机要驱动车轮转动就需要一

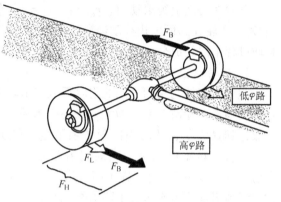

图 2-2 对滑转车轮进行制动控制的原理

定的转矩 M_B 克服这一制动力 F_B,同样由于差速器平均分配转矩的特性,转矩 M_B 也会被分配到附着系数较高一侧的车轮上,并产生驱动力 F'_B,因此附着系数较高一侧车轮的驱动力 F_H 等于 $F_L + F'_B$,汽车的总驱动力等于 $2F_L + F'_B$,大于没有 ASR 时的汽车总驱动力,所以有利于汽车驶出一侧车轮陷于冰雪或泥泞的路段。

当两侧的驱动轮都滑转,但滑转率不同时,则可以对两侧驱动轮都制动,并施加不同的制动力。

3. 对防滑差速器进行锁止控制

这种防滑差速器具有多片离合器式差速锁,差速器的锁止由液压油将多片离合器压紧实现。通过控制油压的高低,就可以实现锁止程度从 0 到 100% 的变化。控制油压来自 ASR 的蓄能器,压力的大小由 ECU 控制油压电磁阀进行调节。当一侧驱动轮滑转或两侧驱动轮有不同程度的滑转时,ECU 控制电磁阀调节差速器的锁止程度,以提高汽车的驱动力和行驶稳定性。

上述控制方式中,前两种采用较多,并且常采用这两种方式相结合的方式。在实际控制过程中,根据驱动状态可以两种方式分别起作用,也可以两种方式同时起作用。例如在发动机输出功率较小的状态下,出现车轮滑转的主要原因是路面附着系数较低,这时应采用对滑转车轮进行制动的方式;而在发动机输出功率较大的状态下出现车轮滑转,则主要通过减小发动机输出功率的方式控制车轮滑转。有时车轮滑转的情况更复杂,需要通过减小发动机转矩和对车轮进行制动的共同作用来控制车轮滑转。

2.1.3 ASR 的特点

1)ASR 有一个开关,可由驾驶人选择其接通或关闭。ASR 在接通状态下,当 ASR 起作

用时，ASR 工作指示灯会点亮或蜂鸣器响，以提示驾驶人汽车正行驶在附着系数较低的路面上。如果关闭 ASR，则 ASR 关闭指示灯点亮。

2）如果 ASR 正在起作用的工作状态，驾驶人对车辆进行制动，ASR 将会自动退出工作，不会影响制动过程的进行。

3）ASR 通常只在一定车速范围内进行防滑转调节，当车速较高时，ASR 将自动退出防滑转控制。

4）ASR 工作时具有不同的优先选择性，当车速较低时，优先考虑提高牵引力，因此可以只对滑转一侧的车轮制动，或者对滑转程度不同的两侧驱动轮施加不同的制动力矩。但当车速较高时，优先考虑行驶稳定性，即使一侧车轮滑转时，也同时对两侧驱动轮施加相等的制动力矩。

5）ASR 具有自诊断功能，当自诊断系统诊断出系统有故障时，ASR 将自动退出工作，并点亮警告灯。

6）ASR 和 ABS 都是通过控制作用于被控车轮上的力矩，而将车轮的滑移率或滑转率控制在理想范围内，以提高附着系数的利用率，从而缩短汽车制动距离或提高汽车的加速性能，改善汽车的行驶方向稳定性和转向控制能力。

2.2 ASR 的基本组成和工作原理

目前，ABS 已基本成为汽车的标准配置，但 ASR 只在比较高档的汽车上使用，因此只要装有 ASR 的汽车，通常都装有 ABS。由于 ASR 和 ABS 有许多共同之处，例如都需要轮速传感器信号，都需要对车轮进行制动压力调节等，因此在装备 ASR 的汽车上通常将 ASR 和 ABS 组合在一起，构成具有制动防抱死和驱动防滑转功能的防滑控制（ABS/ASR）系统。

2.2.1 ASR 的组成

ASR 由传感器和开关、ECU、执行器组成。典型 ASR 的组成如图 2-3 所示，传感器包括轮速传感器（与 ABS 共用），主、辅节气门位置传感器，开关有 ASR 选择开关；ABS/ASR ECU 是两个系统共用的 ECU；执行器包括 ASR 制动压力调节器，副节气门驱动步进电动机，ASR 工作指示灯，ASR 关闭指示灯。

2.2.2 ASR 的工作原理

ASR 工作时，ABS/ASR ECU 根据轮速传感器信号，确定驱动车轮的滑转率。当 ABS/ASR ECU 判定驱动车轮的滑转率超过设定的限值时，ABS/ASR ECU 根据控制策略确定对发动机转矩进行控制或者对驱动车轮进行制动，或者两种控制措施同时进行。

1. 对发动机输出转矩进行控制

对发动机输出转矩进行控制常用的方法是减小发动机进气量，通常在主节气门前方设置一个副节气门，ABS/ASR ECU 控制副节气门驱动步进电动机使副节气门关小，减小发动机的进气量，降低发动机的输出转矩。当 ASR 不起作用时，ABS/ASR ECU 使副节气门完全打开，不影响发动机的正常工作。

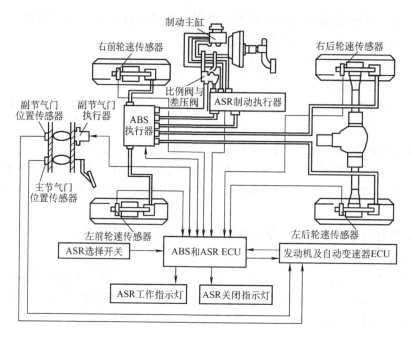

图 2-3 典型 ASR 的组成

2. 对滑转车轮进行制动控制

当 ABS/ASR ECU 判定需要对滑转车轮进行制动时，ABS/ASR ECU 将控制 ASR 制动压力调节器使高压制动液进入滑转车轮的制动轮缸对车轮进行制动。ASR 制动压力调节器包括制动供能总成和电磁阀总成两部分，如图 2-4 所示。制动供能总成主要由电动机及液压泵、蓄能器和压力传感器组成。液压泵工作时，将制动液泵入蓄能器中，当蓄能器内的压力达到规定值时，压力传感器将压力信号传至 ABS/ASR ECU，ECU 使液压泵停止工作；当压力传感器检测到系统压力低于规定值时，ECU 使液压泵重新工作，从而保证制动供能总成内总是保持恒定的油压。ASR 制动压力调节器中有三个二位二通电磁阀，其中的储液器隔离电磁阀 8 和蓄能器隔离电磁阀 13 为常闭电磁阀，制动主缸隔离电磁阀 16 为常开电磁阀。ASR 制动压力调节器工作时可分为增压、保压、减压三个过程。

（1）增压过程 当 ABS/ASR ECU 需要对滑转车轮进行制动时，ABS/ASR ECU 使 ASR 制动压力调节器中的三个电磁阀都通电，制动主缸隔离电磁阀 16 将制动主缸至后制动

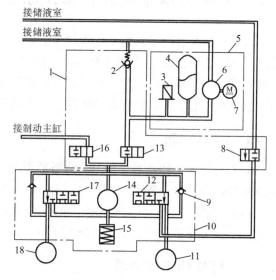

图 2-4 ASR 制动液压系统

1—ASR 电磁阀总成 2、9—单向阀 3—压力传感器
4—蓄能器 5—制动供能总成 6—液压泵
7—电动机 8—储液器隔离电磁阀 10—ABS
制动压力调节器 11—右后驱动车轮 12—ABS 右
后轮电磁阀 13—蓄能器隔离电磁阀 14—回油泵
15—储液器 16—制动主缸隔离电磁阀 17—ABS
左后轮电磁阀 18—左后驱动车轮

轮缸的制动管路封闭，蓄能器隔离电磁阀 13 将蓄能器至 ABS 制动压力调节器的制动管路接通，储液器隔离电磁阀 8 将 ABS 制动压力调节器至储液器之间的制动管路接通。蓄能器中具有一定压力的制动液就会经过处于开启状态的蓄能器隔离电磁阀 13，然后经 ABS 制动压力调节器的两个三位三通电磁阀 12 和 17 进入两个后轮制动轮缸对后驱动轮进行制动，并且随着电磁阀通电时间的延长，制动轮缸内的压力就逐渐增大。如果只需要对某一个驱动车轮进行制动，ABS/ASR ECU 只要给另一驱动车轮的 ABS 制动压力调节器的电磁阀通以小电流，TRC 制动供能装置的制动液就不能进入这一车轮的制动轮缸使该车轮制动。

（2）保压过程　当 ABS/ASR ECU 判定需要保持两驱动车轮的制动压力时，ABS/ASR ECU 就使 ABS 制动压力调节器中的两个电磁阀 12 和 17 通以小电流，两电磁阀都处于中间位置，将两后制动轮缸的进、出液管路都封闭，两后制动轮缸的制动压力就保持不变。

（3）减压过程　当 ABS/ASR ECU 判定需要减小两驱动车轮的制动压力时，就使两个电磁阀 12 和 17 通以大电流，电磁阀将两后制动轮缸的进液管路封闭，而将两后制动轮缸的出液管路连通，两后制动轮缸中的制动液经电磁阀 12 和 17、电磁阀 8 流回到制动主缸储液室，两后制动轮缸的制动压力就减小。

当 ABS/ASR ECU 判定 ASR 不需要起作用时，ABS/ASR ECU 使各电磁阀均不通电（图 2-4 所示状态），后制动轮缸中的制动液经电磁阀 12 和 17、电磁阀 16 流回制动主缸，驱动车轮的制动就完全解除。

本 章 小 结

- ASR 的作用是在汽车驱动过程中，将车轮的滑转率控制在理想滑转率的范围（10%~30%）内，防止车轮滑转，以提高汽车在驱动过程中的方向稳定性和转向控制能力，并且提高汽车的加速性能。
- 驱动轮滑转的程度用滑转率表示，滑转率是指车轮速度与车速的差值与车轮速度之比。当驱动车轮的滑转率达到 100% 时，不仅会导致所能够提供的地面驱动力减小，而且对于后轮驱动汽车会失去方向稳定性，对于前轮驱动汽车会失去转向控制能力。
- 汽车上装备 ASR 的目的是在汽车起步、加速或在附着系数较小的路面上驱动行驶时，将车轮的滑转率控制在 10%~30%，使车轮与路面保持较高的附着力，提高汽车的牵引力和操控性。
- ASR 的优点是：提高了汽车的动力性；提高了汽车的行驶稳定性和前轮驱动汽车的转向控制能力；减少了轮胎磨损，降低了发动机油耗。
- ASR 的控制方式有：对发动机输出转矩进行控制（调节发动机进气量，调节燃油量，调节点火时间）；对滑转车轮进行制动控制；对防滑差速器进行锁止控制。
- ASR 的特点是：ASR 可由开关控制其接通或关闭；ASR 起作用时，ASR 工作指示灯会点亮，ASR 关闭时，关闭指示灯点亮；ASR 正在起作用时，驾驶人对车辆制动，ASR 将会自动退出工作；当车速较高时，ASR 将自动退出防滑转控制；当 ASR 工作时，若车速较低，可以只对滑转一侧的车轮制动，若车速较高，即使一侧车轮滑转时，也可以同时对两侧驱动轮施加相等的制动力矩；ASR 具有自诊断功能；ASR 和 ABS 都是通过控制作用于被控车轮上的力矩，而将车轮的滑移率或滑转率控制在理想范围内，从而缩短汽车制动距离或提高汽车的加速性能，改善汽车的行驶方向稳定性和转向控制能力。
- ASR 由传感器和开关、ECU、执行器组成。传感器包括轮速传感器（与 ABS 共用）、主/辅节气门位置传感器，开关有 ASR 选择开关；ABS/ASR ECU 是两个系统共用的 ECU；执行器包括 ASR 制动压力调节器、副节气门驱动步进电动机、ASR 工作指示灯、ASR 关闭指示灯。

- ASR 的工作原理是：ABS/ASR ECU 根据轮速传感器信号，确定驱动车轮的滑转率。当 ABS/ASR ECU 判定驱动车轮的滑转率超过设定的限值时，ABS/ASR ECU 根据控制策略确定对发动机转矩进行控制或者对驱动车轮进行制动，或者两种控制措施同时进行。
- 对发动机输出转矩进行控制常用的方法是减小发动机进气量，通常在主节气门前方设置一个副节气门，ABS/ASR ECU 控制副节气门驱动步进电动机使副节气门关小，减小发动机的进气量，降低发动机的输出转矩。
- 对滑转车轮进行制动控制的方法是当 ABS/ASR ECU 判定需要对滑转车轮进行制动时，ABS/ASR ECU 将控制 ASR 制动压力调节器使高压制动液进入滑转车轮的制动轮缸对车轮进行制动。
- ASR 制动压力调节器包括制动供能总成和电磁阀总成两部分，制动供能总成主要由电动机及液压泵、蓄能器和压力传感器组成。ASR 制动压力调节器工作时可分为增压、保压、减压三个过程。

复习思考题

一、填空题

1. 驱动防滑转系统的英文缩写是_____，该系统也称为_____，英文缩写为_____，丰田公司则称为_____或_____。
2. 汽车上装备 ASR 的目的就是在驱动时将车轮的滑转率控制在_____，使车轮与路面保持较高的_____，提高汽车的_____和_____。
3. ASR 的控制方式包括_____、_____、_____。
4. ASR 的控制方式中对发动机输出转矩进行控制的手段包括_____、_____、_____。
5. ASR 和 ABS 都是通过控制作用于被控车轮上的_____，而将车轮的_____或_____控制在理想范围内，以提高_____的利用率，从而缩短汽车制动距离或提高汽车的加速性能，改善汽车的_____和_____。
6. ASR 由_____、_____、_____组成。
7. ASR 执行器包括_____、_____、_____、_____。
8. ASR 制动压力调节器工作时可分为_____、_____、_____三个过程。

二、判断题

1. ASR 的控制方式之一是通过改变副节气门的开度对发动机输出转矩进行控制。（　　）
2. ASR 可由驾驶人通过开关选择是否允许其工作。（　　）
3. ASR 通常只在一定车速范围内进行防滑转调节，当车速较高时，ASR 将自动退出防滑转控制。（　　）
4. ASR 具有自诊断功能，当自诊断系统诊断出系统有故障时，ASR 将自动退出工作，并点亮警告灯。（　　）
5. ASR 和 ABS 都是通过控制作用于被控车轮上的力矩，而将车轮的滑移率或滑转率控

制在理想范围内的。 ( )

6. 装备 ASR 的汽车通常将 ASR 和 ABS 组合在一起，构成具有制动防抱死和驱动防滑转功能的防滑控制系统。 ( )

7. 当驱动车轮滑转率达到 100% 时，在干沥青路面上纵向附着系数比峰值附着系数会增 10%~20%。 ( )

8. 当驱动车轮滑转率达到 100% 时，对于前轮驱动汽车会失去方向稳定性，对于后轮驱动汽车会失去转向控制能力。 ( )

9. 装备 ASR 的汽车的优点之一是可以提高汽车的动力性。 ( )

10. 对于前轮驱动汽车的驱动防滑转系统，可以对两个前驱动轮进行独立制动控制。( )

三、问答题

1. ASR 的作用是什么？
2. 汽车行驶的附着条件是什么？
3. 什么是滑转率？
4. 附着系数与车轮滑转率之间的关系是什么？
5. ASR 有何优点？
6. ASR 的特点是什么？
7. 什么是 ASR 工作时的优先选择性？
8. ASR 的工作原理是什么？

第3章 电子稳定程序（ESP/EBD/BAS/HAC）

> 学习目标：
> - 了解 ESP 的功能。
> - 掌握 ESP 的基本组成和原理，以及主要部件的结构和工作原理。
> - 了解 EBD/BAS/HAC 的功能及工作原理。
> - 掌握丰田皇冠汽车制动控制系统的组成和故障检修方法。
> - 培养学生善于分析问题和探究结构奥秘的工程思维能力，树立精益求精的工匠精神。

3.1 概述

ESP 是 Electronic Stability Program 的缩写，意为电子稳定程序，应用于大众、奥迪、奔驰等车型上。与此功能相似的系统在其他车型上的名称有所不同，例如丰田的 VSC（车辆稳定性控制系统）、宝马的 DSC（动力学稳定控制系统）、本田的 VSA（车辆稳定辅助系统）等。

3.1.1 ESP 的功能

汽车操纵失控是非常危险的，因为汽车操纵失控时，汽车不能按照驾驶人的驾驶意图行驶，很容易导致交通事故。当汽车在弯道上高速行驶时，或者虽然车速不高，但路面较滑，或者为躲避障碍物而急转弯时，由于离心力的作用，会使汽车侧滑。

假如汽车只有前轮侧滑，后轮没有侧滑，或者虽然前、后轮都侧滑，但前轮的侧滑程度大于后轮，就会使汽车绕其垂直轴转动，转动方向与汽车转弯的方向相反，从而导致汽车不能按照驾驶人的驾驶意图行驶，即不能沿驾驶人给定的转向轮偏转路线行驶，汽车将驶出转弯路面的外侧（图3-1a），这种情况会造成不足转向。

如果汽车只有后轮侧滑，前轮没有侧滑，或者虽然前、后轮都侧滑，但后轮的

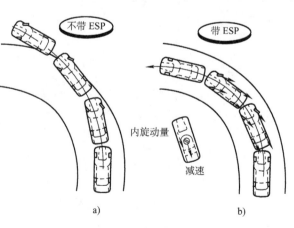

图3-1 避免不足转向的原理
a) 不足转向 b) ESP 避免不足转向

侧滑程度大于前轮，也会使汽车绕其垂直轴转动，但转动方向与汽车转弯的方向相同，同样会导致汽车不能按照驾驶人的驾驶意图行驶，汽车将驶出转弯路面的内侧（图3-2a），这种情况会造成过度转向。

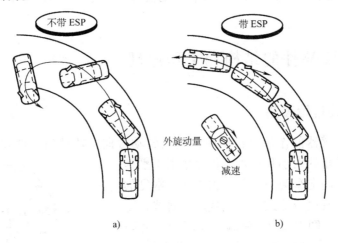

图3-2 避免过度转向的原理
a）过度转向　b）ESP避免过度转向

无论是不足转向还是过度转向都可能使汽车操纵失控，导致严重的交通事故。ESP的功能就是当检测到汽车没有按照驾驶人的驾驶意图行驶时，通过有选择地制动或者干预发动机的工作来稳定车辆，使汽车按照驾驶人的驾驶意图行驶，改善汽车的操纵稳定性，提高汽车的行驶安全性。

3.1.2　ESP的基本组成和基本原理

ESP是与ABS和ASR组合在一起的系统，可以认为ESP是ABS和ASR功能的延伸。ESP也是由传感器、ECU和执行器组成的，但ESP大部分元件与ABS和ASR共用，传感器在原来ABS和ASR的基础上增加转向盘转角传感器、横摆角速度传感器、侧向加速度传感器等；ECU增加了ESP的控制功能；执行器则在原来ABS和ASR执行器的基础上改进了功能，使ASR制动供能装置可以对每一个车轮都能进行单独制动（ASR只能对驱动车轮进行制动）。

ESP工作时，首先通过转向盘转角传感器、轮速传感器信号识别转弯方向、角度、速度，从而判断驾驶人的驾驶意图；与此同时，ESP通过横摆角速度传感器、侧向加速度传感器识别车辆绕其垂直轴转动的方向、角速度以及旋转角度等，从而确定车辆的实际运动方向。ECU将车辆实际运动方向与驾驶人的驾驶意图进行比较，如果车辆实际绕其垂直轴转动的角度小于由转向盘转角和轮速确定的车辆应该绕其垂直轴的转角，则判断为不足转向，ECU立即指令执行器使汽车内侧后轮制动，地面制动力将对汽车产生一个与转向方向相同的力矩，纠正不足转向，使汽车回到正常的路线，按照驾驶人的驾驶意图行驶（图3-1b）。反之，如果车辆实际绕其垂直轴转动的角度大于由转向盘转角和轮速确定的车辆应该绕其垂直轴的转角，则判断为过度转向，ECU立即指令执行器使汽车外侧前轮制动，地面制动力将对汽车产生一个与转向方向相反的力矩，纠正过度转向，使汽车回到正常的路线，按照驾驶人的驾驶意图行驶（图3-2b）。ESP起作用时，如果单独制动某一车轮不足以稳定车辆，还可以根据情况同时对两个或多个车轮制动，对各个车轮的制动力也可以不同。此外，还可以根据情况对发动机的工作进行干预，降低发动机的输出转矩，达到迅速有效控制车辆稳定的目的。

3.2 ESP主要部件的结构和工作原理

3.2.1 转向盘转角传感器

转向盘转角传感器的作用是检测转向盘的转动方向、转动角速度和转动角度，以便ECU根据转向盘转角的大小和转角变化速率来识别驾驶人的驾驶意图，确定车辆的预期行驶方向。常见的转向盘转角传感器有电位器式、光电式、电磁式、霍尔式、磁阻式等。图3-3所示为各向异性磁阻（AMR）式转向盘转角传感器，转向轴带动传动齿轮1转动，齿轮1驱动两个齿数不等（差一个齿）的测量齿轮2转动，两个驱动齿轮中有磁铁3，磁铁上方有各向异性磁阻传感器5及集成电路4，当转向盘转动时，带动驱动齿轮2中的磁铁3转动，各向异性磁阻传感器5中的磁场变化，使磁阻传感器的电阻变化，电阻的变化反映了测量齿轮的位置，也就反映了转向盘的旋转角度。由于两个测量齿轮的齿数不同，其转速不同，故产生的信号的相位不同，因此可以判断转向盘的转动方向。

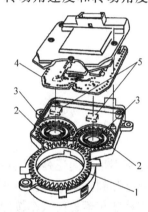

图3-3 转向盘转角传感器的结构
1—传动齿轮 2—测量齿轮 3—磁铁
4—集成电路 5—各向异性磁阻传感器

3.2.2 横摆角速度传感器

横摆角速度传感器也称横摆率传感器、偏航率传感器等，其作用是检测车辆绕其垂直轴转动的角速度，以便ECU根据横摆角速度信号和侧向加速度信号判断车辆的实际行驶方向。

横摆角速度传感器的基本工作原理可以简化成图3-4所示的双调节叉结构，上端调节叉为激励叉，下端调节叉为测量叉。激励叉和测量叉的固有频率略有不同，激励叉的固有频率为11kHz，测量叉固有频率为11.3kHz。当向双调节叉施加11kHz交变电压时，由于与激励叉固有频率相同，因此激励叉发生共振，而测量叉由于其固有频率与此不同，因此不发生共振，如图3-5a所示。

发生共振的调节叉对于外力的反应，要比没有发生共振的调节叉运动响应慢，这意味着当车辆偏摆时，旋转角速度使得没有发生共振的测量叉与车辆同步转动，而发生共振的激励叉滞后于车辆的运动，因此调节叉发生扭曲，如图3-5b所示。

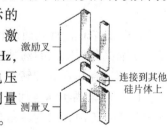

图3-4 横摆角速度传感器的结构原理

调节叉扭曲改变了调节叉上的电荷分配，传感器检测此信号并将其传送至控制单元，控制单元根据此信号就可以确定汽车的横摆角速度。

横摆角速度传感器通常安装在变速杆旁、后座椅下方、转向柱下方偏右侧等。横摆角速度传感器有单独制造的,也有与侧向加速度传感器组合在一起的。

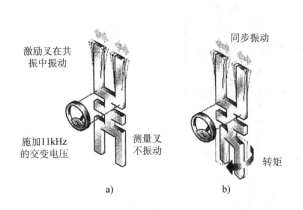

图 3-5　横摆角速度传感器的工作原理
a）激励叉共振　b）调节叉扭曲

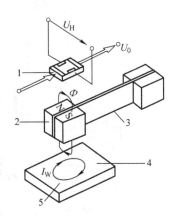

图 3-6　加速度传感器的原理
1—霍尔传感器　2—永久磁铁　3—片状弹簧
4—阻尼板　5—I_W 涡流（阻尼）　U_H—霍尔
电压　U_0—电源电压　Φ—磁场

3.2.3　侧向加速度传感器

侧向加速度传感器的作用是检测汽车行驶时的侧向加速度,以便 ECU 根据侧向加速度信号和横摆角速度信号判断车辆的实际行驶方向。图 3-6 所示为常见的霍尔式加速度传感器的原理,霍尔式加速度传感器有一个片状弹簧 3,一端固定,另一端有永久磁铁 2,永久磁铁 2 同时作为振动质量,与片状弹簧组成弹簧—质量系统。永久磁铁的上面是带有信号处理集成电路的霍尔传感器,永久磁铁的下方有一块铜阻尼板 4。

如果传感器受到侧向加速度 a 的作用,传感器的弹簧—质量系统将离开其静止位置而偏移,偏移程度与加速度的大小有关。运动的磁铁在霍尔元件中产生霍尔电压 U_H,经信号处理电路处理后输出能够反映加速度大小的信号电压。阻尼板 4 的作用是衰减片状弹簧 3 的振动。

3.2.4　执行器

ESP 的执行器通常与 ABS 和 ASR 的执行器组合在一起,图 3-7 为典型的 ABS/ASR/ESP 执行器的液压调节器总成,由液压泵 2、蓄能器 3、进油阀 6、出油阀 7、隔离阀 8、起动阀 9 等部件组成。其中的进油阀 6 和隔离阀 8 为常开阀,出油阀 7 和起动阀 9 为常闭阀。为了能够独立控制每个车轮的制动回路,采用四通道制动回路,由液压泵供能可以对每一个车轮进行单独制动。下面介绍常规制动、ABS 起作用、ASR 起作用、ESP 起作用时液压调节器工作的情况。

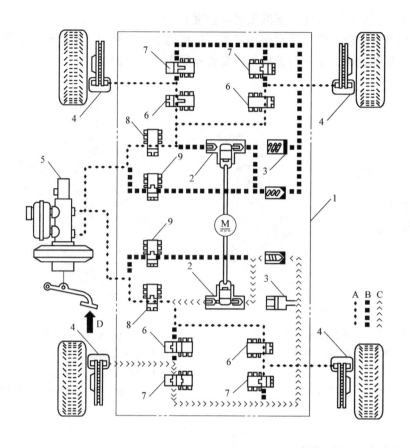

图 3-7 液压调节器总成

1—液压调节器总成 2—液压泵 3—蓄能器 4—制动钳 5—制动主缸 6—进油阀 7—出油阀 8—隔离阀 9—起动阀 A—常规制动液流 B—停止的制动液流 C—液压泵产生的制动液流 D—踏下制动踏板 M—电动机

1. 常规制动

液压调节器中的所有电磁阀均不通电,由于隔离阀8和进油阀6是常开阀,因此处于打开状态,起动阀9和出油阀7是常闭阀,因此处于关闭状态。来自制动主缸5的制动液经隔离阀8→进油阀6→制动钳4,此为常规制动油路。

2. ABS 起作用

如果制动过程中 ABS 起作用,需要对左后轮保压,ECU 使左后轮进油阀6通电关闭,左后轮出油阀7为常闭阀处于关闭状态,因此左后轮制动钳4中的制动液被密封,压力保持不变;如果左后轮需要减压,ECU 使左后轮出油阀7通电打开,进油阀6通电关闭,同时使液压泵2工作,左后轮制动钳4中的制动液经出油阀7→液压泵2→后隔离阀8回到制动主缸5,制动压力降低;如果左后轮需要增压,ECU 使左后轮进油阀6断电打开,出油阀7断电关闭,油路与常规制动相同。

3. ASR 起作用

ASR 起作用时可以通过减小发动机输出转矩和对滑转的驱动车轮制动两种措施防止车轮滑转。如果只需要对左后驱动轮制动，ECU 使液压泵 2 工作，后隔离阀 8 通电关闭，后起动阀 9 通电打开，右后轮进油阀 6 通电关闭，液压泵 2 将制动主缸 5 中的制动液经后起动阀 9→液压泵 2→左后轮进油阀 6 到达左后轮制动钳 4，由于右后轮进油阀 6 关闭，制动液不能进入右后轮制动钳，因此只对左后驱动轮制动。如果 ASR 起作用时需要对两个后驱动轮都制动，则 ECU 只需要在上述控制过程中不给右后进油阀 6 通电，即可以实现对两个后驱动轮同时制动。如果 ASR 起作用时需要保压，则相应的进油阀 6 和出油阀 7 都关闭；如果需要减压，则进油阀 6 关闭，出油阀 7 打开，制动钳 4 内的制动液经后起动阀 9 回到制动主缸 5。

4. ESP 起作用

ESP 起作用的情况与 ASR 起作用时相似，只不过 ASR 起作用时只对一个或两个后驱动车轮进行制动，而 ESP 起作用时还可以通过控制前隔离阀 8、前起动阀 9 以及前轮进、出油阀使前轮制动，这样就可以单独对汽车的任何一个车轮或同时对几个车轮进行制动。制动时的液压回路与 ASR 起作用时相同。

3.3 EBD/BAS/HAC

3.3.1 EBD

电子制动力分配（Electric Brakeforce Distribution，EBD）德文缩写为 EBV。由于汽车制动时产生载荷转移不同，ECU 根据接收到的轮速信号、载荷信号、踏板行程信号以及发动机等有关信号，经处理后向电磁阀和压力调节器发出控制指令，使各轴的制动力得到合理分配，以提高制动效能。

EBD 是 ABS 的一个附加作用系统，可以提高 ABS 的效用。EBD 在汽车制动时即开始控制制动力，而 ABS 则是在车轮有抱死倾向时开始工作。EBD 的优点在于在不同的路面上都可以获得最佳制动效果，缩短制动距离，提高制动灵敏度和协调性，改善制动的舒适性。

EBD 的工作原理是：在汽车制动的瞬间，高速计算机分别对四个轮胎附着的不同地面进行感应和计算，得出不同的摩擦力数值，使四个轮胎的制动装置根据不同的情况用不同的方式和力量制动，并在运动中不断保持调整，使制动力与摩擦力相匹配，从而保证车辆的平稳性。实际调整前后轮时，它可依据车辆的质量和路面条件来控制制动过程，自动以前轮为基准去比较后轮轮胎的滑动率（即车辆的实际车速和车轮的圆周线速度之差与车辆实际车速之比），如发觉前后车轮有差异，而且差异程度必须被调整时，它就会调整汽车制动液压系统，使前、后轮的液压接近理想化制动力的分布。例如以下两种情况。

1）前/后车轮制动力分配（直线行驶制动）：当车辆直线向前行驶时，如果施加制动，则载荷的转移会减少施加在后轮上的载荷。通过来自轮速传感器的信号、载荷信号、踏板行程信号以及发动机等有关信号，ECU 指令压力调节器调节前后轮制动力的大小，以优化控制。

2)左/右车轮制动力分配（转弯制动）：当车辆正在转弯时，如果施加制动，则加在内轮上的载荷减少，加在外轮上的载荷增加。通过来自轮速传感器的信号、载荷信号、踏板行程信号以及发动机等有关信号，ECU 指令压力调节器调节左右轮制动力的大小，以优化控制。

3.3.2　BAS

制动助力系统（Brake Assist System，BAS）与 ABS 结合使用有助于改善车辆制动性能。

BAS 通过驾驶人踩制动踏板的速度和踏板力等参数的变化率探测车辆行驶中遇到的情况，判断、感知驾驶人的制动意图，当驾驶人在紧急情况下快速踩下制动踏板，但踩踏力又不足时，此系统便会发挥作用，将在不到 1s 的时间内把制动压力增至最大，以缩短紧急制动情况下的制动距离。因此，当车辆在紧急制动时，BAS 能弥补驾驶人因反应滞后或制动犹豫而损失的制动时间，弥补制动踏板力不足，瞬间提升制动压力输出值，增大制动力，缩短触发 ABS 的时间，从而减少制动距离，提高行车安全性。

3.3.3　HAC

上坡辅助控制（Hill-start Assist Control，HAC）系统是在 ESP 系统基础上衍生开发出来的一种功能，它可让车辆在不使用驻车制动的情况下在坡上起步时，右脚离开制动踏板，车辆仍能继续保持制动几秒，这样可以让驾驶人轻松地将脚由制动踏板转向加速踏板，同时能防止溜车避免事故。

HAC 的工作原理是：车辆在陡坡或滑坡上起步时，驾驶人的脚由制动踏板转换到加速踏板时车辆将向后下沉，这样会使车辆很难起步。为防止这种情况发生，HAC 给四个车轮临时（最长时间大约 5s）施加制动，以减小车辆的倒车速度。丰田皇冠汽车 HAC 起作用的情况是：①变速杆位置在 D、6、5、4、3、2 或 1 档位；②没踩制动踏板；③在坡上起步时，制动防滑控制 ECU 已检测到车辆向后移动。

3.4　丰田皇冠汽车制动控制系统

3.4.1　制动控制系统的功能

丰田皇冠汽车制动控制系统（带 EBD、BAS、TRC、VSC 和 HAC 的 ABS）的控制框图如图 3-8 所示。

3.4.2　主组件位置图及主组件功能

主组件位置如图 3-9 所示，主组件功能见表 3-1。

第3章 电子稳定程序（ESP/EBD/BAS/HAC）

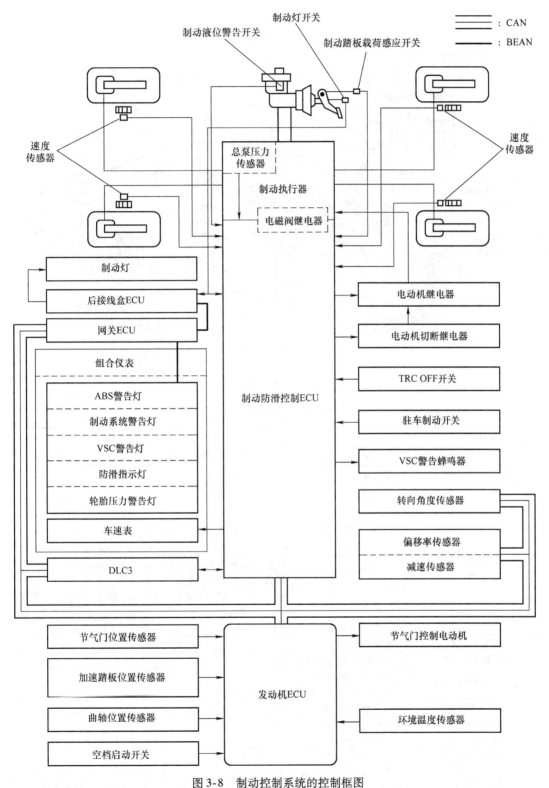

图3-8 制动控制系统的控制框图

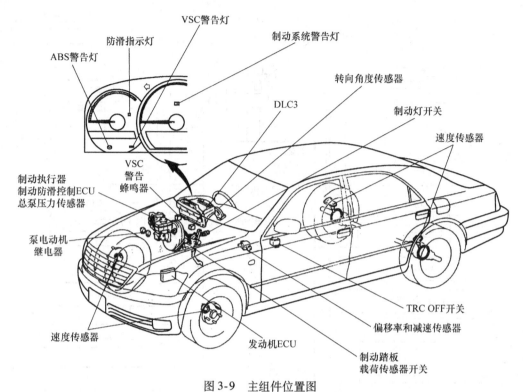

图 3-9 主组件位置图

表 3-1 主组件功能表

组件名称		功　能
制动防滑控制 ECU		根据来自各传感器的信号判断车辆驱动状况，并给制动执行器发送制动控制信号
总泵压力传感器		装配在制动执行器上并检测制动总泵的压力
电磁阀继电器		供应或切断制动执行器上电磁阀的电源
组合仪表	制动系统警告灯	当 EBD 控制或制动防滑控制 ECU 发生故障时，警告灯亮起以通知驾驶人 当踩下驻车制动踏板时，警告灯亮起以通知驾驶人 当制动液位下降时，警告灯亮起以通知驾驶人
	ABS 警告灯	当制动防滑控制 ECU 检测到 ABS、EBD 或制动助力系统发生故障时，警告灯亮起以通知驾驶人
	VSC 警告灯	当制动防滑控制 ECU 检测到 TRC 或 VSC 发生故障时，警告灯亮起以通知驾驶人
	防滑指示灯	当 TRC、VSC 或 HAC 运行时，指示灯闪烁以通知驾驶人
速度传感器		检测各车轮转速
转向角度传感器		检测转向盘的转向和角度
偏移率和减速传感器		检测车辆的偏移率 检测车辆向前、向后和横向的加速度
泵电动机继电器		供应或切断制动执行器上泵电动机的电源
制动灯开关		检测制动踏板踩压信号
TRC OFF 开关		只取消 TRC 操作（不影响其他操作）
VSC 警告蜂鸣器		激活 VSC，蜂鸣器间歇地响起以通知驾驶人
发动机 ECU		根据接收到的来自制动防滑控制 ECU 的信号控制节气门开度，以控制发动机输出功率。同时也向制动防滑控制 ECU 发送节气门开度信号、加速踏板位置信号和发动机转速信号
曲轴位置传感器		检测发动机转速，并经发动机 ECU 将其发送到制动防滑控制 ECU

3.4.3 制动防滑控制 ECU

1. 作用

制动防滑控制 ECU 根据接收来自速度传感器、偏移率传感器、减速度传感器和转向角传感器四个不同传感器的信号计算车辆状态。如果在紧急制动或转弯时，前轮和后轮产生强的滑动趋势，同时制动防滑控制 ECU 求出车辆状态的数值超出规定值，则它就会通过节气门和需要的制动液压力来控制发动机转矩，从而控制车辆。

2. 初始检测

每次打开点火开关，并且车速接近 6km/h 或更快时，制动防滑控制 ECU 就会进行初始检测，依次检测制动执行器上的每个电磁阀和泵电动机的功能。

3.4.4 制动执行器

1. 组成

制动执行器由 10 个电磁阀、两个压力调节阀、两个泵、两个储液罐和 1 个总泵压力传感器组成。10 个电磁阀由两个总泵切断电磁阀 1、2，4 个压力保持阀 3、4、5、6 和 4 个减压阀 7、8、9、10 组成。制动执行器电路图如图 3-10 所示，液压回路如图 3-11 所示。

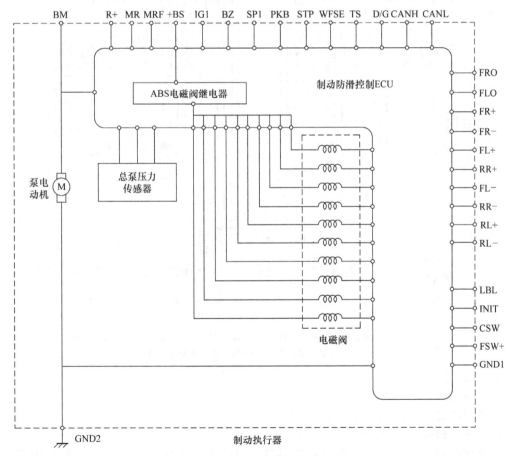

图 3-10 丰田皇冠制动执行器电路图

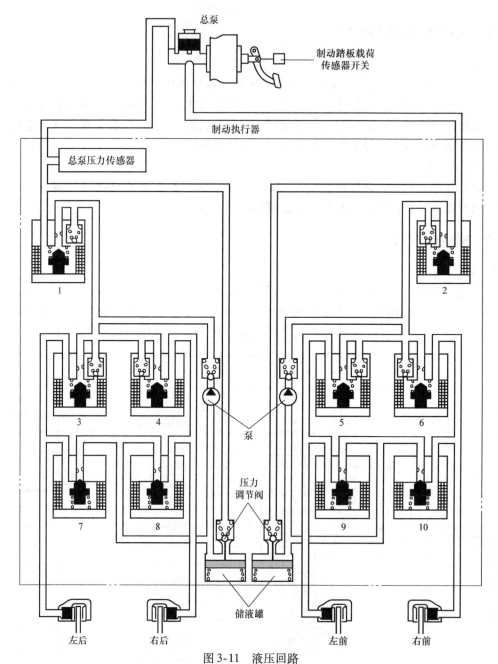

图 3-11 液压回路

1、2—总泵切断电磁阀 3、4—后制动器压力保持阀 5、6—前制动器压力保持阀
7、8—后制动器减压阀 9、10—前制动器减压阀

2. 工作情况

(1) 正常制动

正常制动时，所有电磁阀关闭，如图 3-12 所示。

(2) 带 EBD 的 ABS 工作

根据接收到的来自四个车轮转速传感器、偏移率和减速传感器的信号制动防滑控制 ECU，计算各车轮转速和减速并检查车轮打滑情况。根据打滑情况，ECU 控制压力保持阀和减压阀以表3-2所列三种模式调节各轮缸的制动液压力：减压、保持和增压模式。液压回路如图3-13所示。

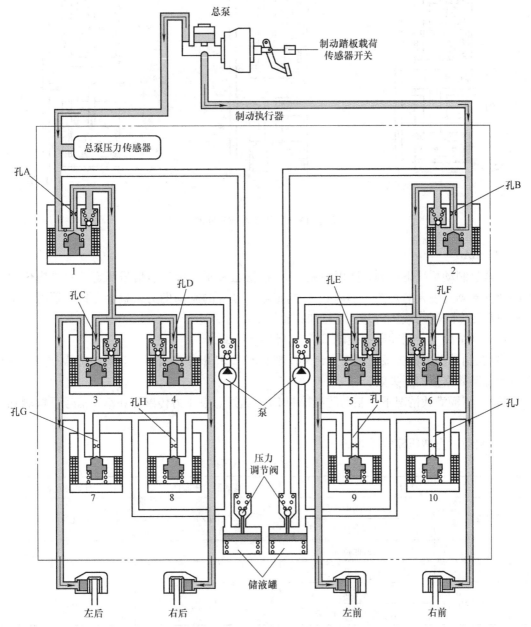

图 3-12　正常制动时的液压回路

表 3-2　ECU 控制压力保持阀和减压阀的工作模式

激活状态	未激活	正常制动		
	激活	增压模式	保持模式	减压模式
液压回路		图 3-13a	图 3-13b	图 3-13c
压力保持阀（孔 A）		OFF/开	ON/关	ON/关
减压阀（孔 B）		OFF/关	OFF/关	ON/开
轮缸压力		增加	保持	减少

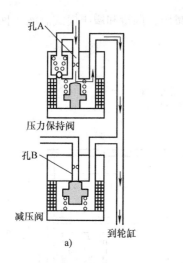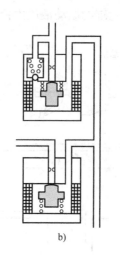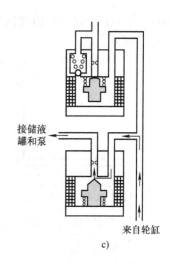

图 3-13 三种模式液压回路

(3) BAS

在紧急制动情况下，制动防滑控制 ECU 根据通过压力传感器信号测定的总泵中压力增加的速度检测驾驶人的意图。如果 ECU 判定需要额外的制动助力，就会在执行器的泵中产生比总泵更大的制动液压力并且直接加在轮缸上。

在下列情况下，制动防滑控制 ECU 也提供制动助力。

1）在制动助力器失效情况下，制动防滑控制 ECU 根据来自制动载荷传感器开关和总泵压力传感器数据检测到失效。

2）在车辆满载情况下，制动防滑控制 ECU 通过总泵压力传感器和车速信号可检测到该情况。

3）制动助力增压模式见表 3-3。

表 3-3 制动助力增压模式

项目		制动助力未激活	制动助力激活
1、2	总泵切断电磁阀	OFF/开	ON*
	孔 A、孔 B		
3、4、5、6	压力保持阀	OFF/开	OFF/开
	孔 C、孔 D、孔 E、孔 F		
7、8、9、10	减压阀	OFF/关	OFF/关
	孔 G、孔 H、孔 I、孔 J		

注：* 表示电磁阀根据操作情况不断调节，在"开"和"关"之间控制液压。

(4) TRC 工作

通过总泵切断电磁阀将泵产生的液压调节到所需的压力。这样，以减压、保持和增压三种模式控制驱动轮的轮缸压力，以控制驱动轮打滑。

压力保持阀和减压阀根据前面所述的带 EBD 的 ABS 工作模式打开或关闭（ON/OFF）。

表 3-4 所示为 TRC 系统激活时的增压模式。

第3章 电子稳定程序（ESP/EBD/BAS/HAC）

表 3-4 TRC 系统激活时的增压模式

项目			TRC 未激活	TRC 激活		
				增压模式	保持模式	减压模式
1		总泵切断电磁阀	OFF/开	ON*	ON*	ON*
		孔 A				
2		总泵切断电磁阀	OFF/开	OFF/开	OFF/开	OFF/开
		孔 B				
前制动器	5、6	压力保持阀	OFF/开	OFF/开	OFF/开	OFF/开
		孔 E、孔 F				
	9、10	减压阀	OFF/关	OFF/关	OFF/关	OFF/关
		孔 I、孔 J				
	轮缸压力		—	—	—	—
后制动器	3、4	压力保持阀	OFF/开	OFF/开	ON/关	ON/关
		孔 C、孔 D				
	7、8	减压阀	OFF/关	OFF/关	OFF/关	ON/开
		孔 G、孔 H				
	轮缸压力		—	增压	保持	减压

注：*表示电磁阀根据操作情况不断调节，在"开"和"关"之间控制液压。

（5）VSC 工作

VSC 系统通过电磁阀控制由泵产生的液压，并以减压、保持和增压三种模式将液压施加到各车轮的制动轮缸，这样就可控制前轮滑动或后轮滑动的趋势。

以前轮防滑控制（向右转）为例。在前轮防滑控制中，转向外侧前轮和两个后轮上施加制动。另外，根据制动器是 ON 或 OFF 和车辆的状况，某些时候原本需要施加制动的车轮也许得不到制动力。前轮防滑控制（向右转向）的增压模式见表 3-5。

表 3-5 前轮防滑控制（向右转向）的增压模式

项目			VSC 未激活	VSC 激活		
				增压模式	保持模式	减压模式
1、2		总泵切断电磁阀	OFF/开	ON*	ON*	ON*
		孔 A、孔 B				
前制动器	5	压力保持阀	OFF/开	OFF/开	ON/关	ON/关
		孔 E				
	6	压力保持阀	OFF/开	ON/关	ON/关	ON/关
		孔 F				
	9	减压阀	OFF/关	OFF/关	OFF/关	ON/开
		孔 I				
	10	减压阀	OFF/关	OFF/关	OFF/关	OFF/关
		孔 J				
	轮缸压力	右	—	—	—	—
		左	—	增压	保持	减压

（续）

项目		VSC 未激活	VSC 激活		
			增压模式	保持模式	减压模式
后制动器	3	压力保持阀	OFF/开	OFF/开	ON/关	ON/关

项目		VSC 未激活	VSC 激活		
			增压模式	保持模式	减压模式
后制动器	3	压力保持阀 / 孔 C	OFF/开	OFF/开	ON/关	ON/关
	4	压力保持阀 / 孔 D	OFF/开	OFF/开	ON/关	ON/关
	7	减压阀 / 孔 G	OFF/关	OFF/关	OFF/关	ON/开
	8	减压阀 / 孔 H	OFF/关	OFF/关	OFF/关	ON/开
轮缸压力	右	—	增压	保持	减压
	左		增压	保持	减压

注：*表示电磁阀根据操作情况不断调节，在"开"和"关"之间控制液压。

（6）HAC 工作

HAC 工作中，将泵产生的液压分配到轮缸以施加制动，以阻止倒车。HAC 系统以增压、保持和减压模式控制轮缸的液压。HAC 系统增压模式见表 3-6。

表 3-6　HAC 工作的增压模式

项目		TRC 未激活	TRC 激活		
			增压模式	保持模式	减压模式
1、2		总泵切断电磁阀 / 孔 A、孔 B	OFF/开	ON*	ON*	ON*
前制动器	5、6	压力保持阀 / 孔 E、孔 F	OFF/开	OFF/开	ON/关	ON/关
	9、10	减压阀 / 孔 I、孔 J	OFF/关	OFF/关	OFF/关	ON/开
	轮缸压力	—	增压	保持	减压
后制动器	3、4	压力保持阀 / 孔 C、孔 D	OFF/开	OFF/开	ON/关	ON/关
	7、8	减压阀 / 孔 G、孔 H	OFF/关	OFF/关	OFF/关	ON/开
	轮缸压力	—	增压	保持	减压

注：*表示电磁阀根据操作情况不断调节，在"开"和"关"之间控制液压。

3.4.5　故障诊断与检修

1. 制动防滑 ECU 端子图、端子说明表和制动防滑 ECU 线束侧插接器端子检测表

制动防滑 ECU 端子图如图 3-14 所示。制动防滑 ECU 端子说明见表 3-7。制动防滑 ECU

第3章 电子稳定程序（ESP/EBD/BAS/HAC）

线束侧插接器端子检测见表3-8。

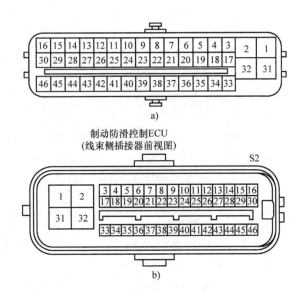

图 3-14 制动防滑 ECU 端子图

a）制动防滑控制 ECU 端子图 b）制动防滑控制 ECU 线束侧插接器端子图

表 3-7 制动防滑 ECU 端子说明

端子	端子说明	端子	端子说明
GND2（1）	电动机接地	RL+（20）	左后车轮转速传感器信号电源
BM（2）	电动机继电器测试输入	TS（24）	传感器检测输入
FR+（3）	右前车轮转速传感器信号电源	CANL（25）	CAN 通信线低位
FL-（4）	左前车轮转速信号输入	STP（27）	制动灯开关输入
RR+（5）	右后车轮转速传感器信号电源	PKB（28）	驻车制动开关输入
RL-（6）	左后车轮转速信号输入	BZ（30）	蜂鸣器输出
FSW+（7）	制动踏板感载开关输入	+BS（31）	电磁阀继电器电源
CANH（11）	CAN 通信线高位	GND1（32）	制动防滑控制 ECU 接地
SP1（12）	速度信号输入	FRO（37）	右前车轮转速信号输出
D/G（13）	诊断测试仪通信线	FLO（38）	左前车轮转速信号输出
MRF（14）	安全保护电动机继电器输出	INIT（41）	轮胎压力警告重置开关信号输入
MR（15）	电动机继电器输出	CSW（43）	牵引力控制开关输入
FR-（17）	右前车轮转速信号输入	R+（45）	电动机继电器电源
FL+（18）	左前车轮转速传感器信号电源	IG1（46）	IG1 电源
RR-（19）	右后车轮转速信号输入		

表3-8 制动防滑ECU线束侧插接器端子检测

端子	配线颜色	端子说明	检测条件	规定值
GND2（1）—接地	W－B—接地	电动机接地	点火开关关闭	小于1Ω
BM（2）—GND（1,32）	W－R—W－B	电动机继电器测试输入	打开点火开关（IG），泵电动机运转	10～14V
FSW＋（7）—接地	G－O—接地	制动踏板感载开关输入	踩下制动踏板	1kΩ
FSW＋（7）—接地	G－O—接地	制动踏板感载开关输入	松开制动踏板	213Ω
TS（24）—GND（1,32）	G－B—W－B	传感器检测输入	打开点火开关（IG）	10～14V
STP（27）—GND（1,32）	R－W—W－B	制动灯开关输入	制动灯开关打开（踩下制动踏板）	8～14V
STP（27）—GND（1,32）	R－W—W－B	制动灯开关输入	制动灯开关闭（松开制动踏板）	小于1.5V
PKB（28）—GND（1,32）	Y－R—W－B	驻车制动开关输入	打开点火开关（IG），驻车制动开关打开	小于1.5V
PKB（28）—GND（1,32）	Y－R—W－B	驻车制动开关输入	打开点火开关（IG），驻车制动开关闭	10～14V
BZ（30）—GND（1,32）	Y－B—接地	蜂鸣器输出	打开点火开关（IG），蜂鸣器不鸣叫	6～10V
＋BS（31）—GND（1,32）	R—W－B	电磁阀继电器电源	任何工况	10～14V
GND1（32）—GND（1,32）	W－B—接地	制动防滑控制ECU接地	点火开关关闭	小于1Ω
LSW（43）—GND（1,32）	R－L—W－B	TRC OFF开关输入	牵引力控制开关关闭	10～14V
R＋（45）—GND（1,32）	G－O—W－B	电动机继电器输入	打开点火开关（IG）	10～14V
IG1（46）—GND（1,32）	B－W—W－B	IG1电源	打开点火开关（IG）	10～14V

注：配线颜色W表示白色，B表示黑色，G表示绿色，O表示橙色，R表示红色，Y表示黄色，L表示蓝色。

2. 故障指示灯

1）如果制动防滑控制ECU检测到带有EBD、BAS、TRC、VSC或HAC的ABS有故障，相应的ABS警告灯、制动系统警告灯、VSC警告灯、防滑指示灯会亮起，以提醒驾驶人。指示灯亮起情况见表3-9。

表3-9 指示灯亮起情况

项目	ABS	EBD	制动助力	TRC	VSC	HAC
ABS警告灯	○	○	○	—	—	—
制动系统警告灯	—	○	—	—	—	—
防滑指示灯	—	—	—	△	△	△
VSC警告灯	—	—	—	○	○	—

注：○表示点亮；△表示闪烁；—表示灯OFF。

2）同时，诊断故障码（Diagnostic Trouble Code，DTC）存储在存储器中。通过在DLC3的TC和CG端子间连接专用工具（SST），观察ABS警告灯和VSC警告灯的闪烁情况读取故障码，也可以利用诊断仪读取DTC。

3）自诊断系统具有传感器信号检测（测试模式）功能。在DLC3的TS和CG端子间连接SST或连接诊断仪，可以激活此功能。利用此检测功能可以进行偏移率传感器零点校正、减速度传感器零点校正、偏移率传感器检查、总泵压力传感器检测和速度传感器检测。

4）如果制动防滑控制ECU在传感器检测过程中检测到故障，它会将DTC存储在存储器中。

5）如果CAN在ECU或传感器上有通信故障，那么同时输出多个DTC，指示故障位置。

第3章 电子稳定程序（ESP/EBD/BAS/HAC）

3. 故障码读取与清除方法

（1）诊断仪读取与清除

连接诊断仪，打开点火开关（IG），按诊断仪屏幕上的提示读取和清除故障码。

（2）人工读取与清除

1）读取故障码。用 SST 连接诊断仪的端子 TC 和 CG，打开点火开关（IG），读取 ABS 和 VSC 警告灯闪烁的次数，根据闪烁次数读取故障码。

完成检查后，断开诊断仪的端子 TC 和 CG，关闭点火开关（IG）。

2）清除故障码。

① 用 SST 连接诊断仪的端子 TC 和 CG。

② 打开点火开关（IG）。

③ 在 5s 内踩下制动踏板至少 8 次，清除存储在 ECU 中的故障码。

④ 检测 ABS 警告灯是否显示正常系统代码，若正常，则拆下 SST。

4. DTC 表

DTC 表/测试模式 DTC 表（ABS 警告灯闪烁）见表 3-10，DTC 表/测试模式 DTC 表（VSC 警告灯闪烁）见表 3-11。

表 3-10 DTC 表/测试模式 DTC 表（ABS 警告灯闪烁）

DTC 号		检测项目	DTC 号		检测项目
2 位	5 位		2 位	5 位	
31/71/75	C0200/C1271/C1275	右前轮速度传感器信号故障	41	C1241	蓄电池正极电压低
32/72/76	C0205/C1272/C1276	左前轮速度传感器信号故障	43/44/45/79	C1243/C1244/C1245/C1279	减速度传感器故障
33/73/77	C0210/C1273/C1277	右后车轮转速传感器信号故障	46/81	C1246/C1281	总泵压力传感器故障
34/74/78	C0215/C1274/C1278	左后车轮转速传感器信号故障	49	C1249	制动灯开关电路开路
21/22/23/24/25	C0226/C0236/C0246/C0256/C1225	制动执行器电磁阀线路开路或短路（SFR/SFL/SRR/SRLSM/电路）	51	C1251	ABS 泵电动机锁定泵电动机电路开路
			67	C1267	制动踏板载荷传感器开关故障
13/14	C0273/C0274	ABS 电动机继电器电路开路/短路	91	C1361	ABS 电动机安全保护继电器电路短路
11/12	C0278/C0279	ABS 电磁阀继电器电路开路/短路	94	U0073	CAN 通信故障
25	C1225	SA1 电磁阀电路	95	U0124	减速度传感器 CAN 通信故障
35/36/38/39	C1235/C1236/C1238/C1239	右前/左前/右后/左后传感器尖端附有异物	97	C1381	偏移率/减速度传感器电源电压故障

表 3-11　DTC 表/测试模式 DTC 表（VSC 警告灯闪烁）

DTC 号		检测项目	DTC 号		检测项目
2 位	5 位		2 位	5 位	
51	C1201	发动机控制系统故障	34	C1234	偏移率传感器故障
53	C1203	发动机 ECU 通信电路故障	39	C1336	减速传感器零点校正未完成
36	C1210	偏移率传感器零点校正未完成	62/71	U0123/C0371	偏移率传感器与 CAN 通信故障
43	C1223	ABS 控制系统故障	63	U0126	转向角传感器与 CAN 通信故障
31/72	C1231/ C1208	转向角传感器故障	65	U0100	ECU 与 CAN 通信故障
32	C1232	减速传感器故障	—		

5. 故障码检测

（1）故障码 C1231/31：转向角传感器电路故障。

1）与故障码 C1231/31 相关的电路图如图 3-15 所示。

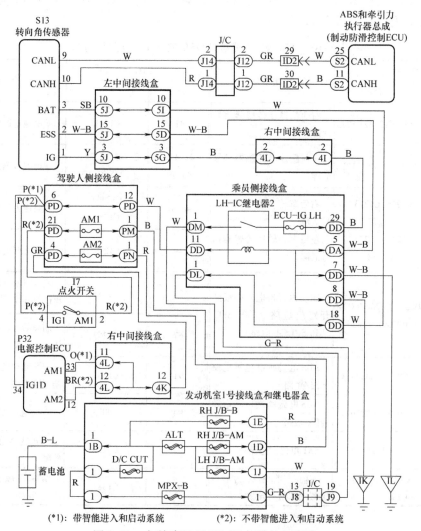

图 3-15　与故障码 C1231/31 相关的电路图

第3章 电子稳定程序（ESP/EBD/BAS/HAC）

2）检测步骤如下。

① 使用诊断仪，检测制动防滑控制 ECU 和转向角传感器之间的线束和插接器是否瞬时断开。正常情况下，没有瞬时断开（NORMAL）。如果正常，进行下一步；若不正常，则检测并修理转向角传感器与制动防滑控制 ECU 之间的线束和插接器。

② 清除故障码，关闭点火开关，再次将开点火开关置于 ON（IG）位置，检测是否有 CAN 通信系统故障码输出。起动发动机，以 35km/h 的速度行驶，并左右转动转向盘，检测是否有车轮转速传感器和偏移率传感器故障码输出。若没有 CAN 通信系统故障码和车轮转速传感器和偏移率传感器故障码输出，则进行下一步；若有 CAN 通信系统故障码输出，则修理输出故障码指定的电路；若有车轮转速传感器或偏移率传感器故障码输出，则修理输出故障码指定的电路。

③ 拆下转向盘和转向柱下盖，断开转向角传感器插接器，将点火开关置于 ON（IG）位置，S13-1（IG）与 S13-2（ESS）之间电压是 10～14V；关闭点火开关，S13-2-（ESS）与接地之间电阻小于 1Ω。若正常，则更换转向角传感器；若不正常，则修理或更换线束或插接器（IG、ESS 电路）。

④ 清除故障码，起动发动机，以至少 35km/h 的速度行驶车辆并左右转动转向盘，检测是否记录相同的故障码。若故障码不输出，则结束检测；若故障码输出，则进行步骤 2。

（2）故障码 C1232/32、C1234/34、C1243/43、C1245/45、C1279/79（偏移率传感器故障），故障码 C1244/44（减速度传感器电路断路或短路），故障码 C1381/97（偏移率/减速度传感器的电源电压故障），故障码 C0371/71（偏移率传感器输出信号故障）

1）与上述故障码相关的电路图如图 3-16 所示。

2）检测步骤如下。

① 使用诊断仪，清除故障码。起动发动机，以至少 30km/h 的速度行驶，转动转向盘，减速（踩制动踏板）。再次将点火开关置于 ON（IG）位置，检测是否有 CAN 通信系统故障码输出，检测未进行偏移率传感器（C1210/36）和减速度传感器（C1336/39）零点校准是否有故障码输出。若无故障码（C1210/36、C1336/39 和 CAN 通信系统故障）输出，则进行下一步；若有 CAN 通信系统故障码输出，则修理输出故障码指定的电路；若有故障码 C1210/36 和 C1336/39 输出，则修理输出故障码指定的电路。

② 检测偏移率和减速度传感器是否已正确安装，正常情况下，传感器应拧到规定转矩，传感器不应倾斜。若正常，则进行下一步；若不正常，则正确安装偏移率和减速度传感器。

③ 断开偏移率和减速度传感器插接器，将点火开关置于 ON（IG）位置，Y1-5（IG）与接地之间电压应为 10～14V。若正常，则进行下一步；若不正常，修理或更换线束或插接器（IG 电路）。

④ 断开偏移率和减速度传感器插接器，Y1-1（GND）与接地之间电阻应小于 1Ω。若正常，则更换偏移率和减速度传感器；若不正常，则修理或更换线束或插接器（GND 电路）。

（3）VSC 警告灯电路（不亮）

检测步骤如下。

① 检测 CAN 通信系统。检测是否有 CAN 通信系统故障码输出，若无故障码输出，则进行下一步；若有故障码输出，则修理 CAN 通信系统。

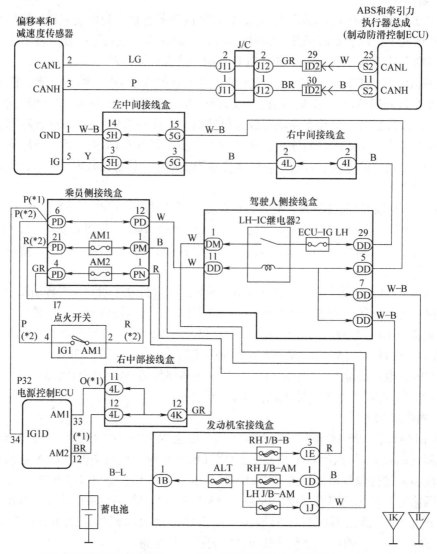

图3-16 与故障码 C1232/32、C1234/34、C1243/43、C1244/44、C1245/45、C1381/97、C1279/79 和 C0371/71 相关的电路图

② 检测多路通信系统。检测是否有多路通信系统故障码输出，若无故障码输出，则进行下一步；若有故障码输出，则修理多路通信系统。

③ 检测 VSC 警告灯。连接诊断仪，起动发动机，当 VSC 警告灯开关到 ON 或 OFF，检查组合仪表上 VSC 警告灯显示 ON 还是 OFF。正常情况下，应根据诊断仪 VSC 警告灯点亮或熄灭。若正常，则更换 ABS 和牵引力执行器总成；若不正常，则进行下一步。

④ 检测组合仪表总成。正常情况下，组合仪表总成系统正常。若正常，则结束检测；若不正常，则更换组合仪表总成。

(4) 防滑指示灯电路（持续亮）

1) 防滑指示灯电路（持续亮）电路图如图3-17所示。

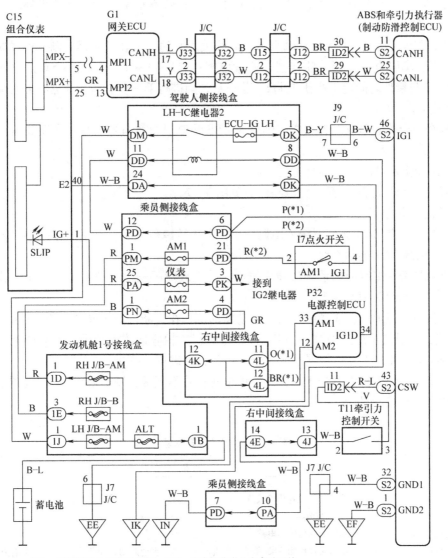

(*1)：带智能进入和启动系统　(*2)：不带智能进入和启动系统

图 3-17　防滑指示灯（持续亮）电路图

2) 检测步骤如下。

① 检测是否有 CAN 通信系统故障码输出。若无故障码输出，则进行下一步；若有故障码输出，则维修 CAN 通信系统。

② 检测是否有多路通信系统故障码输出。若无故障码输出，则进行下一步；若有故障码输出，则维修多路通信系统。

③ 检测牵引力控制开关。拆下牵引力控制开关，断开牵引力控制开关插接器，测量端子 3 与端子 2 之间的电阻：按下开关，应小于 1Ω；未按下开关，应不小于 10kΩ。若正常，则进行下一步；若不正常，则更换牵引力控制开关。

④ 检测牵引力控制开关（GND 电路）。断开牵引力控制开关插接器，测量 T11-2 与接地之间的电阻，应小于 1Ω。若正常，则进行下一步；若不正常，则维修或更换线束或插接器（GND 电路）。

⑤ 检测制动防滑控制 ECU 与牵引力控制开关之间的线束和插接器。断开制动防滑控制 ECU 插接器和牵引力控制开关插接器，测量电阻：T11-3-S2 与 43（CSW）之间应小于 1Ω；T11-3 与接地之间应不小于 10kΩ。若正常，则进行下一步；若不正常，则维修或更换线束或插接器。

⑥ 检查组合仪表总成。若正常，则更换 ABS 和牵引力执行器总成；若不正常，则更换组合仪表总成。

（5）防滑指示灯电路（不亮）

1）防滑指示灯电路（不亮）电路图参见图 3-17。

2）检测步骤如下。

① 检测是否有 CAN 通信系统故障码输出。若无故障码输出，则进行下一步；若有故障码输出，则维修 CAN 通信系统。

② 检测是否有多路通信系统故障码输出。若无故障码输出，则进行下一步；若有故障码输出，则维修多路通信系统。

③ 检测防滑指示灯。连接诊断仪，起动发动机，在诊断仪上选择"Active Test（动态测试）"模式，防滑指示灯开关 ON/OFF，接通诊断仪，相应地防滑指示灯点亮或熄灭。若正常，则更换 ABS 和牵引力执行器总成；若不正常，则进行下一步。

④ 检查组合仪表总成。若正常，则结束检测；若不正常，则更换组合仪表总成。

6. 常见故障及排除表

表 3-12 常见故障及排除

故障现象	可能的故障原因
ABS 不能运行 BA 不能运行 EBD 不能运行	· 按故障码内容排除故障 · IG 电源电路 · 车轮转速传感器电路 · 用诊断仪检测 ABS 和牵引力执行器总成，用动态测试功能检测 ABS 和牵引力执行器总成运行。如果异常，则检测液压回路是否泄漏 · 在进行上述故障检测并确认正常后，如果仍有故障现象出现，则更换 ABS 和牵引力执行器总成（制动防滑控制 ECU）
ABS 不能有效地运行 BA 不能有效地运行 EBD 不能有效地运行	· 按故障码内容排除故障 · 车轮转速传感器电路 · 制动灯开关电路 · 用诊断仪检测 ABS 和牵引力执行器总成（用"Active Test"功能检测 ABS 和牵引力执行器总成运行），如果异常，则检测液压回路是否泄漏 · 在进行上述故障检测并确认正常后，如果仍有故障现象出现，则更换 ABS 和牵引力执行器总成（制动防滑控制 ECU）

第3章 电子稳定程序（ESP/EBD/BAS/HAC）

（续）

故障现象	可能的故障原因
VSC 和/或牵引力不能运行	· 按故障码内容排除故障 · IG 电源电路和接地电路 · 检测液压回路是否泄漏 · 车轮转速传感器电路 · 偏移率/减速度传感器电路 · 转向传感器电路 · 在进行上述故障检测并确认正常后，如果仍有故障现象出现，则更换 ABS 和牵引力执行器总成（制动防滑控制 ECU）
不能进行传感器信号检测	· TS 和 CG 端子电路 · ABS 和牵引力执行器总成（制动防滑控制 ECU）
不能进行 ABS 传感器故障码检测	· 按故障码内容排除故障 · TC 和 CG 端子电路 · 即使在上述故障可能发生部位的电路检测并确认正常后，如果仍有故障现象出现，则更换 ABS 和牵引力执行器总成（制动防滑控制 ECU）
不能进行 VSC 传感器故障码检测	· 按故障码内容排除故障 · TC 和 CG 端子电路 · 在进行上述故障检测并确认正常后，如果仍有故障现象出现，则更换 ABS 和牵引力执行器总成（制动防滑控制 ECU）
ABS 警告灯异常（持续亮/不亮）	· ABS 警告灯电路 · ABS 和牵引力执行器总成（制动防滑控制 ECU）
VSC 警告灯异常（持续亮/不亮）	· VSC 警告灯电路 · ABS 和牵引力执行器总成（制动防滑控制 ECU）
制动警告灯异常（持续亮/不亮）	· 制动警告灯电路 · ABS 和牵引力执行器总成（制动防滑控制 ECU）
防滑指示灯异常（持续亮/不亮）	· 防滑指示灯电路 · ABS 和牵引力执行器总成（制动防滑控制 ECU）
制动防滑控制蜂鸣器异常	· 制动防滑控制蜂鸣器电路 · ABS 和牵引力执行器总成（制动防滑控制 ECU）

本 章 小 结

· ESP 的功能是当检测到汽车没有按照驾驶人的驾驶意图行驶时，通过有选择地制动或者干预发动机的工作来稳定车辆，使汽车按照驾驶人的驾驶意图行驶，改善汽车的操纵稳定性，提高汽车的行驶安全性。

• ESP 是与 ABS 和 ASR 组合在一起的系统，可以认为 ESP 是 ABS 和 ASR 功能的延伸。ESP 由传感器、ECU 和执行器组成。

• ESP 工作时，首先通过转向盘转角传感器、轮速传感器信号识别转弯方向、角度、速度，从而判断驾驶人的驾驶意图。

• ESP 通过横摆角速度传感器、侧向加速度传感器识别车辆绕其垂直轴转动的方向、角速度以及旋转角度等，从而确定车辆的实际运动方向。

• ECU 将车辆实际运动方向与驾驶人的驾驶意图进行比较，如果车辆被判断为不足转向，ECU 立即指令执行器使汽车内侧后轮制动。如果车辆被判断为过度转向，ECU 立即指令执行器使汽车外侧前轮制动。

• 转向盘转角传感器的作用是检测转向盘的转动方向、转动角速度和转动角度，以便 ECU 根据转向盘转角的大小和转角变化速率来识别驾驶人的驾驶意图，确定车辆的预期行驶方向。

• 横摆角速度传感器的作用是检测车辆绕其垂直轴转动的角速度，以便 ECU 根据横摆角速度信号和侧向加速度信号判断车辆的实际行驶方向。

• 加速度传感器的作用是检测汽车行驶时的纵向和侧向加速度，以便 ECU 根据侧向加速度信号和横摆角速度信号判断车辆的实际行驶方向。

• EBD 能够根据由于汽车制动时产生载荷转移的不同，ECU 根据接收到的轮速信号、载荷信号、踏板行程信号以及发动机等有关信号，经处理后向电磁阀和压力调节器发出控制指令，使各轴的制动力得到合理分配，以提高制动效能。

• BAS 通过驾驶人踩制动踏板的速度和踏板力等参数的变化率探测车辆行驶中遇到的情况，判断、感知驾驶人的制动意图，当驾驶人在紧急情况下快速踩下制动踏板，但踩踏力不足时，此系统便会发挥作用，将在不到 1s 的时间内把制动压力增至最大，以缩短紧急制动情况下的制动距离。

• HAC 是在 ESP 系统基础上衍生开发出来的一种功能，它可让车辆在不使用驻车制动情况下在坡上起步时，右脚离开制动踏板，车辆仍能继续保持制动几秒，这样可以让驾驶人轻松地将脚由制动踏板转向加速踏板，同时能防止溜车避免事故。

复习思考题

一、填空题

1. ESP 的含义是_____，VSC 的含义是_____。
2. ESP 是与 ABS 和 ASR_____的系统，可以认为 ESP 是 ABS 和 ASR 功能的_____。
3. ESP 由_____、_____和_____组成。
4. ESP 大部分元件与 ABS 和 ASR 共用，传感器在原来 ABS 和 ASR 的基础上增加了_____、_____、_____等。
5. 常见的转向盘转角传感器有电位器式、_____、_____、霍尔式、_____等。
6. 丰田皇冠汽车制动控制系统是在 ABS 的基础上增加了_____、_____、_____的功能。
7. EBD 的英文表示_____；BAS 的英文表示_____；

HAC 的英文表示_____。

二、判断题

1. 当汽车前轮侧滑时，容易导致过度转向。　　　　　　　　　　　（　　）
2. 当汽车后轮侧滑时，容易导致不足转向。　　　　　　　　　　　（　　）
3. 当出现不足转向时，应制动汽车的外侧后轮。　　　　　　　　　（　　）
4. 当出现过度转向时，应制动汽车的内侧前轮。　　　　　　　　　（　　）
5. ESP 起作用时，除了有选择地对车轮进行制动外，还可以降低发动机的输出转矩。

　　　　　　　　　　　　　　　　　　　　　　　　　　　　　　（　　）

三、问答题

1. ESP 的功能是什么？
2. 转向盘转角传感器的作用是什么？
3. 横摆角速度传感器的作用是什么？
4. 侧向加速度传感器的作用是什么？
5. 在什么情况下有必要关闭 ESP？
6. EBD、BAS、HAC 的作用分别是什么？

实训项目3 丰田皇冠汽车制动控制系统电路检测

车 辆 型 号	车辆识别代码	检 测 系 统

一、实训目标

　　掌握防滑指示灯电路（持续亮）的检测方法。

二、知识准备

　　1. 丰田皇冠汽车数据流读取方法。

　　2. 读懂防滑指示灯电路图。

三、操作步骤

　　1）检测是否有 CAN 通信系统故障码输出。若无故障码输出，则进行下一步；若有故障码输出，则维修 CAN 通信系统。

　　2）检测是否有多路通信系统故障码输出。若无故障码输出，则进行下一步；若有故障码输出，则维修多路通信系统。

　　3）检测牵引力控制开关。拆下牵引力控制开关，断开牵引力控制开关插接器，测量端子3与端子2之间的电阻：按下开关，应_____；未按下开关，应_____。若正常，则进行下一步；若不正常，则更换牵引力控制开关。

　　4）检测牵引力控制开关（GND 电路）。断开牵引力控制开关插接器，测量 T11－2 与接地之间的电阻，应_____。若正常，则进行下一步；若不正常，则维修或更换线束或插接器（GND 电路）。

　　5）检测制动防滑控制 ECU 与牵引力控制开关之间的线束和插接器。断开制动防滑控制 ECU 插接器和牵引力控制开关插接器，测量电阻：T11－3－S2 与 43（CSW）之间应_____；T11－3 与接地之间应_____。若正常，则进行下一步；若不正常，则维修或更换线束或插接器。

　　6）检查组合仪表总成。若正常，则_____；若不正常，则更换组合仪表总成。

　　通过上述检测，得出的结论是：_____

_____

_____

_____。

四、实训小结

_____

_____

_____。

第 3 章　电子稳定程序（ESP/EBD/BAS/HAC）

实训项目 4　丰田皇冠汽车制动控制系统故障码诊断

车 辆 型 号	车辆识别代码	检 测 系 统

一、实训目标

　　掌握故障码 C1231/31 的检测方法。

二、知识准备

　　1. 转向角传感器的作用是_____。

　　2. 丰田皇冠汽车故障检测诊断使用的工具有_____。

　　3. 故障码 C1231/31 的含义是_____。

三、操作步骤

　　1）使用诊断仪，检测制动防滑控制 ECU 和转向角传感器之间的线束和插接器是否瞬时断开。正常情况下，没有瞬时断开（NORMAL）。如果正常，进行下一步；若不正常，则检测并修理_____与_____之间的线束和插接器。

　　2）清除故障码，关闭点火开关，再次将开点火开关置于 ON（IG）位置，检测是否有 CAN 通信系统故障码输出。起动发动机，以_____的速度行驶，并左右转动转向盘，检测是否有车轮转速传感器和偏移率传感器故障码输出。若没有 CAN 通信系统故障码和车轮转速传感器和偏移率传感器故障码输出，则进行下一步；若有 CAN 通信系统故障码输出，则修理输出故障码指定的电路；若有车轮转速传感器或偏移率传感器故障码输出，则修理输出故障码指定的电路。

　　3）拆下转向盘和转向柱下盖，断开转向角传感器插接器，将点火开关置于 ON（IG）位置，S13-1（IG）与 S13-2（ESS）之间电压是_____；关闭点火开关，S13-2-（ESS）与接地之间电阻_____。若正常，则更换转向角传感器；若不正常，则修理或更换线束或插接器（IG、ESS 电路）。

　　4）清除故障码，起动发动机，以至少 35km/h 的速度行驶车辆并左右转动转向盘，检测是否记录相同的故障码，若故障码不输出，则结束检测；若故障码输出，则进行步骤 2。

　　通过上述检测，得出的结论是：_____
_____。

四、实训小结

_____
_____
_____。

第4章 巡航控制系统（CCS）

学习目标：

- 了解巡航控制系统的作用、组成与原理。
- 掌握巡航控制系统传感器的结构和工作原理。
- 了解巡航控制系统 ECU 的结构和工作原理。
- 掌握巡航控制系统执行器的结构和工作原理。
- 掌握巡航控制系统的故障诊断与维修方法。
- 培养学生剖析汽车复杂结构的能力，树立专业志向以及精益求精的工匠精神。

4.1 概述

4.1.1 定义及分类

巡航控制系统（Cruise Control System，CCS）是利用电子技术，在一定的车速范围内，驾驶人不用控制加速踏板，而能保证汽车以设定的速度稳定行驶的一种电子控制装置。包括定速巡航和主动巡航控制系统。

4.1.2 作用及发展

汽车巡航控制系统是为了减轻驾驶人的劳动强度，提高行驶舒适性，使汽车工作在发动机有利转速范围内的汽车自动行驶装置。

巡航控制系统首先在飞机上应用，显示出它无可比拟的优点。汽车上应用巡航控制技术始于 1961 年，首先在美国使用，并逐渐普及。汽车巡航控制系统经历了机械控制系统、晶体管控制系统、模拟集成电路控制系统和微机控制系统等几个过程。微机控制的汽车巡航控制系统自从 1981 年开始应用于汽车后，发展迅速。现代汽车上采用的都是微机控制的巡航控制系统。

4.1.3 巡航控制系统的优点

巡航控制系统主要有以下优点：

1. 减轻驾驶人的疲劳

当汽车巡航行驶时，驾驶人不必操纵加速踏板，减轻了驾驶人的负担，使其可以轻松地驾驶。

2. 提高汽车行驶时的舒适性

由于巡航控制系统工作时汽车等速行驶，因此可以改善汽车的行驶平顺性，提高汽车的舒适性。

3. 降低油耗，减少排放

由于巡航控制系统能够使汽车自动地以等速行驶，避免了驾驶人操纵加速踏板使汽车行驶车速反复变化的情况，因而使发动机的运行工况变化平稳，改善了汽车的燃料经济性和发动机的排放性能。

4. 提高汽车行驶的安全性

巡航控制系统实现了车辆的部分自动驾驶，驾驶人只要掌握好转向盘，不用踩加速踏板和换档就能等速稳定运行，驾驶人可以精力集中地驾驶车辆，提高了汽车行驶的安全性。

5. 减少磨损

巡航控制系统可使汽车稳定等速行驶，额外惯性力减少，所以机件磨损少，故障减少。

4.2 定速巡航控制系统

定速巡航控制系统是按驾驶人要求的速度接通巡航控制主开关之后，不用踩加速踏板就自动地保持车速，使车辆以固定的速度行驶。定速巡航只适用于路况较好的情况下，比如高速、车少路况。

4.2.1 巡航控制系统的控制过程

巡航控制系统的控制过程如图 4-1 所示。驾驶人操纵巡航控制开关，将车速设定、减速、恢复、加速、取消等命令输入巡航控制 ECU。当驾驶人通过巡航控制开关输入了车速设定命令时，巡航控制 ECU 便记忆设定的车速，并按该车速对汽车进行等速行驶控制。汽车在巡航行驶过程中，不断通过比较电路将车速传感器检测的实际车速与设定车速进行比较，计算出实际车速与设定车速的差值，然后通过补偿电路输出对执行器的命令，执行器控制发动机节气门开大或关小，使实际车速达到设定车速。

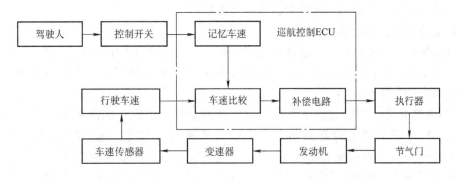

图 4-1　巡航控制系统的控制过程

4.2.2 定速巡航控制系统的组成与原理

定速巡航控制系统主要由开关、传感器、巡航控制 ECU、执行器等组成。开关和传感器将信号送至巡航控制 ECU，ECU 根据这些信号计算出节气门的合理开度，并给执行器发出信号，调节节气门的开度，保持汽车按设定的车速等速行驶。

1. 开关

用于巡航控制系统的开关有两种，一种是巡航控制开关，另一种是退出巡航控制开关。

（1）巡航控制开关

巡航控制开关有的采用手柄式开关，安装于转向盘下方，如图 4-2 所示，也有的采用按键式开关，装在转向盘或仪表板上。以丰田车系为例，巡航控制开关包括主开关（MAIN）、设定/减速开关（SET/COAST）、恢复/加速开关（RES/ACC）和取消开关（CANCEL）。

1）主开关：主开关是巡航控制系统的主电源开关，位于手柄式开关的端部，为按键式开关，如图 4-2 所示。按下主开关，电源接通；再按一次主开关，电源断开。当主开关接通时，如果将点火开关关闭，主开关也关闭。当再次接通点火开关时，巡航主开关并不接通，而保持关闭。

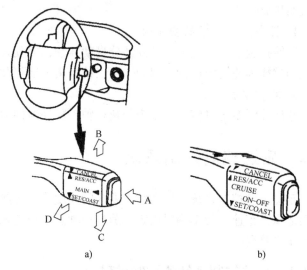

图 4-2　巡航控制开关
a）雷克萨斯 LS400　b）丰田凯美瑞

2）设定/减速开关：当向下推手柄式开关时（图 4-2 中的方向 C），设定/减速开关接通；放松手柄式开关时，开关自动回到原始位置，设定/减速开关断开。

3）恢复/加速开关：当向上推手柄式开关时（图 4-2 中的方向 B），恢复/加速开关接通；放松手柄式开关时，开关自动回到原始位置，恢复/加速开关断开。

4）取消开关：当向后拉手柄式开关时，取消开关接通（图 4-2 中的方向 D），放松手柄式开关时，开关自动回到原始位置，取消开关断开。

（2）退出巡航控制开关

退出巡航控制开关是指开关接通后能使巡航系统自动退出工作的开关。退出巡航控制开关除取消开关外，还包括制动灯开关、驻车制动开关、离合器开关（手动变速器）和空档起动开关（自动变速器）。

1）制动灯开关：制动灯开关由常闭和常开两个开关组成，如图 4-3 所示。开关 A 为常开开关，踩下制动踏板时开关闭合，将制动灯的电源电路接通，制动灯点亮。同时，电源电压经开关 A 加在巡航控制 ECU 上，将制动信号输入巡航控制 ECU，巡航控制 ECU 取消巡航控制系统的控制，巡航系统停止工作。开关 B 为常闭开关，当踩下制动踏板时，开关 B 断开，直接切断了巡航控制 ECU 对巡航控制执行器的控制电路，确保巡航系统停止工作。

2）驻车制动开关：当使用驻车制动器时，驻车制动器开关接通，将驻车制动信号送至巡航控制 ECU，巡航控制 ECU 将取消巡航系统的工作。同时，驻车制动灯点亮。

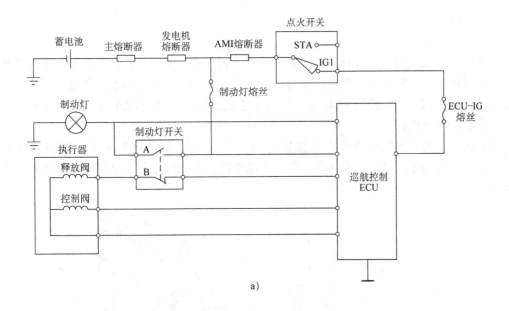

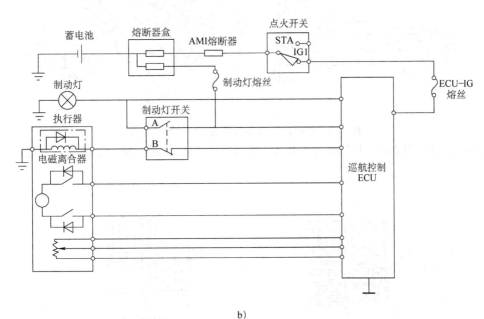

图 4-3 制动灯开关电路图
a) 丰田 Cressida 真空驱动型执行器　b) 丰田陆地巡洋舰电动机驱动型执行器

3）离合器开关：对于装有手动变速器的汽车，当踩下离合器踏板时，离合器开关接通，将离合器开关信号送至巡航控制 ECU，巡航控制 ECU 将取消巡航控制系统的工作。

4）空档起动开关：对于装有自动变速器的汽车，当将变速杆移至 N（空档）位置时，空档起动开关接通，将空档位置信号送至巡航控制 ECU，巡航控制 ECU 将取消巡航控制系统的工作。

2. 传感器

(1) 车速传感器

车速传感器的类型有舌簧开关式、磁脉冲式、霍尔式、光电式、磁阻式等。车速传感器信号可同时用于发动机控制、自动变速器控制和巡航控制等。对于巡航控制系统而言，车速传感器信号的作用是巡航控制 ECU 用于巡航车速的设定以及将实际车速与设定车速进行比较，以便实现等速控制。

磁阻式车速传感器的结构及安装位置如图 4-4 所示，由带内置 MRE（磁阻元件）的 HIC（混合集成电路）和磁环等组成。它安装在变速器或分动器上，由变速器输出轴上的齿轮驱动。

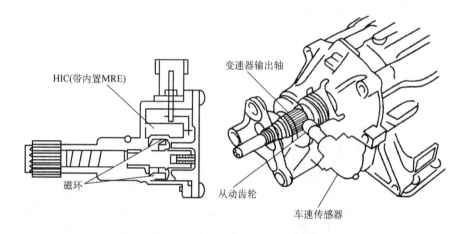

图 4-4 磁阻式车速传感器的结构及安装位置

磁阻元件的结构如图 4-5 所示，由 A、B、C、D 四个单元组成，连接成一个桥式电路，

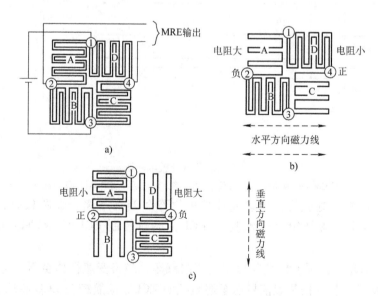

图 4-5 磁阻元件的结构原理
a) 磁阻元件电路 b) 水平方向磁力线 c) 垂直方向磁力线

如图4-6所示。电源加在端子1与3之间，端子2与4为磁阻元件输出。当穿过磁阻元件的磁力线方向与磁阻元件中的电流方向平行时，磁阻元件的电阻最大；当穿过磁阻元件的磁力线方向与磁阻元件中的电流方向垂直时，磁阻元件的电阻最小。车速传感器轴转动带动磁环转动时，穿过磁阻元件的磁力线方

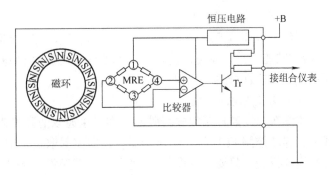

图4-6 磁阻式车速传感器电路图

向不断变化。当磁力线方向为水平时（图4-5b），磁阻元件A、C两单元的电阻最大，B、D两单元的电阻最小，因而磁阻元件的输出端子4为正电位，端子2为负电位；当磁力线为垂直方向时（图4-5c），A、C两单元的电阻最小，B、D两单元的电阻最大，因而磁阻元件的输出端子2为正电位，端子4为负电位。磁环每转过一个磁极，输出信号的极性就发生一次变化，因而产生一个交变信号（图4-7），经比较器转变为数字信号，然后经晶体管放大输出。

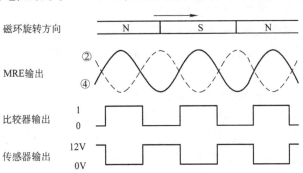

图4-7 磁阻式车速传感器信号波形

（2）节气门位置传感器

节气门位置传感器一般为线性输出型。节气门位置传感器信号可同时用于发动机控制、自动变速器控制和巡航控制等。对于巡航控制系统而言，节气门位置传感器信号的作用是被巡航控制ECU用于计算输出与节气门开度的关系，以确定输出量的大小。

（3）节气门控制臂传感器

节气门控制臂传感器安装在巡航控制系统的执行器内，用于检测执行器控制臂位置。节气门控制臂位置传感器为电位计式，该信号的作用是巡航控制ECU根据节气门控制臂位置信号对执行器进行控制。

3．巡航控制ECU

巡航控制ECU接收来自巡航控制开关、车速传感器信号和其他开关的信号，按照存储的程序对巡航系统进行控制。巡航控制ECU有以下控制功能。

（1）记忆设定车速功能

当主开关接通，车辆在巡航控制车速范围内（一般为40～200km/h）行驶时，操作设定/减速（SET/COAST）开关可以设定巡航车速。ECU将设定的车速存储在存储器内，并将按设定车速控制汽车等速行驶。

（2）等速控制功能

ECU将实际车速与设定车速进行比较。如果实际车速高于设定车速，ECU就控制执行器将节气门适当关小；若实际车速低于设定车速，ECU就控制执行器将节气门适当开大。

(3) 设定车速调整功能

当汽车以巡航控制模式行驶时，如果需要使设定车速提高或降低，只要操作恢复/加速或设定/减速开关，就可以使设定车速改变，巡航控制 ECU 将记忆改变后的设定车速，并按新的设定车速进行巡航行驶。

(4) 取消和恢复功能

当汽车以巡航控制模式行驶时，如果接通取消开关或接通任何一个其他的退出巡航控制开关，巡航控制 ECU 将控制执行器使巡航控制取消。取消巡航控制以后，要想重新按巡航控制模式行驶，只要操纵恢复/加速开关，巡航控制 ECU 即可恢复原来的巡航控制行驶。

(5) 车速下限控制功能

车速下限是巡航控制所能设定的最低车速。不同的车型稍有不同，一般为 40km/h。车速低于 40km/h 时，巡航车速不能被设定，巡航系统不能工作。当巡航行驶时，如果车速降至 40km/h 以下，巡航控制将自动取消，巡航 ECU 存储器内存储的设定车速将被清除。

(6) 车速上限控制功能

车速上限是巡航控制所能设定的最高车速，一般为 200km/h。车速超过该数值，巡航控制车速不能被设定。汽车在巡航控制模式行驶时，如果操作加速开关，车速也不能加速至 200km/h 以上。

(7) 安全电磁离合器控制功能

当汽车以巡航控制模式行驶时，如果因为下坡汽车车速高于设定车速 15km/h，巡航控制 ECU 将切断巡航控制系统的安全电磁离合器使车速降低。当车速降低至比设定车速高出不足 10km/h 时，安全电磁离合器再次接通，恢复巡航控制。

(8) 自动取消功能

当汽车以巡航控制模式行驶时，若出现执行器驱动电流过大，伺服电动机始终朝节气门打开的方向旋转时，巡航控制 ECU 存储器内存储的设定车速将被清除，巡航控制模式将被取消，主开关同时关闭。此外，当巡航控制 ECU 诊断出系统有故障时，将会使巡航系统自动停止工作。

(9) 自动变速器控制功能

当具有自动变速器的汽车以巡航控制模式行驶时，如果上坡时变速器在超速档，车速降至比设定车速低 4km/h 以上时，巡航控制 ECU 将超速档取消信号送至自动变速器 ECU，取消自动变速器超速档。当车速升至比设定车速低 2km/h 时，巡航控制 ECU 将超速档恢复信号送至自动变速器 ECU，恢复自动变速器超速档。

(10) 诊断功能

如果巡航控制系统发生故障，巡航控制 ECU 的自诊断系统能够诊断出故障，并使仪表板上的巡航指示灯闪烁，以便提醒驾驶人。同时，巡航控制 ECU 将故障码存储在存储器内。通过巡航控制指示灯的闪烁或使用故障诊断仪可以读取故障码。

4. 执行器

巡航控制系统的执行器由 ECU 控制，根据 ECU 的控制信号控制节气门的开度，以保持车速恒定。巡航控制系统执行器有真空驱动型和电动机驱动型两种。

(1) 真空驱动型执行器

真空驱动型执行器依靠真空力驱动节气门。真空源有两种取得方式，一是仅从发动机进气歧管取得；二是从发动机进气歧管和真空泵两个真空源取得，如图 4-8 所示。当进气歧管真空度较低时，真空泵参与工作，提高真空度。真空驱动型执行器主要由控制阀、释放阀、膜片、拉杆、回位弹簧等组成。

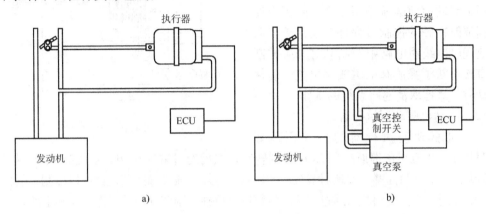

图 4-8　真空驱动型执行器的控制方法
a）从进气歧管取得真空源　b）从进气歧管和真空泵取得真空源

1）控制阀：控制阀用来控制膜片后方的真空度，以改变膜片的位置，从而控制节气门的开度，如图 4-9 所示。当 ECU 给控制阀电磁线圈通电时，与大气相通的空气通道关闭，与进气歧管相通的真空通道打开，执行器内的真空度增大，膜片左移将弹簧压缩，与膜片相连的拉杆将节气门开大。当控制阀电磁线圈断电时，与进气歧管相通的真空通道关闭，与大气相通的空气通道打开，空气进入执行器，膜片右移，节气门关小。ECU 通过占空比信号控制电磁线圈的通电与断电，通过改变占空比控制执行器内的真空度，从而控制节气门的开度。

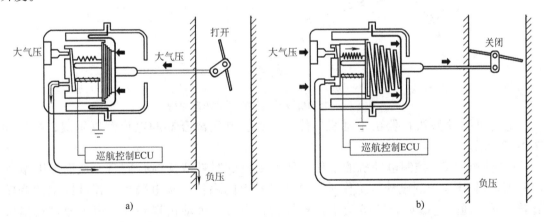

图 4-9　控制阀
a）控制线圈通电　b）控制线圈断电

2）释放阀：释放阀的作用是取消巡航控制时，使空气迅速进入执行器将巡航控制立即取消。释放阀的工作原理如图 4-10 所示。巡航系统工作时，释放阀电磁线圈中有电流通过，与大气相通的空气通道关闭，由控制阀控制执行器内的真空度，从而控制节气门的开度，保持汽车等速行驶。取消巡航控制时，巡航控制 ECU 使控制阀电磁线圈断电，控制阀与大气相通的空气通道打开，释放阀电磁线圈也断电，与大气相通的空气通道也打开，让空气迅速进入执行器，使巡航控制立即取消。如果是因为制动而使巡航控制取消，除了上述的取消巡航行驶的控制过程外，还由于串联于释放阀电磁线圈电路中的制动灯开关的断开，直接切断了释放阀电磁线圈电流，确保在制动时可靠地取消巡航系统的工作。

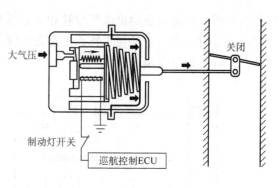

图 4-10　释放阀

（2）电动机驱动型执行器

电动机驱动型执行器的传动原理如图 4-11 所示。电动机由巡航控制 ECU 控制转动，然后通过减速机构、电磁离合器、控制臂、传动索缆传至节气门摇臂，实现对节气门的控制。另外，通过加速踏板也可以控制节气门的开度。巡航控制执行器与驾驶人通过加速踏板都可以单独控制节气门的工作，互不干涉。

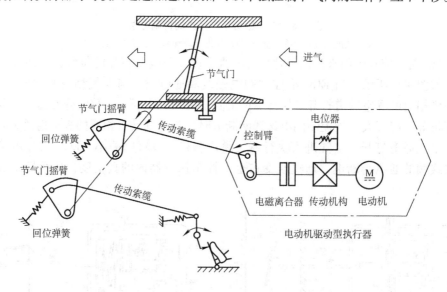

图 4-11　电动机驱动型执行器的传动原理

电动机驱动型执行器由电动机、传动机构、电磁离合器和电位器等组成，结构如图 4-12 所示。

巡航控制 ECU 控制电动机的工作，使电动机顺时针或逆时针旋转，从而改变节气门开度。当 ECU 控制电动机工作时，电动机轴上的蜗杆带动电磁离合器外圆上的蜗轮旋转，涡轮通过电磁离合器带动小齿轮旋转，小齿轮带动齿扇转动，齿扇通过齿扇轴带动控制臂转动，控制臂上的销轴通过索缆使节气门开大或关小。为了防止节气门完全打开或完全关闭后电动机继续转动，电动机安装了两个限位开关，用于控制电动机的转动。

电磁离合器结构及其控制电路如图 4-13 所示。电磁离合器用于接通或断开电动机与节气门索缆之间的联系。当巡航控制 ECU 给执行器发出控制信号时，电磁离合器 2 和离合器片 3 接合，电动机通过蜗杆蜗轮传动和电磁离合器以及小齿轮和齿扇 6 的啮合带动控制臂 5

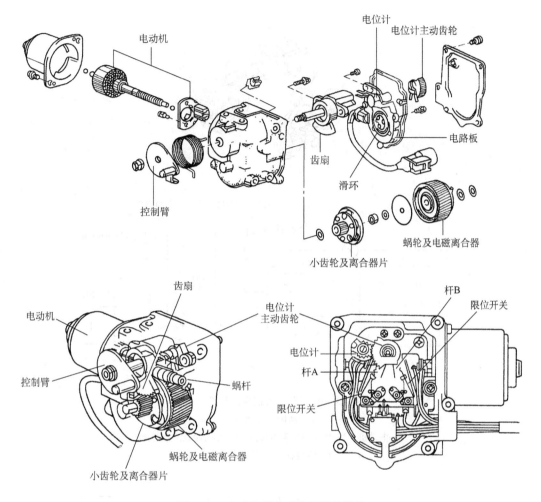

图 4-12 电动机驱动型执行器的结构

转动,通过销轴拉动索缆使节气门旋转。若取消巡航控制,ECU 使电磁离合器断电分离,节气门不受电动机控制。

电位器结构及其电路如图 4-14 所示。当电动机带动齿扇转动改变节气门开度时,齿扇轴同时带动电位器主动齿轮旋转,然后电位器主动齿轮通过从动齿轮带动电位器内的滑动臂转动,电位器就可以产生控制臂位置信号。当对巡航控制系统进行巡航车速设定时,电位计将节气门控制臂信号送至巡航控制 ECU,ECU 将此数据存储于存储器内,行车中 ECU 以此数据作为参照,控制节气门控制臂,使实际车速与设定车速相符。

4.2.3 巡航控制系统的使用

巡航控制系统可以减轻驾驶人的疲劳,改善汽车的燃料经济性和发动机的排放性能,改善汽车的行驶平顺性,提高汽车的舒适性。但是,巡航控制系统如果使用不当,不仅不能充分发挥巡航系统的作用,还可能损坏巡航系统,甚至危害汽车行驶安全。因此,使用巡航系统时应注意按正确的使用方法进行操作。巡航控制系统的使用包括设定巡航车速、增加或降

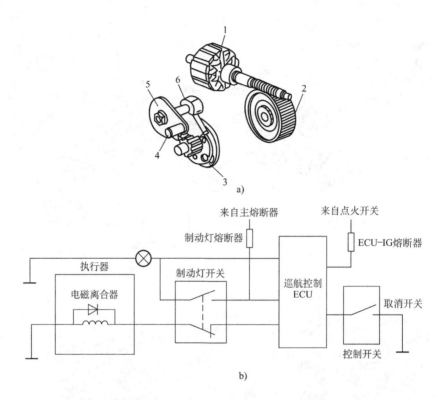

图 4-13 电磁离合器结构及其控制电路
a) 结构　b) 电路
1—电动机　2—蜗轮及电磁离合器　3—小齿轮及离合器片
4—节气门索缆轴　5—控制臂　6—齿扇

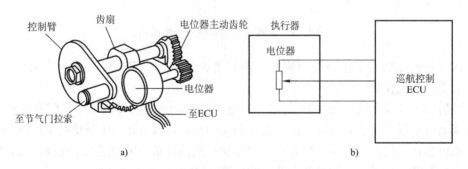

图 4-14 电位器结构及其电路
a) 电位器结构　b) 电位器电路

低巡航设定车速、取消巡航控制以及取消巡航控制后的恢复巡航行驶。

1. 巡航控制系统的使用方法

(1) 设定巡航车速

巡航系统工作时的最低车速一般为 40km/h，这是为了防止汽车转弯时由于巡航行驶而发生危险。设定巡航车速的方法是：按下巡航控制主开关，踩下加速踏板使汽车加速。当达到希望的车速时（必须高于巡航系统工作时的最低车速），将巡航控制开关

第4章 巡航控制系统（CCS）

推至设定/减速位置然后放松，开关放松时的车速即被巡航控制 ECU 记忆为设定车速，巡航系统开始工作。此时驾驶人可以放松加速踏板，巡航系统控制节气门按设定车速等速行驶。

（2）加速

当汽车巡航行驶时，如果要使巡航设定车速提高，应将巡航控制开关置于恢复/加速位置保持不动，汽车将逐渐加速。当汽车加速至所希望的车速时，放松巡航控制开关，汽车将按新的较高的设定车速等速行驶。

当汽车巡航行驶时，如果需要使汽车临时加速（如超车），则只需踩下加速踏板汽车即可加速，放松加速踏板后，汽车仍按原来设定的车速巡航行驶。

（3）减速

当汽车巡航行驶时，如果要使巡航设定车速降低，应将巡航控制开关置于设定/减速位置保持不动，汽车将逐渐减速。当汽车减速至所希望的车速时，放松巡航控制开关，汽车将按新的较低的设定车速等速行驶。

（4）点动升速和点动降速

当汽车以巡航控制模式行驶时，如果需要对巡航设定车速进行微调时，只要点动一次恢复/加速开关（接通恢复加速开关后立即放松开关，时间不超过0.6s），巡航设定车速就升高约 1.6km/h；只要点动一次设定/减速开关，车速就降低约 1.6km/h。

（5）取消巡航控制

取消巡航控制有几种方式可以选择：一是将巡航控制开关的取消开关接通然后释放；二是踩下制动踏板；三是对于装有手动变速器的汽车踩下离合器踏板，对于装有自动变速器的汽车将变速杆置于空档位置；四是关闭巡航控制主开关；五是使用驻车制动器。

（6）恢复巡航行驶

如果通过操作了退出巡航控制开关中的任何一个开关使巡航控制取消，要恢复巡航行驶，只要将恢复/加速开关接通然后放松开关，汽车将恢复原来的巡航行驶。但如果车速已降低至 40km/h 以下，或实际车速低于设定车速 16km/h 以上，ECU 将不能恢复巡航行驶。

2. 巡航控制系统的使用注意事项

巡航控制系统使用中应注意以下事项。

（1）为了保证行车安全，在交通繁忙的道路上或遇到雨、雾、雪天气时，不要使用巡航控制系统。

（2）为了避免巡航控制系统误工作影响驾驶安全，在不使用巡航控制系统时，应将巡航控制系统的主开关关闭。

（3）在较陡的坡道上行驶时，不宜使用巡航控制系统。因为较大的坡度会引起发动机的转速波动过大，不利于发动机的正常工作。如果在巡航行驶时遇到较陡的下坡，汽车车速会高出设定车速许多，此时可首先踩下制动踏板使汽车减速，同时也取消了巡航控制，然后将变速器换入低档，利用发动机的牵引阻力控制汽车车速。

(4) 使用巡航控制系统时要注意观察仪表板上的巡航指示灯是否闪亮,若闪亮,说明巡航系统有故障,巡航控制 ECU 将自动停止巡航系统的工作,应待故障排除后再使用巡航控制系统。

(5) 巡航控制 ECU 与汽车上的其他控制系统的 ECU 一样,对于电磁环境、湿度和机械振动等有较高的要求,使用时应注意。

4.2.4 巡航控制系统故障诊断与维修

当巡航控制系统发生故障时,首先应进行直观检查。检查巡航控制系统的线束及插接器是否完好,部件是否丢失或损坏等。直观检查后一般应进行故障自诊断,其内容包括巡航控制系统状态指示的检查、读取故障码、输入信号检查、取消信号检查等。在进行故障自诊断时如果读取到故障码,应进行故障码诊断,以进一步确定故障部位。如果没有读取到故障码,可按照故障现象进行故障诊断。当确定故障的具体部位后,对有故障的电路或部件进行修理或更换。下面以丰田卡罗拉汽车为例,介绍巡航控制系统的故障诊断与检修方法。

1. 丰田卡罗拉汽车巡航控制电控元件位置图

丰田卡罗拉汽车巡航控制系统电控元件位置如图 4-15 所示。

2. 故障码表

丰田卡罗拉汽车巡航控制系统故障码表见表 4-1。

3. 故障码 P0571 的检测:制动开关"A"电路故障

(1) 与故障码 P0571 相关的电路图

与故障码 P0571 相关的电路图如图 4-16 所示。

(2) 检测步骤

1) 检查制动灯开关与蓄电池之间的线束和插接器。将插接器 A1 从制动灯开关上断开,测量电压:任何工况,A1-2 与接地应为 11~14V;点火开关置于 ON(IG)位置,A1-3 与接地应为 11~14V。若正常,则进行下一步;若不正常,则维修或更换线束或插接器。

2) 检查制动灯开关。拆下制动灯开关,测量电阻:开关销未按下,1-2 和 3-4 应低于 1Ω;开关销按下,1-2 和 3-4 应高于 10kΩ。若正常,则进行下一步;若不正常,则更换制动灯开关。

3) 检查 ECM。从 ECM 上断开插接器 A50,将点火开关置于 ON(IG)位置,测量电压:踩下制动踏板,A50-36(STP)与接地应 11~14V,A50-35(ST1)与接地应低于 1V;松开制动踏板,A50-36(STP)与接地应低于 1V,A50-35(ST1)与接地应 11~14V。若正常,则更换 ECM;若不正常,则维修或更换线束或插接器(制动灯开关-ECM)。

4. 巡航控制开关电路诊断

(1) 巡航控制开关电路图

巡航控制开关电路图如图 4-17 所示。

第4章　巡航控制系统（CCS）

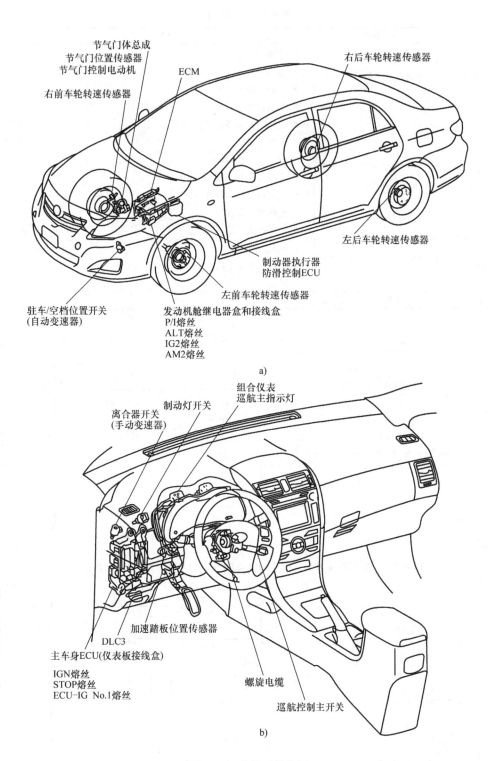

图4-15　电控元件位置

表4-1 故障码表

故障码	故障码内容	可能的故障原因
P0500	车速传感器故障	• 转速信号电路 • 组合仪表 • 防滑控制ECU • 车速传感器
P0503	车速传感器"A"信号间断/不稳定/高	• 前照灯光束高度调整ECU • 主车身ECU • 收音机总成 • 导航接收器总成 • 风窗玻璃刮水器继电器 • 间距警告ECU • 电子控制模块（ECM）
P0571	制动开关"A"电路故障	• 制动灯开关 • 制动灯开关电路 • ECM
P0575	巡航控制输入电路故障	ECM

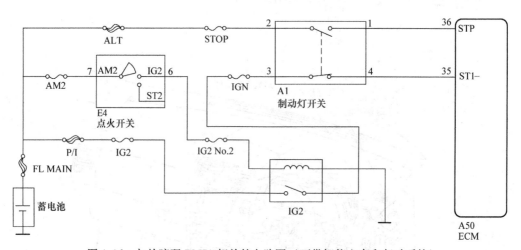

图4-16 与故障码P0571相关的电路图（不带智能上车和起动系统）

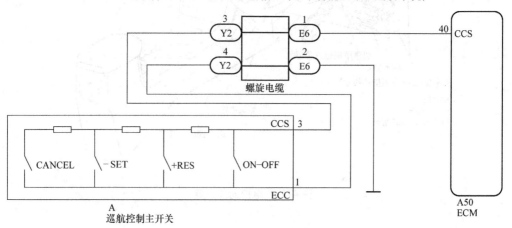

图4-17 巡航控制开关电路图

第4章 巡航控制系统（CCS）

（2）检测步骤

1）读取诊断仪的值。连接诊断仪，将点火开关置于 ON（IG）位置，打开诊断仪主开关，操作巡航控制开关时，显示屏变化见表4-2。若正常，则继续检查常见故障及排除表中所示的下一个电路；若不正常（所有项目都有故障），则进行步骤2；若不正常（1～3项有故障），则更换巡航控制主开关。

2）检查巡航控制主开关。拆下巡航控制主开关，测量 A-3（CCS）与 A-1（ECC）之间电阻：中立位置，大于 $10k\Omega$；+（加速）/RES（恢复），$235\sim245\Omega$；-（滑行）/SET，$617\sim643\Omega$；CANCEL，$1509\sim1571\Omega$；主开关打开，小于 2.5Ω。若正常，则进行下一步；若不正常，则更换巡航控制主开关。

3）检查巡航控制主开关与螺旋电缆之间的线束和插接器。将插接器 Y2 从螺旋电缆上断开，测量 A-1 与 Y2-4、A-3 与 Y2-3 之间电阻：任何工况，应小于 1Ω。若正常，则进行下一步；若不正常，则维修或更换线束或插接器。

4）检查螺旋电缆。拆下螺旋电缆，测量 Y2-3（CCS）与 E6-1（CCS）、Y2-4（ECC）与 E6-2（ECC）之间的电阻，螺旋电缆位置在中间、螺旋电缆位置向左转2.5圈、螺旋电缆位置向右转2.5圈，应小于 1Ω。若正常，则进行下一步；若不正常，则更换螺旋电缆。

5）检查螺旋电缆与 ECM、接地之间的线束和插接器。从 ECM 上断开插接器 A50，测量电阻：任何工况，E6-1（CCS）与 A50-40（CCS）、E6-29（ECC）与接地，应小于 1Ω；A50-40（CCS）与接地应大于 $10k\Omega$。若正常，则更换 ECM；若不正常，则维修或更换线束或插接器。

表4-2 ECM（巡航控制）数据流表

测量项目	测量范围	正常状态
主开关信号（主 CPU）	ON 或 OFF	ON：巡航控制主开关置于 ON 位置 OFF：巡航控制主开关置于 OFF 位置
CANCEL 开关信号	ON 或 OFF	ON：CANCEL 开关置于 ON 位置 OFF：CANCEL 开关置于 OFF 位置
SET/COAST 开关信号	ON 或 OFF	ON：-（滑行）/SET 开关置于 ON 位置 OFF：-（滑行）/SET 开关置于 OFF 位置
RES/ACC 开关信号	ON 或 OFF	ON：+（加速）/RES(恢复)开关置于 ON 位置 OFF：+（加速）/RES(恢复)开关置于 OFF 位置

5. 常见故障及排除

常见故障及排除见表4-3。

表4-3 常见故障及排除

故障现象	可能的故障原因
• 车速不能设置（CRUISE 主指示灯亮起） • 巡航控制系统在工作时被取消	巡航控制开关电路
	车速传感器电路
	组合仪表
	制动灯开关电路
	变速器档位传感器电路（U341E A/T）
	离合器开关电路（C66 M/T）
	若上述部位检查完毕且证明各部位均正常，但故障现象仍然出现，则应更换 ECM（2ZR-FE）

(续)

故障现象	可能的故障原因
车速不能设置（CRUISE 主指示灯不亮）	制动灯开关电路
	离合器开关电路（C66 M/T）
	车速传感器电路
	组合仪表
	巡航控制开关电路
	变速器档位传感器电路（U341E A/T）
	CRUISE 主指示灯电路
	若上述部位检查完毕且证明各部位均正常，但故障现象仍然出现，则应更换 ECM（2ZR - FE）
可以设定车速（CRUISE 主指示灯不亮）	CRUISE 主指示灯电路
	若上述部位检查完毕且证明各部位均正常，但故障现象仍然出现，则应更换 ECM（2ZR - FE）
拉回巡航控制主开关取消巡航控制（CRUISE 主指示灯一直亮）	巡航控制开关电路
	若上述部位检查完毕且证明各部位均正常，但故障现象仍然出现，则应更换 ECM（2ZR - FE）
当车速降到低于速度下限时，巡航控制没有取消（CRUISE 主指示灯一直亮）	车速传感器电路
	若上述部位检查完毕且证明各部位均正常，但故障现象仍然出现，则应更换 ECM（2ZR - FE）
踩下制动踏板不能取消巡航控制（CRUISE 主指示灯一直亮）	制动灯开关电路
	若上述部位检查完毕且证明各部位均正常，但故障现象仍然出现，则应更换 ECM（2ZR - FE）
踩下制动踏板不能取消巡航控制（CRUISE 主指示灯一直亮）	离合器开关电路（C66 M/T）
	若上述部位检查完毕且证明各部位均正常，但故障现象仍然出现，则应更换 ECM（2ZR - FE）
拉回巡航控制主开关取消巡航控制（CRUISE 主指示灯熄灭）	更换 ECM（2ZR - FE）
当车速降到低于速度下限时，巡航控制没有取消（CRUISE 主指示灯熄灭）	
踩下制动踏板不能取消巡航控制（CRUISE 主指示灯熄灭）	
移动变速杆不取消巡航控制	变速器档位传感器电路（U341E A/T）
	若上述部位检查完毕且证明各部位均正常，但故障现象仍然出现，则应更换 ECM（2ZR - FE）
抖动（车速不稳定）	车速传感器电路
	组合仪表
	若上述部位检查完毕且证明各部位均正常，但故障现象仍然出现，则应更换 ECM（2ZR - FE）
CRUISE 主指示灯始终闪烁	TC 和 CG 端子电路
	若上述部位检查完毕且证明各部位均正常，但故障现象仍然出现，则应更换 ECM（2ZR - FE）

4.3 主动巡航控制系统

主动巡航控制（Adaptive Cruise Control，ACC）系统也称自适应巡航控制系统。汽车的传感器（雷达）会根据前车以及本车的行驶状态（车距和速度），经过 ECU 的计算判断后，向执行器（节气门、制动、档位）发送指令，以决定自己的行驶状态是加速、减速还是退出巡航。自适应巡航比较智能，且一般在较低的速度下即能进入巡航，除了高速路况，也能适用于城市路况，走走停停的路况也可以。

4.3.1 主动巡航控制系统的组成

与定速巡航系统不同的是，主动巡航控制系统增加了用于检测出与前方物体间距离信息的激光雷达，以及根据该信息瞄准前方行驶车辆、输出目标减速度以使其与前车的距离保持一定的间距控制 ECU。图 4-18 所示为主动巡航控制系统的组成。

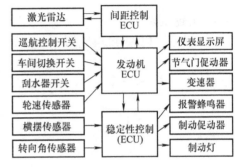

图 4-18 主动巡航控制系统的组成

4.3.2 主动巡航控制系统的控制

1）当前方没有车辆时，ACC 会以一定的速度巡航（巡航的车速在设定的车速限值范围内）。

2）当雷达监测范围内出现车辆时，如果车速过高，此时汽车会减速，并以一定的车速跟随前车行驶，保持安全距离；若前车又驶出本车道，则本车会自动加速至设定车速。

3）当前车变向时，汽车会更换跟车目标。

4）ACC 停走功能（如果有）会在汽车低速甚至静止时也能启用，此功能在走走停停的城市工况比较有用。该系统在低速时仍能够保持与前车的距离，并能够对汽车制动，直至静止，在几秒后，如果前车起动，ACC 也会自动跟随启动；如果停留时间较长，只需驾驶人轻踩踏板就能够再次进入巡航模式。

注意：要实现带停走功能的 ACC，通常还需要摄像头的辅助，因为雷达识别目标的能力虽然强，但是受到杂波干扰非常严重，仍需要摄像头的图像识别功能来确认目标。同时，从跟车到停车后，绝大部分厂商的策略是必须由驾驶人确认之后才能再次起步，可以以按键确认，也可以以踩加速踏板确认。

5）在进入弯道时，汽车会根据弯道的情况而调整车速；长距雷达的视野较小，弯道半径过大可能会丢失目标，所以目前最高等级的 ACC 也仅对 150m 以上的弯道半径做性能要求。

4.3.3 主动巡航控制系统的性能与优点

主动巡航控制系统性能好坏的关键在于雷达的性能，雷达的功用是测知相对车距、相对车速、相对方位角等信息，其性能的优劣直接关系 ACC 系统性能的好坏。当前应用到 ACC 系统上的雷达主要有单脉冲雷达、毫米波雷达、激光雷达以及红外探测雷达等。单脉冲雷达和毫米波雷达是全天候雷达，可以适用各种天气情况，具有探测距离远、探测角度范围大、跟踪目标多等优点。激光雷达对工作环境的要求较高，对天气变化比较敏感，在雨雪天、风沙天等恶劣天气探测效果不理想，探测范围有限，跟踪目标较少，但其最大的优点在于探测精度比较高且价格低。红外线探测在恶劣天气条件下性能不稳定，探测距离较短，但价格便宜。

无论使用何种类型的雷达,确保雷达信号的实时性处理是要首先考虑的问题。随着汽车电子技术的迅速发展,现在大都利用数字信号处理(Digital Signal Processing,DSP)技术来处理雷达信号,应用控制器局域网络(Controller Area Network,CAN)总线输出雷达信号。

该系统的优点是雷达精度很高,可以鉴别靠近车辆的是自行车、汽车还是行人,根据道路情况控制车辆行驶状态,完全或部分地取代了驾驶人的操作。当雷达探测到前面车距缩短时,制动的使用被限制在不影响舒适的 2m/s,这足以实现对车速和距离的精确控制。当需要更大的减速时,会有一个光学和声音信号通知驾驶人自己采取制动。

4.3.4 宝马汽车主动巡航控制系统简介

1. 系统组成

宝马汽车 ACC 系统组成如图 4-19 所示。

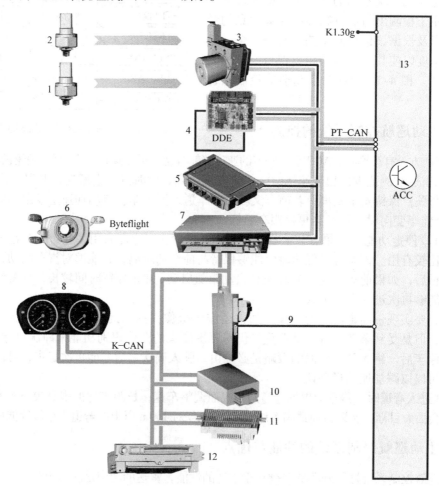

图 4-19 宝马汽车 ACC 系统组成

1—后桥制动液回路压力传感器(制动力) 2—前桥制动液回路压力传感器(制动力) 3—DSC 模块(制动力、车速信号) 4—数字式发动机电子伺控系统或数字式柴油机电子伺控系统(功率降低) 5—电子变速器控制系统(控制器位置) 6—转向柱开关中心(转向角) 7—安全和网关模块(诊断、信号节点) 8—组合仪表(显示器、指示灯) 9—便捷进入及启动系统(唤醒信号) 10—挂车模块(挂车状态) 11—灯光模块(制动信号灯亮起) 12—多音频控制器(导航数据) 13—ACC 电控单元 Byteflight—宝马安全总线系统 K-CAN—车身 CAN PT-CAN—动力传动系统 CAN K1.30g—总线端 K1.30g

2. 系统原理

宝马汽车 ACC 系统原理如图 4-20 所示。

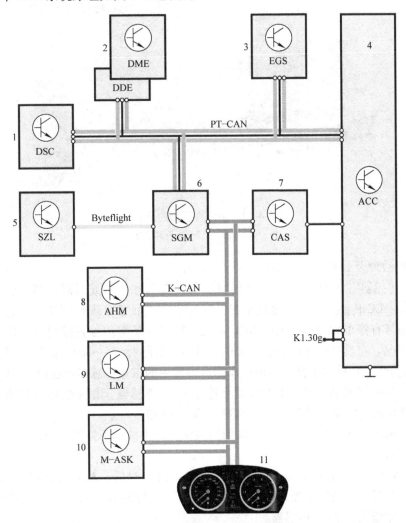

图 4-20 宝马汽车 ACC 系统原理

1—动态稳定控制系统 2—数字式发动机电子伺控系统（DME）或数字式柴油机电子伺控系统（DDE）
3—电子变速器（EGS） 4—自适应巡航控制（ACC）系统 5—转向柱开关中心（SZL） 6—安全和网关模块（SGM）
7—便捷进入及起动（CAS）系统 8—挂车模块（AHM） 9—灯光模块（LM） 10—多音频系统控制器（M-ASK）
11—组合仪表 Byteflight—宝马安全总线系统 K-CAN—车身 CAN
PT-CAN—动力传动系统 CAN K1.30g—总线端 K1.30g

3. ACC 传感器

（1）结构

ACC 传感器是雷达传感器，它利用内部电子或机械电子装置进行近距离和远距离探测。该传感器发射电磁波束，发射频率为 76~77GHz，同时接收和分析物体的反射波，这样可以获得传感器前方的物体信息，其中包括大小、距离以及由此计算出的速度。该传感器位于前端面板可拆卸格栅后方，如图 4-21 所示。

图 4-21 ACC 传感器的位置
1—ACC 传感器　2—可拆卸格栅

(2) 常见故障及处理

1) ACC 传感器有污物：如果 ACC 传感器天线上有冰、雪或污泥，那么该传感器无法正常工作。若 ACC 传感器识别到这些情况，将向集成式底盘管理控制模块发送一个相应信号，随即停用具有停车和起步功能的 ACC 系统，通过一条专用检查控制信息提示驾驶人注意这种特殊情况。在具有停车和起步功能的 ACC 传感器内保存一条故障码存储记录。

2) 雷达信号受到外部干扰：其他汽车制造商使用的雷达传感器可能会对 ACC 传感器信号造成干扰。当系统识别到这种干扰时就会停用 ACC 传感器，相关故障码存储在集成式底盘管理控制模块故障码存储器和 ACC 传感器故障码存储器内。

当车辆驶离干扰区后，驾驶人可重新启用系统。此类故障不需要维修，只需向客户说明是外部干扰所致即可。

3) 临时故障：故障原因包括通信故障、电压过高或过低、ACC 传感器内部温度过高。当出现这些情况时，应按照诊断系统的"检测计划"进行检查。只有当"检测计划"提出更换要求时，才能更换 ACC 传感器。

4) 电子分析装置故障：若 ACC 传感器内部的电子分析装置损坏，则更换整个 ACC 传感器。

5) 传感器失调：ACC 传感器与集成式底盘管理系统的传感器相互配合，可识别出因发生事故（例如碰撞）而导致的传感器失调问题。当失调计算值超过某一个极限值时，ACC 传感器将被关闭，故障码存储器记录故障原因。排除故障时应遵守诊断系统说明和维修说明相关规定。

注意：①对车辆前部区域进行维修时要特别小心，如果保险杠变形或 ACC 传感器挡板有划痕，则传感器功能会受到影响；②ACC 传感器内部装有故障码存储器，当进行诊断时，可以通过集成式底盘管理系统读取该故障码存储器信息。有故障的 ACC 传感器必须更换，然后进行校准。

(3) 校准及试运行

当更换 ACC 传感器时，必须通过诊断系统进行试运行。在试运行期间将安装位置数据输入新的 ACC 传感器内，在整个过程中必须对该传感器进行调节。在发生事故但未造成传感器损坏的情况下，可能也需要对 ACC 传感器进行调节。ACC 传感器校准方法如图 4-22 所示。ACC 传感器校准及试运行步骤如下。

1）确保按照维修说明进行测量工作。
2）将车辆停放在水平地面上。
3）连接诊断系统。
4）将用于调节 ACC 传感器的反射镜放在正确位置。
5）按照"诊断计划"进行调节。
6）结束调节过程并删除故障码。无须对 ACC 传感器进行机械调节，仅需调整传感器壳体，微调工作由传感器内部的执行元件来完成。

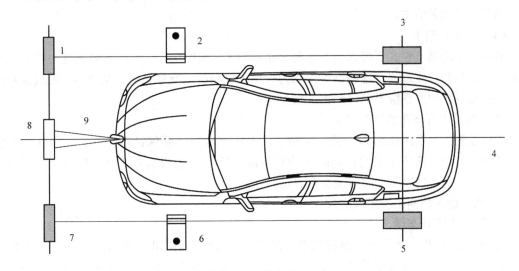

图 4-22　ACC 传感器校准方法
1—右侧反射镜　2—右侧开槽挡板　3—右侧激光发射器　4—车辆纵轴　5—左侧激光发射器
6—左侧开槽挡板　7—左侧反光镜　8—调节镜　9—ACC 传感器

4. 操作和显示
（1）启用和停用
主动巡航控制系统的启用和停用方式与定速巡航控制系统基本相同。只要主动巡航控制系统识别到前方车辆，无论在行驶期间，还是在车辆静止期间，驾驶人都能启用该系统。此时驾驶人必须踩下制动踏板并操作相关设备（如复位按钮），同时必须满足以下条件：

1）系好安全带且关好车门。
2）挂入行驶档 D 位。
3）发动机运行。
4）未启用驻车制动器。
5）ACC 传感器进入准备就绪状态。
6）未识别出系统故障。

短促按压相关按钮，可以增大或减小车距设置值。共有四个车距档位供驾驶人使用。仪表板显示所选的车距档位符号（设置车速和车距显示条）和提示文字信息。显示的时间约为

3s。此后每次重新操作相关按钮,显示内容就会出现3s。平时显示屏也会显示 ACC 信息。

（2）更改预期车速

当主动巡航控制系统处于接通状态时,可以通过短促按压转向盘上的相关按钮来更改预期车速值。即使在车辆静止状态下,也可以更改预期车速。预期车速的调节范围为 30～180km/h。

（3）更改预期车距

当主动巡航控制系统处于接通状态时,可以通过短促按压转向盘上的相关按钮来更改预期车距值。有四个车距档位供选择,所选车距值在仪表板内以显示条的形式显示出来。

在行驶期间更改预期车距,会立即感觉到车速变化,车辆通过稍稍加速或减速方式来调节车距。在车辆静止状态下更改预期车距,不会导致车辆移动。在驾驶人超速控制期间,仪表板的车距显示条消失。

（4）停车和起步

虽然在车距调节模式下可以使车速降至 0km/h（车辆静止）,但还需要通过一些附加措施来控制停车和起步过程。这些措施由动力传动系统和制动器来完成,从而尽可能提高舒适性。在控制过程中,系统不允许车辆向后溜车。

（5）驾驶人有离车意图时的系统反应

主动巡航控制系统控制 DSC 液压系统,使车辆准确减速并保持静止状态。但在没有供电的情况下,DSC 液压系统无法随时保持车辆静止所需的制动压力。电动机械式驻车制动器（EMF）可在出现以下情况时使车辆保持静止。

1）动态稳定控制系统出现故障。

2）驾驶人离开车辆。

3）关闭发动机：当主动巡航控制系统根据总线信号识别出电动机械式驻车制动器进行驻车制动时,主动巡航控制系统将自动停用,车辆依靠电动机械式驻车制动器保持静止状态。为了识别驾驶人的离车意图,主动巡航控制系统分析安全带锁扣触点（驾驶人）和车门触点（驾驶人车门）信号。在 F10 上不使用座椅占用识别装置（驾驶人座椅）信号。

本 章 小 结

- 巡航控制系统是利用电子技术,在一定的车速范围内,驾驶人不用控制加速踏板,而能保证汽车以设定的速度稳定行驶的一种电子控制装置。包括定速巡航和主动巡航控制系统。

- 定速巡航控制系统（CCS）是按驾驶人要求的速度接通巡航控制主开关之后,不用踩加速踏板就自动地保持车速,使车辆以固定的速度行驶。定速巡航只适用于路况较好的情况下,比如高速、车少路况。

- 汽车巡航控制系统主要由开关、传感器、巡航控制 ECU、执行器等组成。

- 巡航控制开关包括主开关（MAIN）、设定/减速开关（SET/COAST）、恢复/加速开关（RES/ACC）和取消开关（CANCEL）。

- 退出巡航控制开关除取消开关外,还包括制动灯开关、驻车制动开关、离合器开关（手动变速器）和空档起动开关（自动变速器）。

- 真空驱动型执行器依靠真空力驱动节气门,主要由控制阀、释放阀、膜片、拉杆、回位弹簧等组成。

- 电动机驱动型执行器由电动机、传动机构、电磁离合器和电位器等组成。电动机由巡航控制 ECU 控制转动，然后通过减速机构、电磁离合器、控制臂、传动索缆传至节气门摇臂，实现对节气门的控制。
- 巡航控制系统的使用操作包括设定巡航车速、增加或降低巡航设定车速、取消巡航控制以及取消巡航控制后的恢复巡航行驶等。
- 当巡航控制系统发生故障时，首先应进行直观检查。直观检查后一般应进行故障自诊断，如果读取到故障码，应进行故障码诊断，以进一步确定故障部位。如果没有读取到故障码，可按照故障现象进行故障诊断。当确定故障的具体部位后，对有故障的电路或部件进行修理或更换。
- 主动巡航控制系统（ACC）也称自适应巡航控制系统。汽车的传感器（雷达）会根据前车以及本车的行驶状态（车距和速度），经过 ECU 的计算判断后，向执行器（节气门、制动、档位）发送指令，以决定自己的行驶状态是加速、减速还是退出巡航。自适应巡航比较智能，且一般在较低的速度下即能进入巡航，除了高速路况，也能适用于城市路况，走走停停的路况也可以。
- 主动巡航控制系统的组成：在定速巡航系统的基础上增加了用于检测出与前方物体间距离信息的激光雷达，以及根据该信息瞄准前方行驶车辆、输出目标减速度以使其与前车的距离保持一定的间距控制 ECU。
- 主动巡航控制系统性能好坏的关键在于雷达的性能。雷达的功用是测知相对车距、相对车速、相对方位角等信息，其性能的优劣直接关系 ACC 系统性能的好坏。当前应用到 ACC 系统上的雷达主要有单脉冲雷达、毫米波雷达、激光雷达以及红外探测雷达。
- 主动巡航控制系统的控制情况：前方没有车辆、雷达监测范围内出现车辆、前车变向、ACC 停走功能、进入弯道。
- ACC 传感器常见故障：ACC 传感器有污物、雷达信号受到外部干扰、临时故障、传感器失调、电子分析装置故障。
- 操作和显示：启用和停用、更改预期车速、更改预期车距、停车和起步、驾驶人有离车意图时的系统反应。

复习思考题

一、填空题

1. 巡航控制系统的类型有：_____、_____。
2. 巡航控制系统优点主要有：_____、_____、_____、_____。
3. 巡航控制系统主要由_____、_____、_____等组成。
4. 巡航控制开关包括_____、_____、_____和_____。
5. 磁阻式车速传感器安装在_____，由_____和_____等组成。
6. 退出巡航控制开关除取消开关外，还包括_____、_____、_____和_____。

7. 真空驱动型执行器依靠＿＿＿＿＿＿驱动节气门。真空源有两种取得方式，一是仅从发动机进气歧管取得；二是从＿＿＿＿＿＿和＿＿＿＿＿＿两个真空源取得。

8. 真空驱动型执行器主要由＿＿＿＿＿＿、＿＿＿＿＿＿、＿＿＿＿＿＿、拉杆、回位弹簧等组成。

9. 电动机驱动型执行器主要由＿＿＿＿＿＿、＿＿＿＿＿＿、＿＿＿＿＿＿和电位器等组成。

10. 主动巡航控制系统性能好坏的关键在于＿＿＿＿＿＿。

11. 当更换 ACC 传感器时，必须通过＿＿＿＿＿＿进行试运行。

12. 与定速巡航系统不同的是，ACC 增加了主要用于检测出与前方物体间距离信息的＿＿＿＿＿＿，以及根据该信息瞄准前方行驶车辆、输出目标减速度以使其与前车的车距保持一定的＿＿＿＿＿＿。

二、判断题

1. 当巡航控制 ECU 诊断出巡航系统有故障时，巡航控制系统会停止工作。（　　）
2. 车辆能够设定巡航行驶的车速范围一般为 40～200km/h。（　　）
3. 巡航控制执行器与驾驶人通过加速踏板都可以单独控制节气门的工作，互不干涉。（　　）
4. 电动机驱动型执行器中的电磁离合器用于接通或断开电动机与节气门索缆之间的联系。（　　）
5. 真空驱动型执行器依靠真空力驱动节气门，真空都是从发动机进气歧管取得的。（　　）
6. 输入信号检查的目的是确认各输入信号是否正常地输入巡航控制 ECU。（　　）
7. 当巡航行驶被取消后，在任何情况下只要接通恢复/加速开关，汽车就可以恢复巡航行驶。（　　）
8. 实际车速低于设定车速 16km/h 以上时，ECU 将不能恢复巡航行驶。（　　）
9. 定速巡航只适用于路况较好的情况下，比如高速、车少路况。自适应巡航比较智能，且一般在较低的速度下即能进入巡航，除了高速路况，也能适用于城市路况，走走停停的路况也可以。（　　）

三、问答题

1. 巡航控制系统有哪些优点？
2. 巡航控制系统的组成与原理是什么？
3. 巡航控制系统的控制开关主要有哪些？作用各是什么？
4. 电动机驱动型执行器中电磁离合器的作用是什么？
5. 巡航控制 ECU 的控制功能有哪些？
6. 取消巡航控制的方法有哪些？
7. 使用巡航系统应注意哪些事项？
8. 如何进行取消信号检查？
9. ACC 传感器校准及试运行步骤是什么？
10. ACC 传感器有哪些常见故障？
11. 主动巡航控制系统在不同的路况下是如何控制的？

第4章 巡航控制系统（CCS）

实训项目5　丰田卡罗拉汽车巡航控制系统典型电路的检测

车　辆　型　号	车辆识别代码	检　测　系　统

一、实训目标

掌握丰田卡罗拉汽车巡航控制开关电路的检测方法。

二、知识准备

画出丰田卡罗拉汽车巡航控制开关电路图。

三、实训步骤

（1）读取诊断仪的值。连接诊断仪，将点火开关置于 ON（IG）位置，打开诊断仪主开关，操作巡航控制开关时，显示屏变化见表4-2。若正常，则继续检查常见故障及排除表中所示的下一个电路；若所有项目都不正常，则进行步骤2；若1~3项目不正常，则_____。

（2）检查巡航控制主开关。拆下巡航控制主开关，测量 A-3（CCS）与 A-1（ECC）之间电阻：中立位置，_____；+（加速）/RES（恢复），_____；-（滑行）/SET，_____；CANCEL，_____；主开关打开，_____。若正常，则进行下一步；若不正常，则更换巡航控制主开关。

（3）检查巡航控制主开关与螺旋电缆之间的线束和插接器。将插接器 Y2 从螺旋电缆上断开，测量 A-1与Y2-4、A-3与Y2-3之间电阻：任何工况下，应_____。若正常，则进行下一步；若不正常，则维修或更换线束或插接器。

（4）检查螺旋电缆。拆下螺旋电缆，测量 Y2-3（CCS）与 E6-1（CCS）、Y2-4（ECC）与 E6-2（ECC）之间的电阻，螺旋电缆位置在中间、螺旋电缆位置向左转2.5圈、螺旋电缆位置向右转2.5圈，应_____。若正常，则进行下一步；若不正常，则更换螺旋电缆。

（5）检查螺旋电缆与ECM、接地之间的线束和插接器。从 ECM 上断开插接器 A50，测量电阻：任何工况下，E6-1（CCS）与 A50-40（CCS）、E6-29（ECC）与接地，应_____；A50-40（CCS）与接地应_____。若正常，则更换 ECM；若不正常，则维修或更换线束或插接器。

通过上述检测，得出的结论是：_____
_____。

四、实训小结

_____
_____
_____
_____。

第5章 安全气囊系统（SRS）及预紧式安全带

> **学习目标：**
> - 了解 SRS 的功用、组成和分类。
> - 掌握 SRS 传感器和 ECU 的结构和工作原理。
> - 掌握 SRS 气囊组件的结构和工作原理。
> - 掌握 SRS 故障诊断与维修方法。
> - 培养学生剖析汽车复杂结构的能力，树立专业志向以及精益求精的工匠精神。

5.1 概述

安全气囊系统（Supplemental Restraint System，SRS）也称辅助乘员保护系统。它是一种当汽车遇到冲撞而急剧减速时能很快膨胀的缓冲垫，可以避免车内乘员直接碰撞到车内构件造成伤害，是一种被动安全装置，具有不受约束、使用方便等优点。近年来随着人们对汽车安全性要求的提高，以及安全气囊制造成本的降低，以往只在高档轿车作为选装件的安全气囊，现已发展到作为普通轿车的标准配置。

5.1.1 安全气囊的分类

1. 按碰撞类型分类

根据碰撞类型的不同，安全气囊可分为正面碰撞防护安全气囊、侧面碰撞防护安全气囊、膝部碰撞防护安全气囊和顶部碰撞防护安全气囊。正面碰撞防护安全气囊应用较多，实际交通事故统计表明，安全气囊与三点式安全带配合使用，对正面碰撞事故中的乘员具有更好的保护效果。侧面碰撞防护安全气囊、膝部碰撞防护安全气囊和顶部碰撞防护安全气囊系统也将逐渐普及。

2. 按照安全气囊安装数目分类

按照安全气囊安装数目可分为单气囊系统（只装在驾驶人侧）、双气囊系统（驾驶人侧和前排乘客侧各有一个安全气囊）和多气囊系统。

3. 按照安全气囊的触发机构分类

按照安全气囊的触发机构可分为机械式和电子式两种。机械式安全气囊系统已被淘汰，目前应用的都是电子式安全气囊系统。

5.1.2 安全气囊系统的基本组成及工作原理

安全气囊系统主要由传感器、安全气囊组件和安全气囊 ECU 等组成。

第 5 章　安全气囊系统（SRS）及预紧式安全带

安全气囊系统的工作原理如图 5-1 所示，当汽车遭受前方一定角度范围内的碰撞时，安装在汽车前部和 SRS ECU 内部的碰撞传感器都会检测到汽车突然减速的信号，并将信号输入 SRS ECU。当汽车遭受碰撞且减速度达到设定值时，SRS ECU 发出控制指令将气囊组件中的点火器（电雷管）电路接通，点火器引爆点火剂，迅速产生大量热量，使充气剂（叠氮化钠固体药片）受热分解并瞬间释放出大量氮气充入气囊，气囊便冲开气囊组件上的装饰盖板向驾驶人和乘员方向膨胀，使驾驶人和乘员面部和胸部压靠在充满气体的气囊上，在人体与车内构件之间铺垫一个气垫。避免人体与车内构件的直接碰撞，从而达到保护人体的目的。

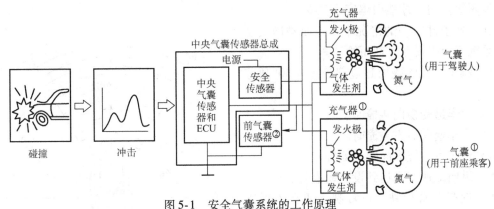

图 5-1　安全气囊系统的工作原理

注：①仅限有前座乘客气囊的型号，②仅限某些型号。

5.1.3　安全气囊的动作过程

图 5-2 所示为汽车车速为 50km/h 时与前方障碍物相撞时气囊的引爆过程。

撞车 10ms 后，达到引爆系统引爆条件，点火器点燃气体发生器产生氮气，驾驶人仍然直坐着，如图 5-2a 所示。

40ms 后，气囊已完全充胀，驾驶人向前移动，安全带斜系在驾驶人身上并被拉长，部分冲击能量已被吸收，如图 5-2b 所示。

80ms 后，驾驶人的头及身体上部沉向气囊，气囊后面的排气孔将氮气在一定压力下匀速逸出，如图 5-2c 所示。

110ms 后，驾驶人的身体被回弹到座椅上，大部分气体从气囊中逸出，前方恢复清晰视野，如图 5-2d 所示。

a)　　　　　　　　　b)　　　　　　　　　c)　　　　　　　　　d)

图 5-2　安全气囊的引爆过程

由此可见，在安全气囊系统动作过程中，气囊动作时间极短。从开始充气到完全充满的时间约为 30ms；从汽车受到碰撞开始，到 SRS 气囊收缩为止，所用时间极为短暂，仅为

120ms 左右，而人的眼皮眨一下所用时间约为 200ms。实验和实践证明，汽车装用安全气囊后，汽车发生正面碰撞事故对驾驶人和乘员的伤害程度大大减小。有些汽车不仅装有正面碰撞安全气囊，还装有侧面碰撞安全气囊，在汽车发生侧向碰撞时，也能使侧向安全气囊充气，以减小侧向碰撞时的伤害。

5.1.4　安全气囊系统的有效范围

汽车安全气囊系统并非在所有碰撞情况下都能起作用。正面碰撞安全气囊系统在汽车从正前方或斜前方±30°角（图5-3）范围内发生碰撞且其纵向减速度达到一定值（通常称为减速度阈值）时，才能引爆安全气囊。

在下列条件之一的情况下，正面碰撞安全气囊系统不会引爆点火剂而给气囊充气。

1）汽车遭受的碰撞超过斜前方±30°角范围时。

2）汽车遭受横向碰撞时。

3）汽车遭受后方碰撞时。

4）汽车发生绕纵向轴线侧翻时。

5）纵向减速度未达到设定阈值时。

6）汽车正常行驶、正常制动或在不平路面的道路上行驶时。

减速度阈值由设计人员根据安全气囊系统的性能设定，不同车型安全气囊系统的减速度阈值可能有所不同。在美国，因为安全气囊系统是按驾驶人不配戴座椅安全带来设计的，气

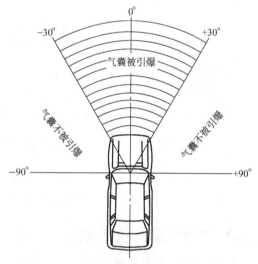

图 5-3　正面碰撞时 SRS 的有效范围

囊体积大、充气时间长，所以安全气囊系统应在较低的减速度阈值时引爆点火剂，即汽车在较低的车速（12~22km/h）范围内行驶而发生碰撞时，安全气囊系统就应引爆点火剂，使充气剂（叠氮化纳）受热分解给气囊充气。在日本和欧洲，由于安全气囊系统是按驾驶人配戴座椅安全带来设计，气囊体积小、充气时间短，所以设定的减速度阈值较高，汽车在较高车速（19~32km/h）范围内行驶而发生碰撞时，才引爆安全气囊。侧面安全气囊系统只有在汽车遭受侧面碰撞且其横向减速度达到设定的阈值时，才能引爆侧面碰撞安全气囊。

通常情况下，汽车以 40km/h 的车速撞到一辆正在停放的同样大小的汽车上，或以不低于 20km/h 的车速迎面撞到一个不可变形的固定障碍物上，安全气囊将被引爆。达不到上述条件时安全气囊不会被引爆。

5.2　SRS 主要部件的结构与工作原理

5.2.1　传感器

1. 传感器的分类

安全气囊系统传感器按照不同分类方式，可以分为不同类型。

第5章 安全气囊系统（SRS）及预紧式安全带

(1) 按照传感器的作用分类　按照传感器的作用分类可分为碰撞传感器和保险传感器两类。碰撞传感器根据安装位置的不同又可分为前碰撞传感器和中央碰撞传感器，前碰撞传感器通常安装在汽车前翼子板内，一般有两三个；中央碰撞传感器通常安装在车内或SRS ECU内。保险传感器通常也安装在SRS ECU内。

碰撞传感器的作用是检测汽车的碰撞减速度，当碰撞减速度达到其减速度阈值时，碰撞传感器将碰撞信号传给SRS ECU。保险传感器闭合的减速度阈值小于碰撞传感器，SRS ECU只有接收到至少一个碰撞传感器信号并同时接收到保险传感器信号时，才会触发安全气囊，因此保险传感器可以起到防止因碰撞传感器短路而造成安全气囊误触发的作用。

(2) 按照传感器的结构分类　按照传感器的结构分类可分为机电式、电子式和水银开关式三类。

机电式传感器是一种利用机械机构检测碰撞减速度的装置，当减速度达到其闭合条件时，触点接通，将碰撞信号送至ECU。常见的机电式传感器有偏心式、滚轮式和滚球式，常用作前碰撞传感器。

电子式传感器没有电器触点，对汽车正向加速度进行连续测量，并将测量结果输送给ECU，ECU内有一套复杂的碰撞信号处理程序，能够确定气囊是否需要膨开。常用的有应变电阻式和压电效应式两种，一般用作中央碰撞传感器。

水银开关式碰撞传感器是利用水银（汞）良好的导电性来控制气囊点火器电路通断的，一般用作保险传感器。

2. 传感器的结构与工作原理

(1) 偏心式碰撞传感器　主要由偏心转子、偏心重块、固定触点和旋转触点等组成，如图5-4所示。不发生碰撞时，偏心转子在螺旋弹簧弹力作用下处于图5-4a所示位置，固定触点和旋转触点不接触；当发生正面碰撞，且作用在偏心重块上的减速度超过阈值时，偏心重块在惯性力的作用下带动偏心转子和旋转触点一起转动，使固定触点和旋转触点接触，碰撞传感器输出电信号。

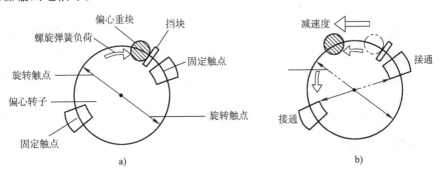

图5-4　偏心式碰撞传感器
a) 不工作状态　b) 工作状态

(2) 滚轮式碰撞传感器　在充满惰性气体的金属盒内，滚轮缠绕在卷簧上，卷簧的弹性力把滚轮固定在原始位置，如图5-5所示。当汽车前方受到强力冲击时，滚轮在惯性力的作用下滚动，使动触点与定触点接合，将碰撞信号传给SRS ECU。

(3) 滚球式碰撞传感器　如图5-6所示，球体（感应块）被磁铁吸引保持在原始位置，当汽车受到强力冲击时，球体克服磁铁的吸引力，移至接点处使触点闭合。

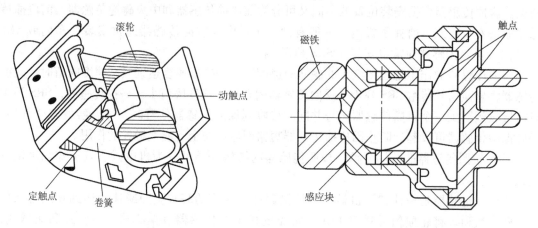

图 5-5 滚轮式碰撞传感器　　　　　　　图 5-6 滚球式碰撞传感器

（4）应变电阻式传感器　应变电阻式传感器由应变电阻片和集成电路等组成，如图 5-7 所示。汽车发生碰撞时，传感器重块变形引起应变电阻阻值变化，通过集成电路将电阻变化转变成反映减速度大小的电信号送给 ECU。

（5）水银开关式保险传感器　水银开关式保险传感器如图 5-8 所示，当汽车发生碰撞时，如果减速度足够大，水银将在惯性力的作用下向上运动，接通电路。

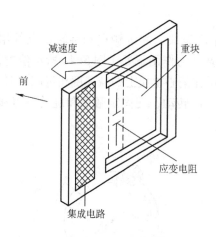 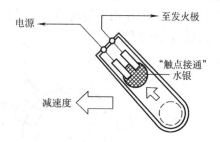

图 5-7 应变电阻式中央碰撞传感器　　　　图 5-8 水银开关式保险传感器

5.2.2 安全气囊组件

安全气囊组件主要由气体发生器、点火器、气囊、装饰盖和底板组成。驾驶人侧气囊组件位于转向盘中心处，乘客侧气囊组件位于仪表板右侧杂物箱上方。

（1）气体发生器　气体发生器又称充气器，用于在点火器引爆点火剂时，产生气体向气囊充气，使气囊膨开。气体发生器用专用螺栓和螺母固定在气囊支架上，装配时只能用专用工具进行装配。气体发生器由上盖、下盖、充气剂（片状叠氮化钠）和金属滤网组成，如图 5-9 所示。上盖有若干个充气孔，充气孔有长方孔和圆孔两种。下盖上有安装孔，以便将气体发生器安装到气囊支架上。上盖与下盖用冷压工艺压装成一体，壳体内装充气剂、滤网和点火器。金属滤网安装在气体发生器的内表面，用以过滤充气剂和点火剂燃烧后的渣粒。目前，大多数气体发生器都是利用热效反应产生氮气而充入气囊的。在点火器引爆点火剂的瞬间，点火剂会产生大量热量，叠氮化钠受热立即分解释放氮气，并从充气孔充入气囊。

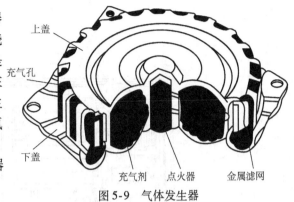

图5-9 气体发生器

（2）点火器 点火器安装在气体发生器内部中央位置，其结构如图5-10所示。

点火器内有电热丝、引药和引爆炸药，当SRS ECU发出点火指令时，电热丝电路接通，电热丝迅速红热引燃引药，继而引爆炸药，瞬间产生大量热量，药筒内温度和压力急剧升高并冲破药筒，使充气剂受热分解释放氮气充入气囊。

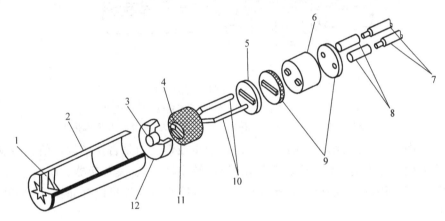

图5-10 点火器分解图

1—引爆炸药 2—药筒 3—引药 4—电热丝 5—陶瓷片 6—永久磁铁 7—引出导线
8—绝缘套管 9—绝缘垫片 10—电极 11—电热头 12—药托

（3）气囊 气囊按布置位置可分为驾驶人侧气囊、乘客侧气囊、后排气囊、侧面气囊、顶部气囊等；按大小可分为保护整个上身的大型气囊和主要保护面部的小型护面气囊。护面气囊成本较低，但一定要和座椅安全带配合使用才有保护作用。驾驶人侧气囊多采用尼龙布涂氯丁橡胶或有机硅制成。涂氯丁橡胶的气囊背面有两个泄气孔。乘客侧气囊没有涂层，靠尼龙布本身的孔隙泄气。

（4）装饰盖 装饰盖是气囊组件的盖板，上面模制有撕缝，以便气囊能冲破饰盖膨开。

（5）底板 气囊和充气器装在底板上，底板装在转向盘或车身上，气囊膨开时，底板承受气囊的反力。

5.2.3 安全气囊ECU

SRS ECU主要由逻辑模块、信号处理电路、备用电源电路、保护电路和稳压电路等组成。保险传感器一般安装在SRS ECU内。福特汽车公司林肯城市轿车SRS ECU的内部结构如图 5-11 所示。

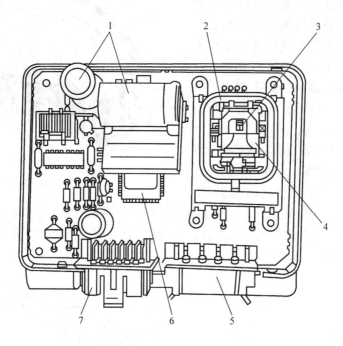

图 5-11 SRS ECU 内部结构
1—能量储存装置（电容） 2—保险传感器总成 3—传感器触点
4—传感器平衡块 5—四端子插接器 6—逻辑模块 7—SRS ECU 插接器

（1）逻辑模块 主要用于监测汽车纵向减速度或惯性力是否达到设定值，控制气囊组件中的点火器引爆点火剂。SRS 逻辑模块由模/数转换器、数/模转换器、串行输入/输出接口、只读存储器（ROM）、随机存储器（RAM）、可擦除可编程只读存储器（EEPROM）和定时器等组成。

在汽车行驶过程中，SRS ECU 不断监测碰撞传感器和保险传感器的信号，当检测到碰撞传感器和保险传感器的信号时，经过数学计算和逻辑判断后确认发生碰撞需要引爆安全气囊时，立即运行控制点火的软件程序，并向点火电路发出点火指令引爆气囊。

除此之外，SRS ECU 还具有故障自诊断功能，当检测到 SRS 系统有故障时，点亮 SRS 故障指示灯并将故障码存储在随机存储器中。

（2）信号处理电路 信号处理电路主要由放大器和滤波器组成，用于对传感器检测的信号进行整形、放大和滤波，以便 SRS ECU 能够接收、识别和处理。

（3）备用电源电路 安全气囊系统有两个电源：一个是汽车电源，另一个是备用电源。备用电源又称为后备电源或紧急备用电源。备用电源电路由电源控制电路和两个电容器组成。在单安全气囊系统 ECU 中，设有一个逻辑备用电源和一个点火备用电源。在双安全气囊系统 ECU 中，设有一个逻辑备用电源和两个点火备用电源，即两条点火电路各设一个备用电源。点火开关接通 10s 后，如果汽车电源电压高于 SRS ECU 的最低工作电压，那么逻辑备用电源和点火备用电源即可完成储能任务。

备用电源用于当汽车电源电路切断后，在一定时间内维持安全气囊系统供电，保持安全气囊系统的正常功能。当汽车遭受碰撞而导致蓄电池和发电机与 SRS ECU 之间的电路切断时，逻辑备用电源能在 6s 内向 ECU 供给电能，保证 SRS ECU 测出碰撞、发出点火指令等正常功能。点火备用电源能在 6s 内向点火器供给足够的点火能量引爆点火剂，使充气剂受热分解给气囊充气。时间超过 6s 后，备用电源供电能力降低，备用电源不能保证 SRS 正常工作。

（4）保护电路和稳压电路　在汽车电器系统中，许多电器部件都有电感线圈，电器开关多，电器负载变化频繁。当线圈电流接通或切断、开关接通或断开、负载电流突然变化时，都会产生瞬时脉冲电压，即过电压。若过电压加到安全气囊系统电路上，系统中的电子元件就可能因电压过高而损坏。为了防止安全气囊系统元件遭受损害，SRS ECU 中必须设置保护电路。同时，为了保证汽车电源电压变化时，安全气囊系统能够正常工作，还必须设置稳压电路。

5.2.4　安全气囊系统线束与保险机构

为了保证安全气囊系统工作可靠，在对安全气囊系统进行作业时必须小心。为便于区别，现在的安全气囊系统的线束和插接器常采用黄色。为了保证安全气囊系统插接器的连接可靠，采用导电性能和耐久性能良好的镀金端子。除此之外还设计有防止气囊误爆机构、电路连接诊断机构、插接器双重锁定机构和端子双重锁定机构等。丰田科罗娜轿车安全气囊系统采用的各种特殊插接器如图 5-12 所示，插接器采用的各种保险机构见表 5-1。

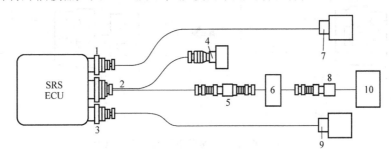

图 5-12　丰田科罗娜轿车安全气囊系统插接器

1、2、3—ECU 插接器　4—SRS 电源插接器　5—中间线束插接器　6—螺旋电缆
7—右碰撞传感器插接器　8—气囊组件插接器　9—左碰撞传感器插接器　10—点火器

表 5-1　科罗娜轿车 SRS 插接器保险机构

序号	名　称	插接器代号	序号	名　称	插接器代号
1	防止气囊误爆机构	2、5、8	3	插接器双重锁定机构	5、8
2	电路连接诊断机构	1、3、7、9	4	端子双重锁定机构	1、2、3、4、5、7、8、9

1. 防止 SRS 气囊误爆机构

图 5-12 从 SRS ECU 至 SRS 点火器之间的插接器 2、5、8 均采用了防止气囊误爆的短路片机构，主要用于当插接器拔下时，短路片自动将 SRS 点火器一侧的插接器的两个端子短接，如图 5-13 所示，防止静电或误通电将电热丝电路接通而造成气囊误爆。

插接器短路片有的设置在插头上，有的设置在插座上，但短路片必须在 SRS 点火器一侧，其作用效果完全相同。图 5-13 中的短路片设在插座上。当插头与插座正常连接时，插头的绝缘壳体将短路片向上顶起，如图 5-13a 所示，短路片与插接器端子脱开，插头的引线

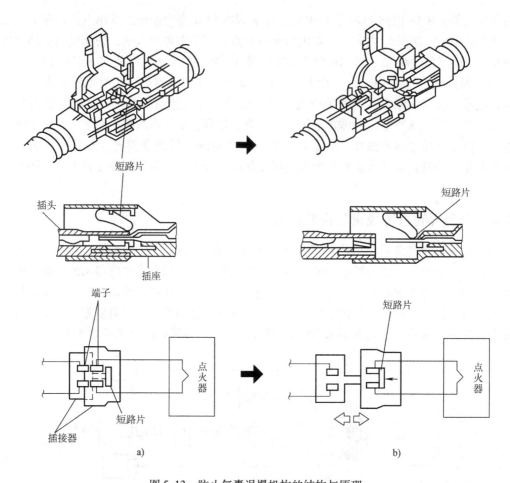

图 5-13 防止气囊误爆机构的结构与原理
a) 插接器正常连接，短路片与端子脱开　b) 插接器拨下，短路片将端子短接

端子与插座的引线端子接触良好，点火器电热丝电路的"＋"端与保险传感器电路接通，"－"端与前碰撞传感器电路接通，电热丝电路处于正常连接状态。

当插头与插座脱开时，短路片自动将气囊点火器一侧插接器的引线端子短接，使点火器的电热丝与短路片构成回路，如图 5-13b 所示。此时即使将电源加到气囊点火器一侧插接器上，由于电源被短路片短路，也不会引爆点火器，从而防止 SRS 误爆。

2. 电路连接诊断机构

电路连接诊断机构用于监测前碰撞传感器线路以及插接器端子连接是否可靠，其结构如图 5-14 所示。插接器插头上有一个诊断销，插接器上有两个诊断端子，端子上有弹簧片。其中一个诊断端子与碰撞传感器触点的一端相连，另一个诊断端子经过一个电阻与碰撞传感器触点的另一端相连。前碰撞传感器触点为常开触点，当传感器插头与插接器半连接（未可靠连接）时，诊断端子与诊断销尚未接触，如图 5-14a 所示，此时电阻尚未与传感器触点构成并联电路，插接器引线"＋"与"－"之间的电阻为无穷大。因为"＋""－"引线与 SRS ECU 连接，所以当 ECU 监测到碰撞传感器的电阻为无穷大时，即诊断为插接器连接不可靠，或者是前碰撞传感器的线路断路，自诊断电路便控制 SRS 警告灯闪亮报警，同时将故障码存储在存储器中。

第5章 安全气囊系统（SRS）及预紧式安全带

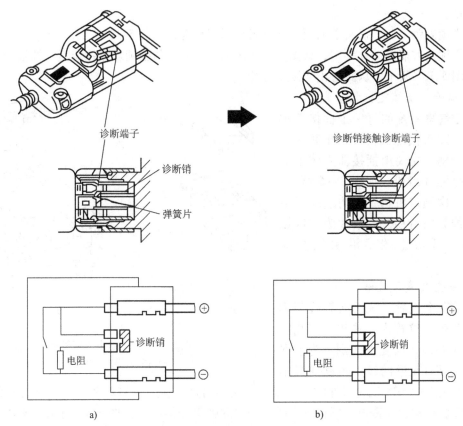

图 5-14 电路连接诊断机构的结构与原理
a）半连接 b）可靠连接

当传感器的插接器可靠连接时，诊断端子与诊断销可靠接触，如图 5-14b 所示，如果同时前碰撞传感器线束也完好，SRS ECU 即可检测到该并联电阻的阻值正常，即诊断为插接器以及线束连接可靠。

3. 插接器双重锁定机构

安全气囊系统在线束的重要连接部位，其插接器采用了双重锁定机构，防止插接器脱开，其结构如图 5-15 所示。插接器插头上有主锁和两个凸台，插接器插座上有锁柄能够转

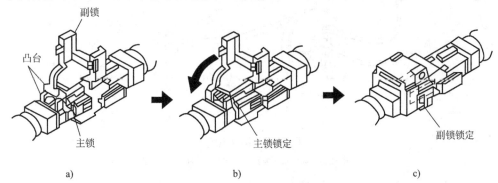

图 5-15 插接器双重锁定机构
a）主锁打开，副锁被挡住 b）主锁锁定，副锁可以锁定 c）双重锁定

动的副锁。

当主锁未锁定时，插头上的两个凸台阻止副锁锁定，如图5-15a所示。当主锁完全锁定时，副锁锁柄方能转动并锁定，如图5-15b所示。当主锁与副锁双重锁定后，插接器的连接状态如图5-15c所示，从而防止插接器脱开。

4. 端子双重锁定机构

安全气囊系统的每一个插接器都设有端子双重锁定机构，用于防止引线端子滑动，主要由插接器壳体上的锁柄与分隔片组成，如图5-16所示。锁柄为一次锁定机构，可防止端子沿引线轴线方向滑动。分隔片为二次锁定机构，可防止端子沿引线径向移动。

5. 安全气囊系统线束

目前安全气囊系统的所有线束都套装在黄色波纹管内，并与车辆线束总成连成一体，以便于区别。为了保证转向盘具有足够的转动角度而又不

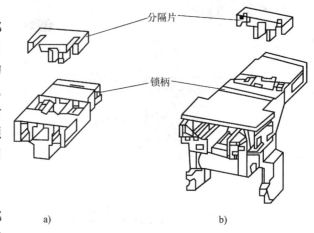

图5-16 端子双重锁定机构
a) 插头　b) 插接器

致损伤驾驶人侧SRS气囊组件的连接线束，在转向盘与转向柱管之间采用了螺旋电缆。先将线束安装在螺旋弹簧内，再将螺旋弹簧安放到弹簧壳体内，如图5-17所示。通常电喇叭线束也安装在螺旋形弹簧内。在不同汽车公司的电路图中，螺旋电缆的名称各不相同，有的称为螺旋弹簧，有的称为游丝，有的称为游丝弹簧。

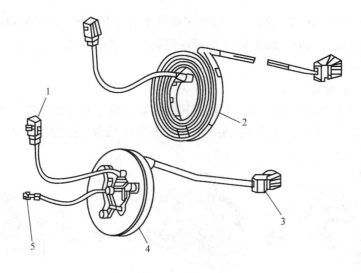

图5-17 螺旋电缆
1、3—线束插接器　2—螺旋弹簧　4—弹簧壳体　5—搭铁插接器

螺旋电缆安装在转向盘与转向柱管之间。安装螺旋电缆时，应注意其安装位置和方向，

第5章 安全气囊系统（SRS）及预紧式安全带

否则将会导致转向盘转动角度不足或导致螺旋电缆损坏。

5.3 装备预紧式安全带的安全气囊系统

装有安全气囊系统的汽车在发生碰撞时，气囊系统对防止驾驶人和乘员遭受伤害十分有效。为了充分发挥座椅安全带对乘员的保护作用，有的汽车除了装备安全气囊外，还装有预紧式安全带。预紧式安全带的特点是当汽车发生碰撞事故的一瞬间，乘员尚未向前移动时它会首先拉紧织带，立即将乘员紧紧地绑在座椅上，防止乘员身体前倾，有效保护乘员的安全。

5.3.1 预紧式安全带的分类

预紧式安全带中起主要作用的卷收器与普通安全带不同，除了普通卷收器的收放织带功能外，还具有当车速发生急剧变化时，能够在极短的时间内加强对乘员的约束力，因此它还有控制装置和预拉紧装置。预紧式安全带分为预紧限力式安全带和预卷式预紧限力式安全带两类。

1）预紧限力式安全带：是在限力器安全带上增加了预紧器。其主要内部装置包括卷收器、车感和带感传感器、限力器和预紧器。

2）预卷式预紧限力式安全带：是在预紧限力式安全带上增加了预卷电动机系统，其主要内部装置包括卷收器、车感和带感传感器、限力器、预紧器和预卷电动机。

5.3.2 预紧式安全带的工作原理

1）预紧限力式安全带的工作原理：通过安全气囊ECU发出一个预紧点火信号，预紧器内的火药燃烧产生高压气体作为卷曲动力，消除安全带与人体之间的间隙。目前预紧限力式安全带已经在中高端车型中广泛使用。

2）预卷式预紧限力式安全带的工作原理：通过雷达感应装置感应车辆与前车的间距，如果间距小于某一设定值，其ECU发出信号控制电动机运动，消除安全带与人体之间的空隙，并且提醒驾驶人紧急制动或者应急处理。这种安全带涉及很多与主动安全相关的装置（例如探测雷达、计算程序等），因此其整体价格非常昂贵，目前只在一些高端车型上使用。

5.3.3 预紧器

目前的预紧式安全带多数为爆燃式，这种安全带利用了气体爆燃原理，其爆燃装置由气体引发剂、导管、活塞、驱动轮等组成。预紧器的结构主要分为钢珠式、钢丝式、齿轮齿条式，其原理都是将化学能转化为动能。由于钢珠式预紧器结构紧凑、体积小巧、质量轻等优点，任何车型都可以匹配，因此目前的市场份额在95%左右。爆燃式预紧安全带的响应时间极快，以钢珠式为例，从感知碰撞发生到实现安全带预收紧的全过程只需要千分之几秒。但它的碰撞预紧功能是不可逆的，只能一次性使用。当这种安全带发挥碰撞预紧作用或者达到更换周期后就必须更换。

钢珠式预紧器的工作原理是：当汽车受到碰撞时，安全气囊ECU会发出收紧信号，预拉紧装置被激发，导管内的气体引发剂立即引爆气体发生剂，产生大量气体，使活塞带动钢珠，然后钢珠带动驱动轮旋转，使卷收器里的卷筒转动把织带往回拉。拉到一定程度时，卷收器会锁止织带，从而固定乘员身体。

图 5-18 a、b 所示为钢珠式和钢丝式预紧器的工作原理。图 5-19 所示为齿轮齿条式预紧器的结构。

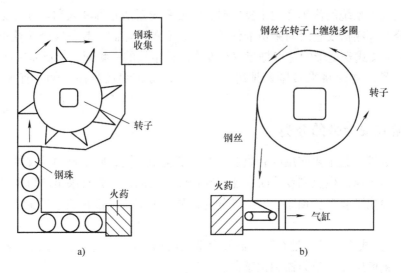

图 5-18 预紧器的工作原理
a）钢珠式预紧器 b）钢丝式预紧器

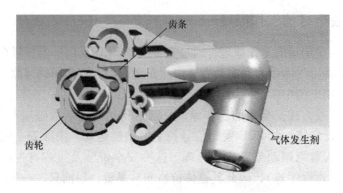

图 5-19 齿轮齿条式预紧器的结构

5.3.4 爆燃式预紧安全带防止勒伤的措施

爆燃式预紧安全带利用安全带限力器来控制安全带作用到人体上的力量，避免过大的束缚力把人勒伤，其原理是利用了限力轴的扭转原理。卷收器的轴芯里是一根弹簧钢材质的限力轴，当被拉紧的织带作用到上面的力矩达到一定的值时，限力轴就会发生扭转，从而限制了束缚在人身上的力，其结构如图 5-20 所示。

5.3.5 带安全气囊的安全带

大多数汽车的前排都能依靠安全带和气囊共同作用来缓解碰撞时的冲击，由于空间结构

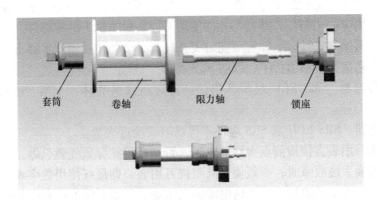

图 5-20　安全带限力器

的影响，普通汽车无法为后排乘客设计前部气囊。在遭受车辆正面碰撞时，仅能依靠安全带来束缚住后排乘客，但过大的束缚力会增加乘员被勒伤的风险。因此福特公司开发了针对后排的气囊式安全带，它可以在碰撞中最大限度地减小乘员被勒伤的概率。气囊内置于安全带从带扣到乘客肩膀的位置，一旦发生碰撞，汽车就会发出信号释放气囊，此时安全带气囊与人体躯干的接触面积较未展开气囊时提升五倍，大大增加了受力面积，使得安全带在束缚躯干惯性前冲时身体所受的压强大大降低，防止安全带在束缚中引起的二次伤害。同时较大体积的充气囊能够对颈部和头部起到一定的束缚作用，降低后排乘客的受伤风险。

5.4　安全气囊系统故障诊断与维修

5.4.1　检修注意事项

检修安全气囊时，若不按正确的操作规程进行，可能导致安全气囊意外膨开，造成经济损失甚至人身伤害，因此在对安全气囊系统进行检修时应注意以下事项。

1）安全气囊系统的故障很难确认，根据自诊断系统提取故障码是诊断和排除故障的重要途径和信息来源。因此在检查与排除安全气囊系统故障时，必须在拆下蓄电池负极电缆之前读出故障码。

2）检查工作务必在关闭点火开关并将蓄电池负极电缆拆下 20s 或更长一段时间后进行，因为安全气囊系统装备有备用电源，若检查工作在拆下蓄电池负极电缆后 20s 以内就开始，气囊系统有备用电源供电，检查中很可能使气囊误爆。另外，汽车音响系统、防盗系统、时钟、电控座椅、微机控制驾驶位置设定的电控倾斜和伸缩转向系统、电控车外后视镜等系统均具有存储功能，当蓄电池负极电缆拆下后，存储的内容将会丢失。因此在检查工作开始之前，应通知汽车用户将音响、防盗系统的密码和其他控制系统的有关内容记录下来。当检查工作结束之后，再由维修人员或汽车用户重新设置密码和有关内容并调整时钟。绝不允许使用车外电源来避免各系统存储内容丢失，以免导致安全气囊误爆。

3）检查安全气囊系统时，即使只发生了轻微碰撞并且安全气囊并未膨开，也应对前碰撞传感器、驾驶侧 SRS 组件、乘员侧 SRS 组件、座椅安全带预紧器等进行检查。

安全气囊系统对零部件的工作可靠性要求极高，所有零部件均为一次性使用部件。如需要更换零部件，则应使用新件，并且不允许使用不同型号车辆上的零部件。

在检修汽车其他零部件时，如有可能对安全气囊系统的传感器产生冲击，则应在检修工作开始之前，先将碰撞传感器拆下，以防 SRS 误爆。

当前碰撞传感器、SRS ECU 或 SRS 组件摔碰之后或其壳体、支架、插接器有裂纹时，应换用新件。

前碰撞传感器、SRS ECU 或 SRS 组件不得暴晒或接近火源。

绝对不能用万用表直接检测点火器的电阻，否则有可能导致气囊引爆。检测其他部件电阻和检测安全气囊系统故障时，必须使用高阻抗万用表，即最好使用数字式万用表。如果使用指针式万用表，由于其阻抗小，表内电源的电压加到气囊系统上就有可能引爆气囊。

在安全气囊系统各个总成或零部件的表面上，均标有说明标牌或注意事项，使用与检查时必须按规定进行。

4）当安全气囊系统的检查工作完成之后，必须对 SRS 警告灯进行检查。当点火开关转到 ON 或 ACC 位置时，SRS 提示灯亮 6s 左右后自动熄灭，说明安全气囊系统正常。

5）拆卸或搬运 SRS 组件时，气囊装饰盖一面应当朝上，不得将 SRS 组件重叠堆放，以防气囊误爆造成严重事故。

6）在报废汽车整车或报废 SRS 组件时，应在报废之前先用专用维修工具（SST）将气囊引爆。引爆工作应在远离电磁场干扰的地方进行，以免由于电磁场过强而导致气囊误爆。

7）汽车已发生过碰撞，气囊一旦引爆膨开后，SRS ECU 就不能继续使用。

8）当连接或拆下 SRS ECU 上的插接器插头时，因为保险传感器与 ECU 组装在一起，所以应在 ECU 安装在其固定位置之后，再进行连接或拆卸，否则保险传感器就起不到保护作用。

9）安装转向盘时，其安装位置必须正确，即必须保证螺旋电缆位于中间位置，否则可能造成螺旋电缆损坏。安全气囊系统线束套装在黄色波纹管内，所有线束插接器均为黄色，以便于区别。当发生交通事故而使安全气囊系统线束脱开或插接器破碎时，都应更换新件。

5.4.2 安全气囊系统故障自诊断

安全气囊系统是一个可靠性要求极高的控制系统，SRS ECU 具有自诊断系统，在安全气囊系统电路中，还设计有相应的检测机构。SRS ECU 一旦诊断出安全气囊系统发生故障，就将仪表板上的 SRS 警告灯点亮，提示驾驶人安全气囊系统出现故障，同时将故障码存入 SRS ECU 的随机存储器中，以便检查安全气囊系统时，通过读取故障码尽快查到故障部位。下面以丰田车系为例介绍故障码的读取与清除方法。

1. 读取故障码

将点火开关转至 ON 位置，SRS 警告灯应亮，约 6s 后 SRS 警告灯应熄灭。若 SRS 警告灯常亮，或者在汽车行驶过程中突然点亮，都说明 SRS 有故障，应读取故障码，确定故障部位，并排除故障。

（1）用故障诊断仪读取故障码　将丰田故障诊断仪与故障诊断插座（DLC3）相连，按故障诊断仪上的提示进行操作，即可读取故障码。丰田皇冠/锐志汽车安全气囊系统故障码见表 5-2。

(2) 人工读取故障码 将点火开关转至 ON 位置，等待约 60s，用跨接线连接 DLC3 端子 13（TC）与 4（CC），这时可通过 SRS 警告灯的闪烁情况读取故障码，该故障码为当前故障码。

先用跨接线连接 DLC3 端子 13（TC）与 4（CC），再将点火开关转至 ON 位置，等待约 60s，这时可通过 SRS 警告灯的闪烁情况读取故障码，该故障码为历史故障码。

2. 清除故障码

(1) 用丰田故障诊断仪清除故障码 将故障诊断仪与 DLC3 相连，按故障诊断仪上的提示进行操作，即可清除故障码。

(2) 人工清除故障码 关闭点火开关，故障码即被清除，若故障码不能被清除，则连接跨接线进行清除。

1）用跨接线连接 DLC3 端子 13 与 4，将点火开关转至 ON 位置，在故障码开始输出后 10s 内脱开 DLC3 端子 13 上的跨接线，并检查 3s 内 SRS 警告灯是否点亮。

2）在 SRS 警告灯点亮后 2~4s 内将跨接线接回 DLC3 端子 13，在接回 DLC3 端子 13 后 2~4s 后 SRS 警告灯将熄灭，在 SRS 警告灯熄灭后 2~4s 脱开 DLC3 端子 13 上的跨接线。

3）脱开 DLC3 端子 13 上的跨接线 3s 后 SRS 警告灯应点亮。SRS 警告灯点亮后 2~4s 内将跨接线接回 DLC3 端子 13。

4）在接回跨接线到 DLC3 端子 13 后 2~4s 内 SRS 警告灯将熄灭，SRS 警告灯熄灭后 1s 内输出正常码，表明故障码被清除。如果故障码没有被清除，则重复上述操作，直至故障码被清除。故障码清除如图 5-21 所示。

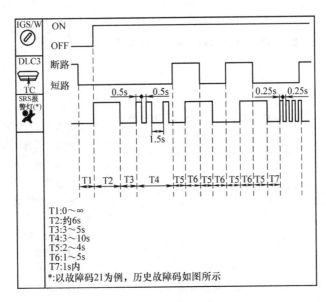

图 5-21 故障码清除

3. 丰田皇冠/锐志安全气囊系统故障码

丰田皇冠/锐志安全气囊系统故障码见表5-2。

表5-2 丰田皇冠/锐志安全气囊系统故障码

故障码	故障码内容	可能的故障部位
B1000/31	中央安全气囊传感器总成故障	仪表板配线 发动机舱主配线 中央安全气囊传感器总成
B1610/13、 B1615/14	右前/左前安全气囊传感器电路故障	仪表板配线 发动机舱主配线 右前/左前安全气囊传感器 中央安全气囊传感器总成
B1620/21、 B1630/23	右侧/右后安全气囊传感器电路故障	地板配线 右侧/右后安全气囊传感器 中央安全气囊传感器总成
B1625/22、 B1635/24	左侧/左后安全气囊传感器电路故障	2号地板配线 左侧/左后安全气囊传感器 中央安全气囊传感器总成
B1653/35	座椅位置安全气囊传感器电路故障	2号地板配线 座椅位置安全气囊传感器 中央安全气囊传感器总成
B1656/38	左前座椅安全带搭扣开关电路故障	2号地板配线 左前座椅内安全带总成 中央安全气囊传感器总成
B1800/51、 B1801/51、 B1802/51、 B1803/51	D引爆管电路短路、断路、对地短路、对电源短路	仪表板配线 螺旋电缆分总成 驾驶人安全气囊（D引爆管） 中央安全气囊传感器总成
B1805/52、 B1806/52、 B1807/52、 B1808/52	P引爆管电路短路、断路、对地短路、对电源短路	仪表板配线 2号仪表板配线 前排乘客安全气囊（P引爆管） 中央安全气囊传感器总成
B1810/53、 B1811/53、 B1812/53、 B1813/53	D引爆管（两级—第二级）电路短路、断路、对地短路、对电源短路	仪表板配线 螺旋电缆分总成 驾驶人安全气囊（D引爆管、两级—第二级） 中央安全气囊传感器总成
B1815/54、 B1816/54、 B1817/54、 B1818/54	P引爆管（两级—第二级）电路短路	仪表板配线 2号仪表板配线 前排乘客安全气囊（P引爆管、两级—第二级） 中央安全气囊传感器总成
B1820/55、 B1821/55、 B1822/55、 B1823/55	右侧引爆管电路短路、断路、对地短路、对电源短路	地板配线 带调节器架的右前座椅总成（右侧引爆管） 中央安全气囊传感器总成

第5章 安全气囊系统（SRS）及预紧式安全带

（续）

故障码	故障码内容	可能的故障部位
B1825/56、 B1826/56、 B1827/56、 B1828/56	左侧引爆管电路短路、断路、对地短路、对电源短路	2号地板配线 带调节器架的左前座椅总成（左侧引爆管） 中央安全气囊传感器总成
B1830/57、 B1831/57、 B1832/57、 B1833/57	右侧帘式安全气囊引爆管电路短路、断路、对地短路、对电源短路	地板配线 右侧帘式安全气囊（右侧帘式安全气囊引爆管） 中央安全气囊传感器总成
B1835/58、 B1836/58、 B1837/58、 B1838/58	左侧帘式安全气囊引爆管电路短路、断路、对地短路、对电源短路	2号地板配线 左侧帘式安全气囊（左侧帘式安全气囊引爆管） 中央安全气囊传感器总成
B1860/64、 B1861/64、 B1862/64、 B1863/64	驾驶人膝部安全气囊引爆管电路短路、断路、对地短路、对电源短路	仪表板配线 驾驶人膝部安全气囊（驾驶人膝部安全气囊引爆管） 中央安全气囊传感器总成
B1865/65、 B1866/65、 B1867/65、 B1868/65	前排乘客膝部安全气囊引爆管电路断路、短路、对地短路、对电源短路	仪表板配线 前排乘客膝部安全气囊（前排乘客膝部安全气囊引爆管） 中央安全气囊传感器总成
B1900/73、 B1901/73、 B1902/73、 B1903/73	右前P/T引爆管电路短路、断路、对地短路、对电源短路	地板配线 右前座椅外安全带（右前P/T引爆管） 中央安全气囊传感器总成
B1905/74、 B1906/74、 B1907/74、 B1908/74	左前P/T引爆管电路短路、断路、对地短路、对电源短路	2号地板配线 左前座椅外安全带总成（左前P/T引爆管） 中央安全气囊传感器总成
B1920/77、 B1921/77、 B1922/77、 B1923/77	右后P/T引爆管电路短路、断路、对地短路、对电源短路	地板配线 右后座椅外安全带（右后P/T引爆关） 中央安全气囊传感器总成
B1925/78、 B1926/78、 B1927/78、 B1928/78	左后P/T引爆管电路短路、断路、对地短路、对电源短路	2号地板配线 左后座椅三点式外安全带总成（左后P/T引爆管） 中央安全气囊传感器总成

5.4.3 典型安全气囊系统的检修

下面以丰田皇冠/锐志汽车安全气囊系统为例,介绍安全气囊系统的检修方法。

1. 丰田皇冠/锐志汽车电控元件位置

丰田皇冠/锐志汽车电控元件位置如图5-22所示。

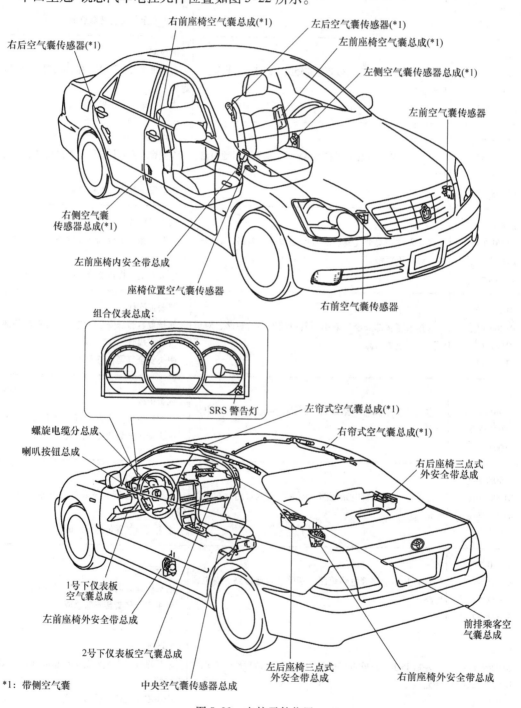

图5-22 电控元件位置

2. 故障码B1000/31：中央安全气囊传感器总成故障

（1）与故障码B1000/31相关的电路

与故障码B1000/31相关的电路如图5-23所示。

（2）检测步骤

1）检测左前空气囊传感器电路（接B+）。从左前安全气囊传感器上断开插接器，将负极（-）电缆连接到蓄电池，并等待至少2s，将点火开关置于ON（IG）位置，测量电压，A18-30（+SL）与接地、A18-28（-SL）与接地之间电压应低于1V。若正常，则进行下一步；若不正常，则进行步骤8。

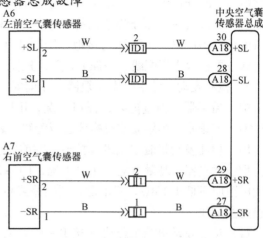

图5-23 与故障码B1000/31相关的电路图

2）检测左前空气囊传感器电路（短路）。将点火开关置于OFF位置，从蓄电池上断开负极（-）电缆，并等待至少90s，测量电阻；任何工况下，A18-30（+SL）与A18-28（-SL）之间电阻应不低于1MΩ。若正常，则进行下一步；若不正常，则进行步骤9。

3）检测左前空气囊传感器电路（接地）。将点火开关置于OFF位置，从蓄电池上断开负极（-）电缆，并等待至少90s，测量电阻；任何工况下，A18-30（+SL）与接地、A18-28（+SL）与接地之间电阻应不低于1MΩ。若正常，则进行下一步；若不正常，则进行步骤10。

4）检测右前空气囊传感器电路（接B+）。从右前安全气囊传感器上断开插接器，将负极（-）电缆连接到蓄电池，并等待至少2s，将点火开关置于ON（IG）位置，测量电压，A18-29（+SR）与接地、A18-29（+SR）与接地之间电压应低于1V。若正常，则进行下一步；若不正常，则进行步骤11。

5）检测右前空气囊传感器电路（短路）。将点火开关置于OFF位置，从蓄电池上断开负极（-）电缆，并等待至少90s，测量电阻，任何工况，A18-29（+SR）与A18-27（-SR）之间电阻应不低于1MΩ。若正常，则进行下一步；若不正常，则进行步骤12。

6）检测左前空气囊传感器电路（接地）。将点火开关置于OFF位置，从蓄电池上断开负极（-）电缆，并等待至少90s，测量电阻，任何工况，A18-29（+SR）与接地、A18-27（-SR）与接地之间电阻应不低于1MΩ。若正常，则进行下一步；若不正常，则进行步骤13。

7）检测中央空气囊传感器总成。将插接器连接到中央安全气囊传感器总成、左前安全气囊传感器和右前安全气囊传感器，将负极（-）电缆连接到蓄电池，并等待至少2s，将点火开关置于ON（IG）位置，并等待至少60s，清除存储在存储器中的故障码，然后将点火开关置于OFF位置，再将点火开关置于ON（IG）位置，并等待至少60s，检测故障码，应未输出故障码B1000/31。若正常，则使用模拟方法进行检测；若不正常，则更换中央安全气囊传感器总成。

8）检测发动机舱主配线（接B+；左前安全气囊传感器）。将点火开关置于OFF位置，从蓄电池上断开负极（－）电缆，并等待至少 90s，从仪表板配线上断开发动机舱主配线插接器，将负极（－）端子连接到蓄电池，并等待至少 2s，将点火开关置于 ON（IG）位置，测量电压，ID1－2（＋SL）与接地、ID1－1（－SL）与接地之间电压应低于 1V。若正常，则维修或更换仪表板配线（短路）；若不正常，则维修或更换发动机舱主配线。

9）检测发动机舱主配线（短路；左前安全气囊传感器）。从仪表板配线上断开发动机舱主配线插接器，测量电阻，任何工况，ID1－2（＋SL）与 ID1－1（－SL）之间电阻应≥1MΩ。若正常，则维修或更换仪表板配线；若不正常，则维修或更换发动机舱主配线。

10）检测发动机舱主配线（接地；左前安全气囊传感器）。从仪表板配线上断开发动机舱主配线插接器，测量电阻，任何工况，D1－2（＋SL）与接地、ID1－1（－SL）与接地之间电阻应不低于 1MΩ。若正常，则维修或更换仪表板配线；若不正常，则维修或更换发动机舱主配线。

11）检测发动机舱主配线（接 B＋；右前安全气囊传感器）。将点火开关置于 OFF 位置，从蓄电池上断开负极（－）电缆，并等待至少 90s，从仪表板配线上断开发动机舱主配线插接器，将负极（－）电缆连接到蓄电池，并等待至少 2s，将点火开关置于 ON（IG）位置，测量电压，II1－2（＋SR）与接地、II1－1（－SR）与接地之间电压应低于 1V。若正常，则维修或更换仪表板配线；若不正常，则维修或更换发动机舱主配线。

12）检测发动机舱主配线（短路；右前安全气囊传感器）。从仪表板上断开发动机舱主配线插接器，测量电阻，任何工况，II1－2（＋SR）与 II1－1（－SR）之间电阻应不低于 1MΩ。若正常，则维修或更换仪表板配线；若不正常，则维修或更换发动机舱主配线。

13）检测发动机舱主配线（接地；右前安全气囊传感器）。从仪表板上断开发动机舱主配线插接器，测量电阻，任何工况，II1－2（＋SR）与接地、II1－1（－SR）与接地电阻应不低于 1MΩ。若正常，则维修或更换仪表板配线；若不正常，则维修或更换发动机舱主配线。

3. 故障码 B1610/13：右前安全气囊传感器电路故障

(1) 与故障码 B1610/13 相关的电路

与故障码 B1610/13 相关的电路如图 5-24 所示。

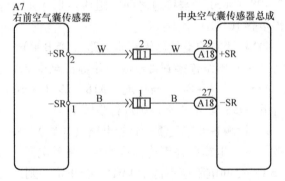

图 5-24 与故障码 B1610/13 相关的电路图

(2) 检测步骤

1）检测故障码。将插接器连接到中央安全气囊传感器总成，将负极（－）电缆连接到蓄电池，并等待至少 2s，将点火开关置于 ON（IG）位置，并等待至少 60s，清除存储在存储器中的故障码，然后将点火开关置于 OFF 位置，再将点火开关置于 ON（IG）位置，并等待至少 60s，检测故障码，应未输出 B1610/13。若正常，则使用模拟方法进行检测；若不正常，则进行下一步。

2）检测插接器连接情况。将点火开关置于 OFF 位置，从蓄电池上断开负极（－）电缆，并等待至少 90s，检测插接器是否正确连接到中央安全气囊传感器总成和右前安全气囊传感器。若正常，则进行下一步；若不正常，则连接插接器。

第5章 安全气囊系统（SRS）及预紧式安全带

3）检测右前空气囊传感器电路（开路）。从中央安全气囊传感器总成和右前安全气囊传感器上断开插接器，用维修配线连接插接器 E 的端子 A7-2（+SR）和 A7-1（-SR），测量电阻，任何工况，A18-29（+SR）与 A18-27（-SR）之间的电路应低于 1Ω。若正常，则进行下一步；若不正常，则进行步骤5。

4）检测右前空气囊传感器。将插接器连接到中央安全气囊传感器总成，将右前安全气囊传感器与左前安全气囊传感器互换，将插接器与它们相连接。将负极（-）电缆连接到蓄电池，并等待至少 2s，将点火开关置于 ON（IG）位置，清除存储在存储器中的故障码，然后将点火开关置于 OFF 位置，再将点火开关置于 ON（IG）位置，并等待至少 60s，检测故障码，若故障码 B1610/13 输出，则更换中央安全气囊传感器总成；若故障码 B1615/14 输出，则更换右前安全气囊传感器；若故障码 B1610/13 和 B1615/14 未输出，则用模拟方法进行检测。

5）检测发动机舱主配线（开路）。从仪表板配线上断开发动机舱主配线插接器，测量电阻，在任何工况下 III1-2（+SR）与 III1-1（-SR）之间的电阻应低于 1Ω。若正常，则维修或更换仪表板配线；若不正常，则维修或更换发动机舱主配线。

本 章 小 结

- 电子控制安全气囊系统主要由碰撞传感器、安全气囊组件和安全气囊 ECU 等组成。安全气囊组件主要由气体发生器、点火器、气囊、饰盖和底板组成。安全气囊 ECU 主要由逻辑模块、信号处理电路、备用电源电路、保护电路和稳压电路等组成。

- 安全气囊的分类，按碰撞类型分类可分为正面碰撞防护安全气囊、侧面碰撞防护安全气囊、膝部碰撞防护安全气囊和顶部碰撞防护安全气囊；按照安全气囊安装数目分类可分为单气囊系统、双气囊系统和多气囊系统；按照安全气囊的触发机构分类可分为机械式和电子式两种。

- 安全气囊传感器的分类，按照传感器的作用可分为碰撞传感器和保险传感器两类。按照传感器的结构分类可分为机电式、电子式和水银开关式三类。

- 安全气囊系统线束与保险机构有防止气囊误爆机构、端子双重锁定机构、插接器双重锁定机构和电路连接诊断机构等。

- 带安全带预紧器的安全气囊系统是在安全气囊系统的基础上，增加了前排左、右两个座椅安全带预紧器。

- 在汽车行驶过程中，SRS ECU 持续监测保险传感器、中央碰撞传感器和前碰撞传感器的信号，当接收到碰撞信号时 SRS ECU 按照预先编制的程序经过数学计算和逻辑判断后，再向安全带预紧器或安全气囊点火器发出点火指令，使安全带预紧器起作用或安全带预紧器与安全气囊同时起作用。

- 当汽车行驶速度低于 30km/h，SRS ECU 不引爆安全气囊，仅引爆座椅安全带预紧器的点火器使安全带收紧。

- 当汽车行驶速度高于 30km/h 时，SRS ECU 向预紧器点火器和气囊点火器发出点火指令，引爆所有点火器，在座椅安全带收紧的同时，驾驶人侧气囊与乘员侧气囊同时膨开。

- 预紧式安全带的特点是当汽车发生碰撞事故的一瞬间，乘员尚未向前移动时它会首先拉紧织带，立即将乘员紧紧地绑在座椅上，防止乘员身体前倾，有效保护乘员的安全。预紧式安全带可分为预紧限力式安全带和预卷式预紧限力式安全带两类。

复习思考题

一、填空题

1. 安全气囊系统主要由＿＿＿＿＿＿＿＿＿＿、＿＿＿＿＿＿＿＿＿＿和安全气囊 ECU 等组成。
2. 安全气囊按照其碰撞类型分类可分为＿＿＿＿＿＿＿＿＿＿、＿＿＿＿＿＿＿＿＿＿、＿＿＿＿＿＿＿＿＿＿和＿＿＿＿＿＿＿＿＿＿四种类型。
3. 安全气囊引爆的条件是 SRS ECU 只有接收到至少一个碰撞传感器信号并同时接收到＿＿＿＿＿＿＿＿＿＿时,才会触发安全气囊。
4. 安全气囊的整个工作过程时间约为＿＿＿＿＿＿ ms。
5. 空气气囊的材料多采用＿＿＿＿＿＿＿＿＿＿或有机硅制成。
6. 安全气囊传感器按照其结构分类可分为＿＿＿＿＿＿、＿＿＿＿＿＿、＿＿＿＿＿＿三类。
7. 安全气囊传感器按照其作用分类可分为＿＿＿＿＿＿＿＿、＿＿＿＿＿＿＿＿两类。
8. 安全气囊组件主要由＿＿＿＿＿＿＿＿、＿＿＿＿＿＿＿＿、＿＿＿＿＿＿＿＿和底板组成。
9. 安全气囊 ECU 主要由＿＿＿＿＿＿＿＿、＿＿＿＿＿＿＿＿、＿＿＿＿＿＿＿＿、＿＿＿＿＿＿＿＿和稳压电路等组成。
10. 安全气囊系统线束与保险机构有＿＿＿＿＿＿＿＿、＿＿＿＿＿＿＿＿、＿＿＿＿＿＿＿＿和电路连接诊断机构等。

二、判断题

1. 只要车辆发生碰撞,安全气囊即会自动引爆。（　　）
2. 防止安全气囊误爆机构是在插接器拔下时通过短路片将点火器线圈电路接通防止安全气囊误爆的。（　　）
3. 正面碰撞安全气囊系统起作用的有效范围是在汽车从正前方或斜前方±30°角。（　　）
4. 安全气囊组件的充气剂通常是叠氮化钠。（　　）
5. 安全气囊不可以重复使用,而座椅安全带预紧装置可以重复使用。（　　）

三、问答题

1. 安全气囊系统由哪几部分组成?
2. 安全气囊系统的有效范围是多少?
3. 安全气囊系统的动作过程是怎样的?
4. 安全气囊组件主要由哪几部分组成?有什么功用?
5. 安全气囊有哪些种类的传感器?
6. 安全气囊系统有哪些保险机构?
7. 画出安全气囊系统线束与保险机构中的防误爆机构的电路原理图,其工作原理是什么?
8. 简述预紧式安全带的工作原理是什么?

第5章 安全气囊系统（SRS）及预紧式安全带

实训项目6　故障码的读取与清除

车　辆　型　号	车辆识别代码	检　测　系　统

一、实训目标

　　掌握丰田皇冠/锐志汽车故障码的读取与清除的方法。

二、知识准备

　　1. 将点火开关转至 ON 位置，SRS 警告灯应点亮，约＿＿＿＿＿s 后 SRS 警告灯应熄灭。

　　2. 若 SRS 警告灯常亮，或者在汽车行驶过程中突然点亮，都说明 SRS ＿＿＿＿＿，应读取故障码，确定故障部位，并排除故障。

三、实训步骤

　　1. 故障码的读取

　　1）用故障诊断仪读取故障码。将丰田故障诊断仪与 3 号故障诊断插座（DLC3）相连，按故障诊断仪上的提示进行操作，读取故障码。将读取到的故障码填写到下表中。

　　2）人工读取故障码。将点火开关转至 ON 位置，等待约＿＿＿＿s，用跨接线连接 DLC3 端子＿＿＿＿＿与＿＿＿＿＿，通过 SRS 警告灯的闪烁情况读取故障码，该故障码为＿＿＿＿＿故障码。将读取到的故障码填写到下表中。

　　先用跨接线连接 DLC3 端子＿＿＿＿＿与＿＿＿＿＿，再将点火开关转至 ON 位置，等待约 60s，这时可通过 SRS 警告灯的闪烁情况读取故障码，该故障码为＿＿＿＿＿故障码。将读取到的故障码填写到下表中。

故障码	故障内容	可能的故障原因

　　2. 清除故障码

　　1）用丰田故障诊断仪清除故障码。将故障诊断仪与 DLC3 相连，按故障诊断仪上的提示进行操作，清除故障码。

　　2）人工清除故障码。关闭点火开关，故障码即被清除，若故障码不能被清除，则连接跨接线进行清除。

　　① 用跨接线连接 DLC3 端子＿＿＿＿＿与＿＿＿＿＿，将点火开关转至 ON 位置，在故障码开始输出后＿＿＿＿s 内脱开 DLC3 端子 13 上的跨接线，并检查 3s 内 SRS 警告灯是否点亮。

　　② 在 SRS 警告灯点亮后＿＿＿＿s 内将跨接线接回 DLC3 端子 13，在接回 DLC3 端子 13 后＿＿＿＿s 后 SRS 警告灯将熄灭，在 SRS 警告灯熄灭后 2~4s 脱开 DLC3 端子 13 上的跨接线。

　　③ 脱开 DLC3 端子 13 上的跨接线＿＿＿＿s 后 SRS 警告灯应点亮。SRS 警告灯点亮后 2~4s 内将跨接线接回 DLC3 端子 13。

　　④ 在接回跨接线到 DLC3 端子 13 后 2~4s 内 SRS 警告灯将熄灭，SRS 警告灯熄灭后＿＿＿＿s 内输出正常码，表明故障码被清除。如果故障码没有被清除，则重复上述操作，直至故障码被清除。

　　通过上述检测，得出的结论是：＿＿。

四、实训小结

＿＿。

实训项目 7　丰田皇冠/锐志汽车 SRS 故障码诊断

车 辆 型 号	车辆识别代码	检 测 系 统

一、实训目标
　　掌握丰田皇冠/锐志汽车 SRS 故障码诊断方法。
二、知识准备
　　1. 故障码 B1610/13 所代表的故障内容是＿＿＿＿＿＿＿＿＿＿＿。
　　2. 画出丰田皇冠/锐志汽车右前空气囊传感器电路图。

三、实训步骤
　　1）检测故障码。将插接器连接到中央安全气囊传感器总成，将负极（－）电缆连接到蓄电池，并等待至少 2s，将点火开关置于 ON（IG）位置，并等待至少 60s，清除存储在存储器中的故障码，然后将点火开关置于 OFF 位置，再将点火开关置于 ON（IG）位置，并等待至少 60s，检测故障码，应＿＿＿＿＿＿＿＿，实际结果是＿＿＿＿＿＿＿＿。若正常，则使用模拟方法进行检测；若不正常，则进行下一步。
　　2）检测插接器连接情况。将点火开关置于 OFF 位置，从蓄电池上断开负极（－）电缆，并等待至少＿＿＿s，检测插接器是否正确连接到中央安全气囊传感器总成和右前安全气囊传感器。若正常，则进行下一步；若不正常，则连接插接器。
　　3）检测右前空气囊传感器电路（开路）。从中央安全气囊传感器总成和右前安全气囊传感器上断开插接器，用维修配线连接插接器 E 的端子 A7－2（＋SR）和 A7－1（－SR），测量电阻，任何工况，A18－29（＋SR）与 A18－27（－SR）之间的电阻应＿＿＿＿＿＿，实际结果是＿＿＿＿＿＿＿。若正常，则进行下一步；若不正常，则进行步骤 5。
　　4）检测右前空气囊传感器。将插接器连接到中央安全气囊传感器总成，将右前安全气囊传感器与左前安全气囊传感器＿＿＿＿，将插接器与它们相连接。将负极（－）电缆连接到蓄电池，并等待至少 2s，将点火开关置于 ON（IG）位置，清除存储在存储器中的故障码，然后将点火开关置于 OFF 位置，再将点火开关置于 ON（IG）位置，并等待至少 60s，检测故障码，若故障码 B1610/13 输出，则更换中央安全气囊传感器总成；若故障码 B1615/14 输出，则更换右前安全气囊传感器；若故障码 B1610/13 和 B1615/14 未输出，则用模拟方法进行检测。
　　5）检测发动机舱主配线（开路）。从仪表板配线上断开发动机舱主配线插接器，测量电阻，任何工况，Il1－2（＋SR）与 Il1－1（－SR）之间的电阻应＿＿＿＿＿＿，实际结果是＿＿＿＿＿＿＿。若正常，则维修或更换仪表板配线；若不正常，则维修或更换发动机舱主配线。
　　通过上述检测，得出的结论是：＿＿＿＿＿＿＿＿＿＿＿＿＿＿＿＿＿＿＿＿＿＿＿＿＿＿＿＿＿＿＿＿＿。
四、实训小结

第6章 电控悬架系统

📝 **学习目标：**

- 了解汽车悬架系统的功能及分类、不同类型电控悬架系统的基本组成和结构。
- 掌握悬架减振器阻尼力控制的原理。
- 掌握悬架弹性元件刚度及车身高度控制的原理。
- 掌握电控悬架系统传感器的结构和工作原理。
- 了解电控悬架控制单元的组成和控制原理。
- 掌握电控悬架系统执行器的结构和工作原理。
- 掌握电控悬架系统常见故障及诊断与检修方法。
- 培养学生科技报国的家国情怀和使命担当，树立专业精神、劳动精神和工匠精神。

6.1 概述

汽车的悬架装置是连接车架（或承载式车身）和车桥（或车轮）之间全部传力装置的总称，主要由弹性元件、减振器、导向机构组成，其作用主要有以下三方面。

（1）承载 承受汽车各个方向（包括垂直、纵向、侧向）的载荷。

（2）缓冲 缓和由于汽车载荷和路面状况等引起的各种振动冲击。

（3）传力 将车轮与路面之间的力传递给车身，使之正常前进或减速停车。

衡量悬架性能好坏的主要指标有两点：一是汽车行驶的平顺性，二是车辆的操纵稳定性。悬架的性能参数主要包括刚度（K）和阻尼（C），但这两个参数对平顺性和操纵稳定性的影响是相互矛盾的，即任何一个参数的变化在提高其中一个指标的同时必定降低了另外一个指标。一方面，若降低弹簧的刚度或减小减振器的阻尼，则车体加速度减小使平顺性提高，但同时会导致车体位移的增加，由此产生车体质心的变动将引起轮胎负荷变化的增加，对操纵稳定性产生不良影响；另一方面，若增加弹簧的刚度或提高减振器的阻尼，就会提高操纵稳定性，但这将导致汽车对不平路面缓冲能力下降，使平顺性降低。

因此，理想的悬架应在不同的使用条件下具有不同的弹簧刚度和减振器阻尼，只有这样才能使之既能满足平顺性的要求，又能满足操纵稳定性的要求。

传统悬架因具有固定的悬架刚度和阻尼系数，在结构设计上只能在满足平顺性和操纵稳定性的矛盾之间折衷，无法达到悬架控制的理想目标。为了使被动悬架能够对不同的道路条件具有一定的适应性，通常将悬架的刚度和减振器的阻尼设计成具有一定程度的非线性特性，如采用变节距螺旋弹簧和三级阻力控制的液压减振器等，但这种被动悬架是无法达到悬架控制的理想目标的。

20世纪60年代，国外就提出了主动悬架的概念，即悬架的刚度、阻尼以及车身高度可随车辆的运动情况和路面的状况进行主动调节。现代电控技术的发展使得这一概念成为现实，目前中、高档乘用车上采用的电控悬架就是在普通悬架的基础上加装了一套电控系统，可根据不同的路面条件、车辆载荷、行驶速度等来控制悬架的弹簧刚度和减振器阻尼等，使车辆的平顺性和操纵稳定性在各种条件下都达到最佳。

6.1.1 电控悬架系统的功能

采用电控悬架的目的是可以根据车辆行驶状况及驾驶人的意愿等因素由电子控制系统自动调节悬架的相关特性参数，从而打破传统被动悬架的局限性，使汽车悬架的特性与道路状况及行驶状态相适应，保证汽车的平顺性和操纵稳定性都得到最大的满足。电控悬架系统的基本功能如下。

（1）减振器阻尼力调节　根据汽车的负载、行驶路面条件、汽车行驶状态等来控制悬架减振器的阻尼力，防止汽车急速起步或急加速时的车尾下蹲、紧急制动时的车头下沉，以及急转弯时车身横向摇动和换档时车身纵向摇动等，提高行驶平顺性和操纵稳定性。

（2）弹性元件刚度调节　在各种工况下，通过对悬架弹性元件刚度的调整，改变车身的振动强度和对路况及车速的感应程度，来改善汽车的乘坐舒适性与操纵稳定性。

（3）汽车车身高度调节　可以使得车辆根据负载变化自动调节悬架高度以保持车身的正常高度和姿态。当汽车在坏路面行驶时可以使车身升高，增强其通过性；当汽车在高速行驶时，又可以使车身降低，减少空气阻力并提高行驶稳定性。

目前，中级乘用车上采用的电控悬架（半主动悬架）一般只能实现减振器阻尼力的调节功能和横向稳定器侧倾刚度的调节，而一些高级乘用车上的电控悬架（主动悬架）则能实现上述全部功能。

6.1.2 电控悬架系统的分类

图6-1所示为悬架系统的基本分类，本章主要研究电控悬架部分。

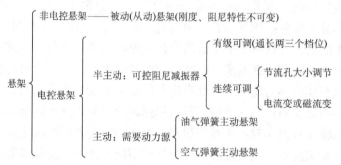

图6-1　悬架系统的分类

目前汽车上使用的电控悬架有不同的结构形式，可以按以下方式进行分类。

1. 按悬架所控制的特性参数不同分类

按照控制参数不同，电控悬架可分为半主动悬架和主动悬架两大类。

半主动悬架是指悬架的特性参数（弹簧刚度和减振器阻尼力）中只有减振器阻尼力以

及横向稳定器侧倾刚度可调。根据减振器阻尼力调节方式不同，半主动式电控悬架又分为有级半主动式（阻尼力有级可调）和无级半主动式（阻尼力连续可调）两种。无级半主动悬架可以根据路面的行驶状态和车身的响应对悬架阻尼力进行连续控制，并在几毫秒内由最小变化到最大，使车身的振动响应始终被控制在某个范围内。但在转向、制动等工况时，不能对阻尼力实施有效的控制。

主动悬架是一种能供给和控制动力源（空气、油液）的系统，能根据传感器检测到的汽车载荷、路面情况、行驶速度、起动、制动、转向等工况的变化，主动调节悬架的弹簧刚度和减振器阻尼力以及车身高度等参数，从而能够同时满足汽车行驶平顺性和操纵稳定性的要求。根据频带和能量消耗的不同，主动悬架分为全主动式（频带宽大于 15Hz）和慢全主动式（频带宽 3~6Hz）；根据驱动机构和介质的不同，主动悬架又可分为由电磁阀驱动的油气主动式悬架和由步进电动机驱动的空气主动式悬架。

2. 按是否需要外加动力源分类

根据是否需要外加动力源，电控悬架系统分为有源控制和无源控制两种。

半主动悬架是无源控制，因此，消耗的能量很少，成本较低，但汽车在转向、起动、制动等工况时不能对弹簧刚度和减振器阻尼力进行有效的控制；主动悬架是有源控制，是具有做功能力的悬架，在悬架系统中附加一个可控制作用力的装置，当各传感器检测到汽车载荷、行驶速度、路面状况变化和汽车处于起动、制动、转向等不同工况时，都能够自动调节悬架的弹簧刚度和减振器阻尼力。此外，还可以根据车速的变化调节车身高度等，显著提高汽车的操纵稳定性和乘坐舒适性。

6.2 电控悬架系统的结构与工作原理

6.2.1 电控悬架系统的基本组成和原理

虽然现代汽车电控悬架系统结构形式多种多样，但它们的基本组成是相同的，即由感应汽车运行状况的各种传感器、开关、电子控制单元及执行机构等组成。传感器一般有车身高度传感器、车速传感器、加速度传感器、转向盘转角传感器、节气门位置传感器等；开关主要有模式选择开关、制动灯开关、停车开关和车门开关等；执行机构有可调节减振器阻尼力的电动机、可调节弹簧刚度的步进电动机和可调节车身高度的电磁阀等。

电控悬架系统的一般工作原理是：利用传感器（包括开关）的信号对汽车行驶时路面的状况和车身的状态以及驾驶意图进行检测，并将检测到的信号输入悬架控制单元（ECU）进行分析处理，计算机通过计算得出指令信息，经过驱动电路控制悬架系统的执行器动作，完成相应的悬架特性参数及车身高度的调整。图 6-2 所示为悬架电控系统的基本组成及工作原理。

1. 电控半主动悬架的基本原理

从提高车辆的平顺性和操纵稳定性出发，悬架系统弹性元件的刚度和减振器的阻尼力应能随着汽车的运行状态不同而做相应的变化，使悬架性能总是处于最优状态。但是一般弹簧（如钢板弹簧、螺旋弹簧、扭杆弹簧等）的刚度在选定后就不能改变。因此，半主动悬架往往从改变减振器阻尼力入手，提高悬架特性。图 6-3 所示为半主动悬架的控制模型。

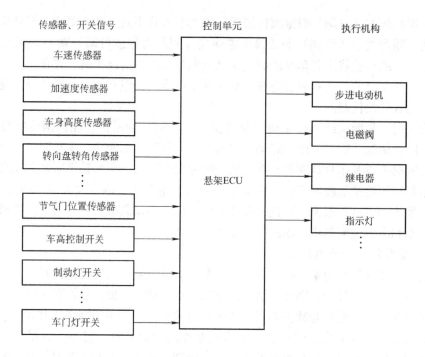

图6-2 悬架电控系统的基本组成及工作原理

半主动悬架系统的设计思路是：在行驶的过程中，可以通过改变减振器的阻尼力，从而适应车辆对行驶平顺性和稳定性的要求。选择较低的阻尼力，可以降低系统自振频率，减少对车身的冲击，满足舒适性的要求，但安全性下降，适合于车辆的低速行驶；选择较高阻尼力则可提高车辆行驶安全性，但是舒适性下降，适合于车辆的高速行驶。

减振器工作时活塞杆上、下伸缩运动，具有黏性的液压油通过活塞孔产生阻力，当活塞上下运动较慢时，阻尼力小；当活塞快速运动

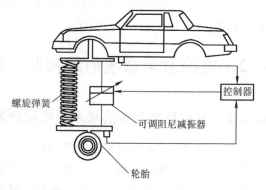

图6-3 半主动悬架的控制模型

时，就会产生很大的阻尼力。从机械原理上讲，节流孔越大，阻尼力越小；油的黏度越大，阻尼力越大。油液的黏度不容易改变，因此阻尼力控制的最佳方法就是控制节流孔的大小，根据其控制的方式不同，目前减振器阻尼力的调节可分为有级可调式和连续可调式两种。

2. 电控主动悬架的基本原理

主动悬架采用了与传统结构完全不同的弹性元件（空气弹簧、油气弹簧等），使其突破了一般弹性元件（钢板弹簧、螺旋弹簧、扭杆弹簧等）在刚度变化方面的局限性。因此，主动悬架能够根据车身高度、车速、转向角度及角速度、制动等信号，由电控单元控制悬架执行机构，进而改变悬架弹性元件的刚度、减振器阻尼力及车身高度等参数，从而使车辆的操纵性和平顺性都达到最佳。图6-4所示为主动悬架的控制模型。

这类悬架大多采用空气弹簧或油气弹簧作为弹性元件，通过改变弹性元件内部工作介质

（空气或油液）的流通特性或压力大小来调节悬架的刚度；通过工作介质的充、放来改变悬架的高度，即可以进行车身高度的控制。

对于阻尼力的调节方式也是采用阻尼力可调的减振器，原理与半主动悬架相同。

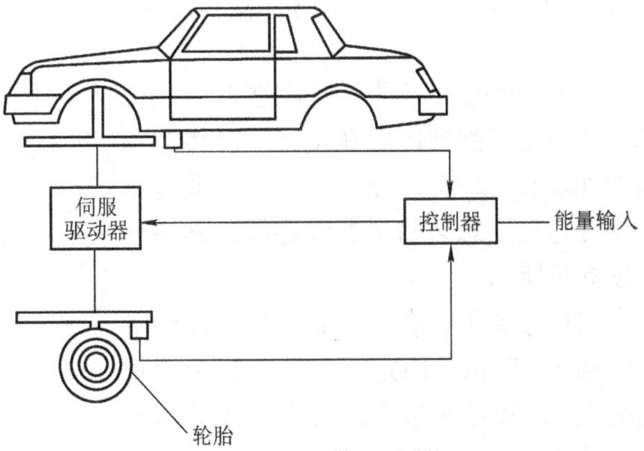

6.2.2 传感器

电控悬架系统传感器（及开关）的作用是对汽车行驶时路面的状况和车身的状态进行检测，为 ECU 提供参考信号。

图 6-4 主动悬架的控制模型

1. 车身高度传感器

车身高度传感器的作用是检测汽车行驶时车身高度的变化情况（车身相对车桥的位移量即悬架位移量），并转换成电信号输入悬架系统的电子控制单元，可反映汽车的平顺性和车身高度信息。

常用的车身高度传感器有片簧开关式、霍尔式、光电式和电位计式四种形式。

（1）片簧开关式车身高度传感器 片簧开关式车身高度传感器在福特车型上应用较多。图 6-5a 所示为片簧开关式车身高度传感器的结构，它由四组触点式开关和一个磁体组成，四个开关分别与两个晶体管相连，构成四个检测回路。用两个端子作为输出信号与悬架 ECU 连接，两个晶体管均受 ECU"输出"端子的控制。

图 6-5b 所示为片簧开关式车身高度传感器的连接电路。其工作原理是：当车身高度调定为正常高度后，如果因货物、乘员数量变化等会导致车辆载荷的增加，使车身高度偏低，此时片簧开关式高度传感器的另一对触点闭合，产生电信号输送给 ECU，ECU 随即作出车身高度偏低的判断，从而输出电信号到车身高度控制执行器，促使悬架系统车身高度控制执行器工作，使车身高度恢复为正常高度状态。该传感器将车身高度状态组合为四个检测区域，分别是低、正常、高、超高。

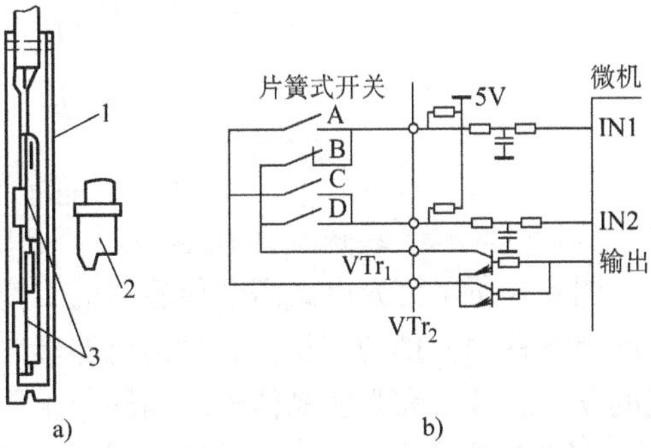

图 6-5 片簧开关式车身高度传感器
a）结构 b）连接电路
1—车身高度传感器 2—磁体 3—片簧开关

（2）霍尔式车身高度传感器 图 6-6 所示为霍尔式高度传感器，由两个霍尔集成电路（A、B）、两个磁体（1 号和 2 号）等组成。

其工作原理是：当两个磁体因车身高度的改变而产生相对位移时，将在两个霍尔集成电路上产生不同的霍尔效应，形成相应的电信号，悬架的电控装置根据这些电信号做出车身高度偏离调定高度的情况判别，从而驱动执行器做出有关调整。

由于在安装时两个霍尔集成电路和两个磁体的位置进行了不同的组合，可以将车身高度状态分为三个区域进行检测，分别是低、正常、高。

（3）光电式车身高度传感器　光电式车身高度传感器固定在车架上，传感器轴的外端装有导杆，导杆的另一端通过一个连杆与独立悬架的下摆臂连接，其结构如图6-7所示。

在传感器上，有一根靠连杆带动转动的转轴7，转轴上固定一个开有许多窄槽的圆盘2，圆盘两边是由发光二极管和光敏晶体管组成的光耦合器1。每一个光耦合器共有两组发光二极管和光敏晶体管耦合元件组成。一般情况下，传感器中有两个光耦合器。

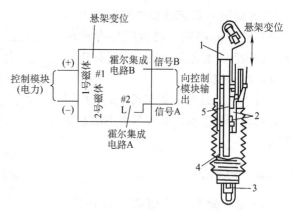

图6-6　霍尔式车身高度传感器
1—传感器体　2—霍尔集成电路
3—弹簧夹　4—滑轴　5—窗孔

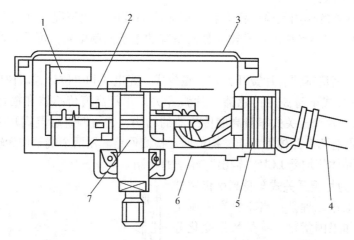

图6-7　光电式车身高度传感器结构
1—光耦合器　2—圆盘　3—传感器盖　4—信号线　5—金属油封环　6—传感器壳体　7—传感器转轴

图6-8所示为光电式高度传感器的工作原理。当车身高度发生变化时，导杆将随悬架摆臂的上下移动而摆动，从而通过传感器转轴驱动圆盘转动，如图6-8a所示，光耦合器相对应的发光二极管和光敏晶体管之间即产生照/遮的转换。如图6-8b所示，光敏晶体管把相应的ON/OFF转换成电信号，并通过导线输送给悬架ECU。ECU根据不同的脉冲信号，即可判断圆盘转过的角度，从而计算出悬架高度的变化情况。

表6-1所列为具有四组光耦合元件的状态与车高的对照。由表6-1可以看出，通过四组光耦合元件可以测出16种不同车身高度，精确评价五个车身高度区域。

而在一般情况下，悬架系统进行车身高度调节时，只需判断出四个车身高度区域即可，因此车身高度传感器中只需两组光耦合元件即可。此时光耦合元件的状态与车身高度的对照见表6-2。

如果只需判断出三个车身高度区域，即过高、正常、过低，则只需将表6-2中偏高和偏低两种状态均作为"正常"状态即可。

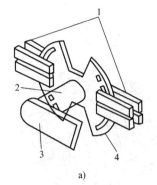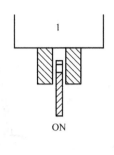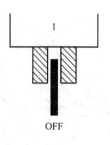

图 6-8 光电式车身高度传感器的工作原理
1—光耦合器 2—传感器转轴 3—导杆 4—圆盘

（4）电位计式车身高度传感器 图 6-9 所示为电位计式车身高度传感器的安装位置，其安装位置与光电式车身高度传感器相同。

表 6-1 四组光耦合元件的状态与车身高度对照表

车高变化	光耦合元件的状态				车高数值	评价结果
	1	2	3	4		
高↓低	OFF	OFF	ON	OFF	15	过高
	OFF	OFF	ON	ON	14	
	ON	OFF	ON	ON	13	
	ON	OFF	ON	OFF	12	高
	ON	OFF	OFF	OFF	11	
	ON	OFF	OFF	ON	10	
	ON	ON	OFF	ON	9	
	ON	ON	OFF	OFF	8	普通
	ON	ON	ON	OFF	7	
	ON	ON	ON	ON	6	
	OFF	ON	ON	ON	5	
	OFF	ON	ON	OFF	4	低
	OFF	ON	OFF	OFF	3	
	OFF	ON	OFF	ON	2	
	OFF	OFF	OFF	ON	1	过低
	OFF	OFF	OFF	OFF	0	

表 6-2 两组光耦合元件的状态与车身高度对照表

车高变化	光耦合元件的状态		评价结果
	1	2	
高↓低	OFF	ON	过高
	OFF	OFF	偏高
	ON	OFF	偏低
	ON	ON	过低

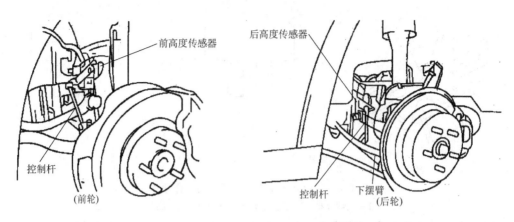

图6-9 电位计式车身高度传感器的安装位置

图6-10所示为电位计式车身高度传感器的结构及工作原理,该传感器主要由传感器轴、转板、电刷和印制电路板组成,前三者组成一个整体,由导杆带动而旋转,印制电路板上有电阻器,电刷可在电阻器上滑动。

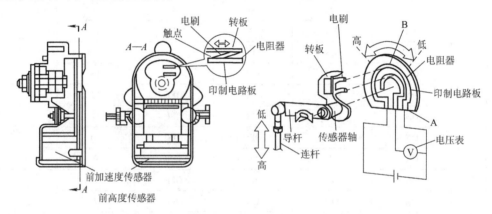

图6-10 电位计式车身高度传感器的结构及工作原理

其工作原理是:当车身高度的变化使与转板和传感器轴一体的电刷在电阻器上滑动时,A和B之间的电阻值就发生变化,电阻值的变化与转板的转动角度成正比,即与车身高度的变化成正比。当悬架ECU把一个恒定电压加到整个电阻器上时,A和B之间产生的电压变化取决于转板的转动角度。将这一电压信号送到悬架ECU,悬架ECU即可从电压的变化中检测出车身高度的变化。

悬架位移量的改变引起电位计式高度传感器电阻器阻值的变化,利用电路将该阻值的变化转换为电压的变化,得到的输出信号为线性的,这种传感器检测精度和可靠性较高。

上述几种车身高度传感器中,片簧开关式与电位计式车身高度传感器在使用过程中存在磨损,影响了检测精度和使用寿命;而光电式与霍尔式车身高度传感器在使用过程中不存在磨损,检测精度和灵敏度都很高,因而越来越多地被现代乘用车所采用。

注意:在主动悬架系统中,要对车身高度进行检测与调节,一般在悬架上安装三个车身高度传感器即可,位置在左、右前轮和后桥中部。如果传感器多于三个,则会出现调整干涉现象。

2. 加速度传感器

在车轮打滑时,无法以转向角和汽车车速正确判断车身侧向力的大小,此时利用加速度传感器可以直接准确地测量出汽车的纵向加速度以及汽车转向时因离心力而产生的横向加速度,并将信号输送给ECU,使ECU能够调节悬架系统的阻尼力大小及空气弹簧的压力大小,以维持车身的最佳姿势。

常用的加速度传感器有差动变压器式、球位移式等。

(1) 差动变压器式加速度传感器 图6-11所示为差动变压器式加速度传感器的结构,主要由线圈(一次绕组、二次绕组)、铁心、电路组成。图6-12所示为差动变压器式加速度传感器的工作原理。

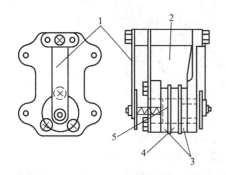

图6-11 差动变压器式加速度传感器的结构
1—弹簧 2—封入硅油
3—检测线圈 4—励磁线圈 5—芯杆

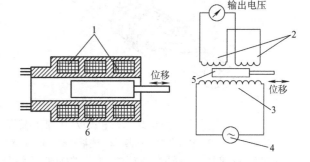

图6-12 差动变压器式加速度传感器的工作原理
1、2—二次绕组 3、6—一次绕组
4—电源 5—芯杆

其工作原理是:传感器的励磁线圈(一次绕组)上通有交流电,当汽车转弯(或加、减速)行驶时,铁心在汽车横向力(或纵向力)的作用下产生位移,随着铁心位置的变化,检测线圈(二次绕组)的输出电压发生变化,线圈的输出电压随着汽车加速度大小的变化而变化,该电压信号输入给ECU后,ECU根据此输入信号即可正确判断汽车横向力(或纵向力)的大小,对车身姿势进行控制。

(2) 球位移式加速度传感器 图6-13所示为球位移式加速度传感器,主要由线圈、钢球、磁铁、电路等组成。

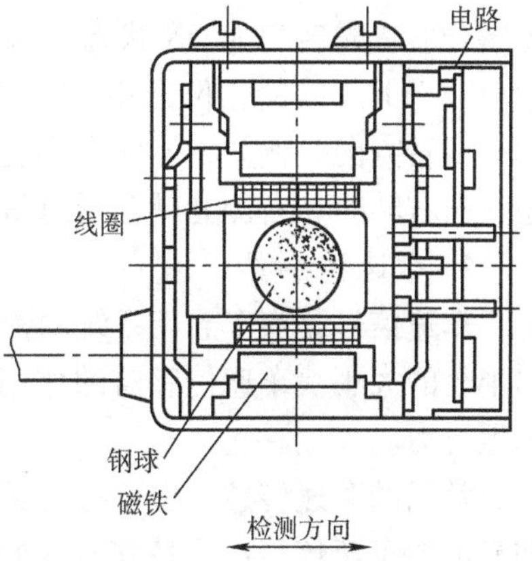

其工作原理是:当汽车转弯(或加、减速)行驶时,钢球在汽车横向力(或纵向力)的作用下产生位移,随着钢球位置的变化,线圈内部的磁场强度也发生变化,线圈的输出电压即发生变化。ECU根据电压信号的变化情况即可正确判断汽车横向力(或纵向力)的大小,进而对车身姿势进行控制。

图6-13 球位移式加速度传感器

此外,三菱戈蓝汽车上采用的是半导体型加速度传感器,安装于汽车的前端,半导体膜片的弹性变化通过一个电位计转化为电压信号输入给ECU。

注意:无论是什么形式的加速度传感器,都可以用来测量汽车的纵向加速度和横向加速度,只是根据所检测的力的方向不同,其安装方向也不同(轴线相差90°角)。

3. 转向盘转角传感器

转向盘转角传感器位于转向盘下面，主要用来检测转向盘的中间位置、转动方向、转动角度和转动速度等，并把信号输送给悬架 ECU，ECU 根据该信号和车速信号判断汽车转向时侧向力的大小和方向，从而控制车身的侧倾。

现代汽车多采用光电式转向盘转角传感器，其安装位置及结构如图 6-14 所示，主要由信号盘（有缝圆盘）、光耦合器和处理电路组成。

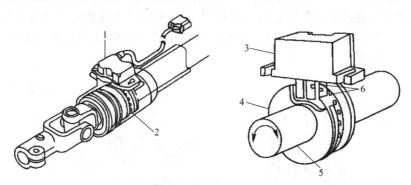

图 6-14 光电式转角位置传感器的安装位置及结构
1、3—转角位置传感器 2—光耦合器 4—传感器圆盘 5—转向轴 6—光电元件

其工作原理是：当转向盘转动时，转轴带动信号盘旋转，光耦合器中的发光二极管和光敏二极管之间的光束将产生通/断交替的变化，光敏二极管进而进行 ON/OFF 转换，形成与转向轴的转角相对应的数字脉冲信号，ECU 根据此信号的变化来判断转向盘的转角与转速。同时，传感器上采用了两组光耦合器，可根据它们检测到的脉冲信号的相位差（判断哪个光耦合器首先转变为 ON 状态）来判断转向盘的偏转方向。因为两个遮光器在安装上使它们的 ON/OFF 变换的相位错开 90°，通过判断哪个遮光器首先变为 ON 状态，即可检测出转向轴的偏转方向。例如，转向盘向左转时，左侧光耦合器总是先于右侧光耦合器达到 ON 状态；向右转时，右侧光耦合器总是先于左侧光耦合器达到 ON 状态。

4. 车速传感器

车速信号是汽车悬架系统的常用控制信号，车身的侧倾程度取决于车速的高低和汽车转向半径的大小。车速传感器的作用是检测汽车速度，并将信号传递给 ECU，用来调节悬架的阻尼力。

常用的车速传感器主要有舌簧开关式、电磁感应式、光电式等。一般情况下舌簧开关式和光电式车速传感器安装在仪表板上，与车速表装在一起，并用软轴与变速器的输出轴相连；而电磁感应式车速传感器装在变速器上，通过蜗轮蜗杆机构与变速器的输出轴相连。

5. 节气门位置传感器

节气门位置传感器安装在节气门体上，用来检测节气门的开度及其变化，为悬架 ECU 提供相应的信号。

汽车在急加速时，由于惯性力和驱动力的作用，汽车尾部容易产生"下蹲"现象，为了防止这一现象，ECU 根据节气门位置信号检测汽车的加速工况（判断汽车是否在进行急加速），并根据该信号控制悬架的弹簧刚度、阻尼力等参数，防止车尾"下蹲"。

常用的节气门位置传感器有触点开关式、线性可变电阻式、触点与可变电阻组合式。

6. 悬架控制开关

在电控悬架中,常用的开关主要有模式选择开关、阻尼力调节开关、车身高度控制开关及车身高度控制通/断开关等,一般位于变速杆旁或仪表板上,个别开关位于行李舱内。

(1) 模式选择开关 模式选择开关一般位于变速杆旁,模式选择开关在车上的位置如图 6-15 所示。驾驶人根据车辆行驶状况和路面情况选择悬架的运行模式,通过操纵该开关,可以使减振器阻尼力按手动或自动两种模式进行变化。

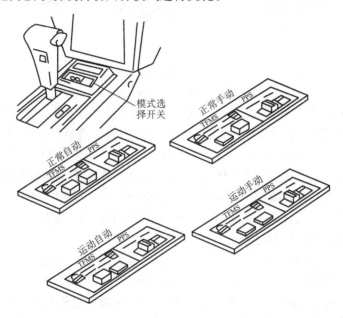

图 6-15 模式选择开关与阻尼力调节开关在车上的实际位置

当选择"自动"模式时,悬架系统可以根据汽车行驶状态自动调节减振器的阻尼力,以保证汽车乘坐舒适性和操纵稳定性,其控制功能见表 6-3。当选择"手动"模式时,悬架系统的阻尼力只有标准(中等)和运动(硬)两种状态,根据驾驶人操纵阻尼力调节开关进行转换。

表 6-3 模式选择开关功能

汽车行驶状态	减振器阻尼力(悬架状态)	
	自动、标准模式	自动、运动模式
一般情况下	软	中等
汽车急加速、急转弯或紧急制动时	硬	硬
高速行驶时	中等	中等

(2) 阻尼力调节开关 阻尼力调节开关也位于变速杆旁,如图 6-15 所示。通过操纵此开关可以使阻尼力处于标准(中等)和运动(硬)两种状态,此开关在模式选择开关处于手动位置时起作用。

在雷克萨斯轿车的电控主动悬架系统中,阻尼力调节开关被称为 LRC(Lexus Riding Control,雷克萨斯汽车行驶平顺性控制)开关,如图 6-16a 所示。用于选择减振器的工作模式(NORMAL 或 SPORT),部分车辆上取消了 LRC 开关,悬架减振器阻尼力的大小根据车况自动进行调节。

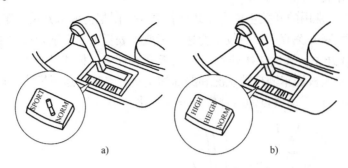

图 6-16　悬架控制开关
a) 阻尼力调节开关　b) 车身高度控制开关

注意：在半主动悬架中一般只有模式选择和阻尼力调节两个开关组合在一起，可使悬架系统工作在四种运行模式：自动、标准（Auto，Normal），自动、运动（Auto，Sport），手动、标准（Manu，Normal），手动、运动（Manu，Sport），如图 6-15 所示。

（3）车身高度控制开关　图 6-16b 所示为雷克萨斯汽车车身高度控制开关，驾驶人操纵此开关选择所希望的车身高度（NORMAL 或 HIGH）后，电控主动悬架系统会根据车辆载荷等参数的变化自动调节车身高度为设定的目标值。有些汽车悬架也可根据车速、路况等自动调节车身高度以适应车辆的行驶要求。

（4）车身高度控制通断开关　车身高度控制通断开关用来接通（ON）或中止（OFF）主动悬架的车身高度控制功能，一般位于车辆行李箱的工具储藏室内。当车辆被举升、停在不平的路面或车辆被拖拽时，要先将此开关拨至 OFF 位置，这样可避免空气弹簧中的压缩空气排出，从而造成车身高度下降。

7. 其他信号

（1）制动灯开关信号（以 LS400 汽车为例）　制动灯开关位于制动踏板支架上，当踩下制动踏板时，开关接通，将 12V 的电压加在悬架 ECU 的 STP 端子上，悬架 ECU 利用这一信号判断汽车是否处于制动状态，以便进行制动时的"点头"控制。制动灯开关位置及电路如图 6-17 所示。

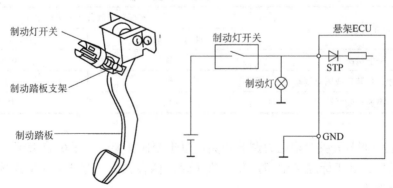

图 6-17　LS400 制动灯开关位置及电路

（2）门控灯信号（以 LS400 汽车为例）　门控灯开关位于汽车各门的门柱上或行李箱

内，其安装位置及电路如图 6-18 所示。当所有的车门（和行李箱盖）都关上时，门控灯开关断开，蓄电池电压加在悬架 ECU 的 DOOR 端子上；当有任何一个门打开时，DOOR 上的电压变为 0V。

在主动悬架系统中，ECU 根据该信号判断车门是否打开，因为在车辆停止后，悬架系统会自动使车身降到较低的高度，而若此时 ECU 检测到车门打开（下客或卸货），则车身高度自动控制功能必须停止，以免造成危险。

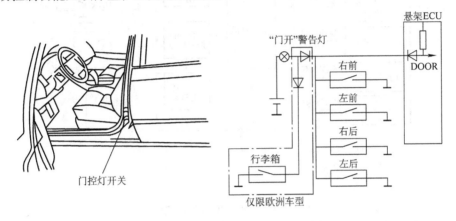

图 6-18　门控灯开关位置及电路

（3）发电机 IC 调节器信号（以 LS400 汽车为例）　发电机 IC 调节器位于发动机的交流发电机内，其安装位置及电路如图 6-19 所示。IC 调节器的 L 端子在发动机运转时（即发电机发电）为蓄电池电压，在发动机停止时（即发电机不发电）不高于 1.5 V。IC 调节器的 L 端子直接与悬架 ECU 的 REG 端子连接，悬架 ECU 据此判断发动机是否运转。悬架 ECU 利用这一信号，进行如转角、高度等传感器的检查和失效保护功能。

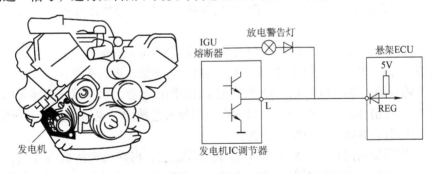

图 6-19　IC 调节器位置及电路

随着电控悬架技术的发展，对其控制要求更为严格，越来越多各种形式的传感器和开关信号都被悬架作为悬架控制的参考信号，使其系统控制更为精准。

6.2.3　电子控制单元

悬架电子控制单元是一台小型专用计算机，一般由输入电路、微处理器、输出电路和电源电路等组成，如图 6-20 所示。

ECU 是悬架控制系统的中枢，具有多种功能。

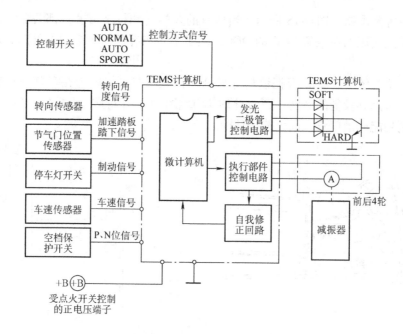

图 6-20 悬架 ECU 控制电路图

(1) 提供稳压电源 控制装置内部所用电源和供各种传感器的电源均由稳压电源提供。

(2) 传感器信号放大 用接口电路将输入信号（如各种传感器信号、开关信号）中的干扰信号除去，然后放大、变换极值、比较极值，变换为适合输入控制装置的信号。

(3) 输入信号的计算 电子控制单元根据预先写入只读存储器 ROM 中的程序对各输入信号进行计算，并将计算结果与内存的数据进行比较后，向执行机构（电动机、电磁阀、继电器等）发出控制信号。如果输入 ECU 的信号除了数字信号外还有模拟信号时，还应进行 A/D 转换。

(4) 驱动执行机构 悬架 ECU 用输出驱动电路将输出驱动信号放大，然后输送到各执行机构，如电动机、电磁阀、继电器等，以实现对汽车悬架参数的控制。

(5) 故障检测 悬架 ECU 用故障检测电路来检测传感器、执行器、线路等的故障，当检测到故障时，将信号送入悬架 ECU，目的在于即使发生故障，也应使悬架系统安全工作，而且在修理故障时容易确定故障所在位置。

注意：在实际使用过程中，悬架 ECU 性能比较稳定，出现故障的概率很低，因此对于其内部的电子元件和控制逻辑不需要了解很多，只要掌握其基本控制功能以及外部电路原理就可以满足维修的需求。

6.2.4 执行器

悬架电控系统主要的执行器有两大类，即电动机和电磁阀。它们的应用及结构形式在不同的悬架系统中各有不同，但其基本作用都是接受 ECU 的指令，完成相应的驱动动作，改变减振器阻尼孔的截面积以改变悬架阻尼力大小，或改变空气（油气）弹簧内部介质的流通情况进而改变悬架刚度和车身高度等特性。

此外执行器还有继电器（根据 ECU 指令控制电路的通、断）、指示灯（提示驾驶人系统的状态或某些故障信息）等。

1. 直流电动机式执行器

这种执行器安装在悬架系统中每个悬架减振器的顶部，并通过其上的控制杆与减振器的回转阀相连。其结构如图6-21所示，主要由直流电动机、小齿轮、扇形齿轮、电磁线圈、挡块、控制杆组成。

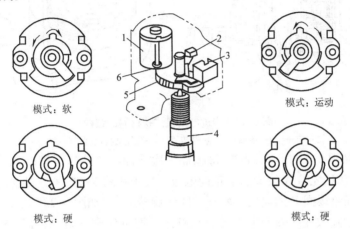

图6-21 直流电动机式执行器
1—直流电动机 2—挡块 3—电磁线圈 4—减振器 5—扇形齿轮 6—驱动齿轮

直流电动机和电磁线圈直接受控于ECU，当需要调整减振器阻尼力时，ECU控制电磁线圈通电，挡块脱离扇形齿轮的凹槽，同时给直流电动机通电，带动扇形齿轮旋转，进而使控制杆带动回转阀旋转，减振器的阻尼力即按照要求改变；当阻尼力调整合适后，ECU控制电磁线圈断电，使挡块进入扇形齿轮上的凹槽将其固定，同时给直流电动机断电，控制杆保持不动，调整好的阻尼力保持不变。

由于控制杆需要正反转，因此直流电动机也是正反转电动机，ECU根据阻尼力的调整方向来控制电动机的电流方向。减振器工作时直流电动机和电磁线圈通电情况见表6-4。

表6-4 减振器通电情况

减振器阻尼状态	电动机通电情况		电磁线圈通电情况
调整前的状态→调整后的状态	正 极	负 极	
硬/中等→软	−	+	OFF
硬/软→中等	+	−	OFF
软→硬	+	−	ON
中等→硬	−	+	ON

2. 步进电动机式执行器

这种执行器也安装在悬架减振器的顶部，控制原理与直流电动机相似，只是控制杆改由步进电动机驱动。其结构如图6-22所示，步进电动机由定子、线圈和永磁转子组成，定子有两个12极的铁心，相互错开半齿而对置，两个线圈绕在两个铁心上，但绕线方向相反。转子则是一个具有12极的永久磁铁。

当悬架 ECU 给步进电动机的两个线圈（A、B）分别通以一定的电流时，就会在定子铁心上产生电磁力，使永久磁铁转子转动，从而通过减振器控制杆带动回转阀转动。

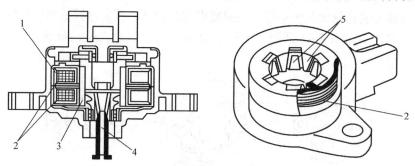

图 6-22　步进电动机式执行器的结构
1—定子　2—线圈　3—永磁转子　4—减振器控制杆　5—铁心

其工作原理如图 6-23 所示，ECU 每施加一次脉冲电流，转子即转动一步（1/24 圈即 15°）。例如，当 ECU 先给 A 线圈通上正向电流，转子在图 6-23a 所示的位置上；当 ECU 给 A 线圈断电，进而给线圈 B 通电后，转子顺时针旋转 15°，如图 6-23b 所示。

由此可见，通过改变线圈上电流的施加顺序，即可使步进电动机以 15°/步的速度正向或逆向旋转；通过改变脉冲电流的频率，可以自由控制转子的旋转速度；通过改变电流的通断时机，可以控制转子的停留位置。

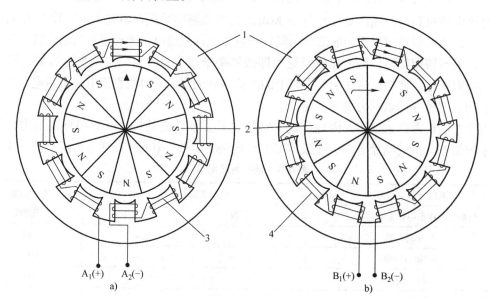

图 6-23　步进电动机式执行器工作原理
a) 给线圈 A 通电时　b) 给线圈 B 通电时
1—定子　2—转子　3—线圈 A　4—线圈 B

步进电动机为非接触型电动机，与直流电动机式执行器相比，使用寿命更长。此外，步进电动机常处于开环控制系统，受数字脉冲信号控制，其转角和转速分别与输入脉冲数和频率成正比，具有自锁能力，不需要传感器和锁止机构，控制系统简单高效，可获得更快速的响应和更精确的控制,因此汽车在不平路面行驶时可获得更佳的控制效果。

3. 电磁阀

电磁阀是接受 ECU 的指令打开(或关闭),从而控制某一液压或气压管路使之相通(或不通)的元件,不同的电磁阀在结构和原理上大同小异,但因安装的位置不同,所起的作用也不尽相同。电控悬架系统中常用的电磁阀主要有以下几种。

(1) 高度控制阀 ECU 使高度控制阀线圈通电后,高度控制阀打开,并将空气压缩机来的压缩空气引向气压缸,从而使汽车高度上升。

(2) 排气阀 ECU 使排气阀线圈通电后,排气阀打开,并将气缸中的压缩空气排放到大气中,从而使汽车高度下降。

4. 继电器

继电器在电路中的作用是接受 ECU 的指令开、闭,从而控制该条电路的通、断。电控空气悬架控制电路中设有高度控制继电器,当车身高度开始上升时,继电器接受 ECU 控制信号,开关闭合,压缩机就能通电产生压缩空气,否则压缩机不工作。

5. 故障指示灯

根据 ECU 的指令点亮,在悬架系统自检时亮起,自检完毕后熄灭;悬架系统出现故障时亮起,进行故障警告;维修人员可以通过其闪烁规律读取故障码。

上述就是电控悬架系统中采用的执行器常见类型,随着电子技术不断进步,执行机构的形式也在不断发生演化,越来越多的新型机构被应用在该系统中。

6.3 电控悬架系统工作过程

悬架电子控制单元根据各个传感器的信号以及悬架控制开关的选择模式,确定出四个车轮上的减振器阻尼力、悬架弹簧刚度和车辆高度等参数的目标值后,控制悬架电控系统的执行器动作,带动悬架系统中的执行机构(可变阻尼力的减振器、可变刚度的弹性元件等)动作,完成悬架系统的工作过程。对悬架的控制项目主要有:减振器阻尼力控制、弹簧刚度控制、横向稳定器侧倾刚度控制、车身高度控制。

6.3.1 减振器阻尼控制

对悬架减振器的阻尼力控制方式有两类:一类是有级可调式,阻尼力大小在不连续的几个状态间转换;另一类是连续可调式,阻尼力大小可以连续改变。

1. 阻尼力有级可调式减振器

图 6-24 所示为阻尼力有级可调式减振器(三级可调)的结构及工作原理。减振器的活塞杆是空心的,内有一个回转阀,回转阀上端与控制杆相连,控制杆上端连接执行器(电动机)。

如图 6-24a 所示,减振器活塞上、下两腔之间有两类阻尼孔——常通孔与非常通孔。常通孔位于活塞下部,使得上、下两腔液压油常通;在 A-A 截面、B-B 截面和 C-C 截面,回转阀与活塞杆上也各有通孔,为非常通孔,负责改变减振器阻尼力。系统工作时,电动机带动控制杆旋转,进而带动回转阀旋转,回转阀旋转时可使其上的孔与活塞杆上相应的孔之间相通或者不通。当非常通孔都相通时,上、下两腔液压油的流通截面积较大,反之较小。这样

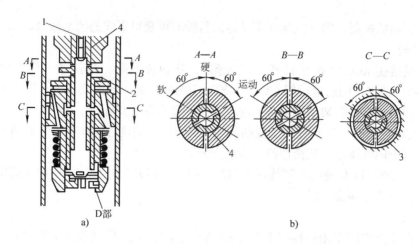

图 6-24 阻尼力有级可调式减振器的结构及工作原理
a) 结构 b) 工作原理
1—回转阀控制杆 2—阻尼孔 3—活塞杆 4—回转阀

就调节了减振器上、下两腔之间液压油的流通量,起到了控制减振器阻尼力的作用。

如图 6-24b 所示,根据路况和载荷等的变化,电控悬架系统对减振器的阻尼力控制分为以下三种情况。

(1) 较弱的阻尼力(软) A-A、B-B、C-C 三个截面的通孔都接通,减振器的阻尼力小,减振能力弱,可充分发挥弹性元件的缓冲作用,使车辆具有高级轿车的舒适性。

(2) 中等水平阻尼力(运动) 只有 B-B 截面的通孔接通,A-A、C-C 截面通孔关闭,减振器阻尼力处于中等状态,车辆高速行驶性能良好。

(3) 强阻尼力(硬) A-A、B-B、C-C 三个截面的通孔全部关闭,减振器阻尼力较大,减振能力强,汽车具有跑车的优良操纵稳定性。

2. 阻尼力连续可调式减振器

阻尼力有级可调只能在一定程度上符合车辆对减振器阻尼状态的变化要求,现代乘用车越来越多地采用连续可变阻尼的减振器,有助于提高系统的响应特性。

图 6-25 所示为一种阻尼力可连续调节的半主动悬架,其阻尼力可以在几毫秒之内由最小变到最大,其工作原理是:由 ECU 接收速度、位移、加速度等信号,计算出相应的阻尼值,向步进电动机发出控制信号,经控制杆调节阀门,使节流孔大小连续变化,阻尼力就可进行连续调节。

3. 减振器阻尼力控制过程

如图 6-26 所示,以汽车走过一个凸起路面为例,说明减振器阻尼力的控制过程。

(1) 开始上坡 如图 6-26a 所示,当车轮开始走向凸起面,使减振器受到压缩,且车身向上移动时,减振器减振阻尼力减少,以使减振阻尼力不向上推车身。

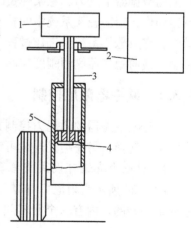

图 6-25 阻尼力可连续
调节的半主动悬架
1—步进电动机 2—ECU 3—控制杆
4—阀门 5—节流孔

(2) 继续上升 如图 6-26b 所示,当车轮继续升上凸起路面时,弹簧力向上推车身,

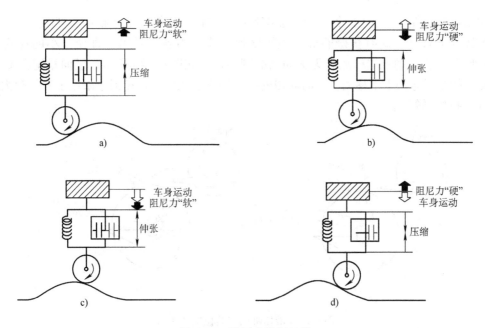

图 6-26 阻尼力控制过程

a)开始上坡 b)继续上升 c)开始下坡 d)继续下行

使减振器逐渐伸张。因此,减振阻尼力增加以阻止车身向上运动。

(3)开始下坡 如图 6-26c 所示,当车轮开始走下凸起路面,使减振器伸张,且车身向下运动时,减振器的减振阻尼力减少,以使悬架平缓向下。

(4)继续下行 如图 6-26d 所示,当车轮进一步下行,使减振器逐渐受到压缩时,减振器的减振阻尼力增加,以减少车身向下运动。

因此,通过悬架控制单元的指令,半主动控制功能会根据不同的情况调节减振器的阻尼力。在上述(1)和(3)条中,减小减振器的阻尼力有助于增加车身与车架(车轮)的相对运动,吸收来自路面的冲击,因此控制单元使悬架减振器变软;而在(2)和(4)条中,增大减振器的阻尼力可以抑制车架(车身)与车桥(车轮)的相对运动,保持车身运动平稳,因此控制单元使减振器变硬。

根据这一方法,即使在不平的路面上,悬架 ECU 也可在所有四个车轮上独立地实现最佳减振器阻尼力的控制。

6.3.2 横向稳定器侧倾刚度控制过程

汽车的侧倾刚度与汽车的转向特性密切相关,要改变汽车的侧倾刚度,可以通过改变横向稳定器的扭转刚度来实现。系统采用具有液压缸结构的横向稳定器,可以通过内部油路的开、闭,使液压缸具有弹性或刚性特点,从而调节横向稳定器的扭转刚度,改变汽车的抗侧倾刚度。其结构就是在传统横向稳定杆的基础上增加了液压缸和执行机构。

1. 带液压缸的稳定器杆

带液压缸的稳定器杆就是在传统的横向稳定杆上增设了一套电控液压系统,液压缸安装在稳定器臂(扭杆弹簧)的一侧端部与同侧独立悬架下摆臂之间,如图 6-27 所示。其作用是通过自身可变的伸缩性,改变横向稳定器的扭转刚度,进而改变车辆的侧倾刚度。

如图6-27a所示，当稳定器杆成为能够伸缩的弹性体，横向稳定器U形杆的一侧可以相对于悬架上下移动，此时获得的抗侧倾刚度比较小，相当于采用了直径较小的稳定器臂（扭杆弹簧）；而当稳定器杆成为无法伸缩的刚性体，如图6-27b所示，横向稳定器U形杆的一侧不能相对悬架上下移动，此时获得的抗侧倾刚度比较大，相当于采用了直径较大的稳定器臂（扭杆弹簧）。

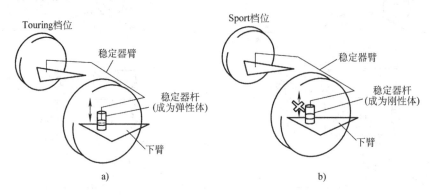

图6-27 液压缸的安装位置及作用
a）扭转刚度较小时 b）扭转刚度较大时

稳定器杆的结构如图6-28所示，主要包括储油腔、单向阀，推杆、活塞、挡块、回位弹簧等。

其工作原理是：如图6-29a所示，当模式选择开关选择在"Touring"档位时，推杆向左移动，单向阀被推开，稳定器杆液压缸上、下两腔连通，油液可以自由流动，此时活塞可以上下移动，稳定器杆可以自由伸缩，横向稳定器的侧倾刚度较小，但此时活塞行程有限，当急转弯时活塞运动达到全程状态后稳定杆变为刚性体，汽车的抗侧倾刚度自动增大，增强转弯时的操纵稳定性；如图6-29b所示，当模式选择开关选择在"Sport"档位时，推杆向右移动，单向阀在自身回位弹簧的作用下关闭，稳定器杆液压缸上下两腔不连通，油液不流动，此时活塞不能移动，稳定器杆不能自由伸缩，横向稳定器的侧倾刚度较大。

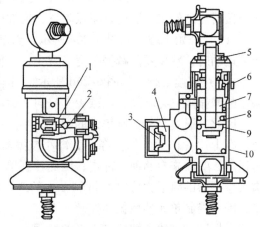

图6-28 稳定器杆的结构
1—单向阀 2—推杆 3—膜片 4—储油腔
5—挡块（压缩侧） 6、9—卡簧 7—挡块（伸张侧）
8—活塞 10—缸体

2. 横向稳定器执行机构

横向稳定器执行机构叫作稳定驱动器，其作用是根据ECU的信号，通过稳定器缆绳来控制稳定器杆液压缸内部油路的关闭和开启。图6-30所示为稳定驱动器的构造及原理，它由直流电动机、蜗轮蜗杆机构、行星齿轮机构及限位开关等组成。行星齿轮机构由一套单排行星齿轮系统组成，其中太阳轮为主动轮，齿圈固定，行星架与驱动器输出轴一体；蜗轮蜗杆机构的蜗轮与太阳轮一体，蜗杆与直流电动机输入轴一体。

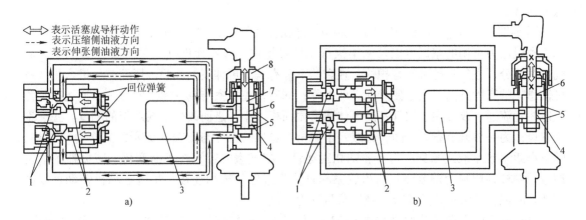

图 6-29　横向稳定器工作油路
a)"Touring"档位时的油路　b)"Sport"档位时的油路
1—单向阀　2—推杆　3—储油腔　4—活塞　5—卡簧　6，8—挡块　7—活塞杆

其工作原理是：直流电动机通电后驱动蜗轮蜗杆机构中的蜗杆旋转，蜗轮被驱动后带动行星齿轮机构的太阳轮旋转，经过行星齿轮机构减速进而带动行星架旋转，通过输出轴带动驱动杆旋转，其上连接的缆绳拉动推杆运动，改变稳定器杆内部液压缸的油路，进而改变其伸缩性。动力的传递路径：直流电动机→蜗杆→蜗轮→太阳轮→行星轮→行星架→输出轴→驱动杆→缆绳→推杆。

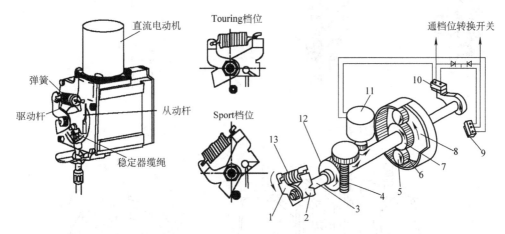

图 6-30　驱动器结构及工作原理
1—驱动杆　2—从动杆　3—变速传感器　4—蜗杆　5—小行星轮　6—齿圈　7—太阳轮　8—托架
9—限位开关（SW_2）　10—限位开关（SW_1）　11—直流电动机　12—蜗轮　13—弹簧

6.3.3　悬架刚度控制过程

可变刚度的电控悬架采用的弹性元件主要有空气弹簧和油气弹簧两种，针对刚度的控制方法不尽相同。

1. 空气弹簧主动悬架刚度控制

图 6-31 所示为空气弹簧主动悬架的总体结构，悬架中的空气弹簧位于悬架上方，与可变化阻尼力的减振器一起构成悬架支柱，上端与车架（或承载式车身）相连，下端安装在

悬架摆臂上。

图 6-32 所示为空气悬架气动缸的基本结构剖面图。气动缸由封入低压惰性气体的弹性元件和阻尼力可调的减振器以及悬架执行元件等组成。弹性元件（气体弹簧）分为主、副气室两部分，主气室是可变容积的，在它的下部有一个可伸展的隔膜，压缩空气进入主气室可使悬架的高度升高，反之使悬架高度下降；同时，主气室与副气室之间有一个通道，气体可以相互流通，改变主、副气室的气体通道截面积大小，进而改变空气悬架的刚度。主、副气室设计为一体既节省了空间，又减轻了质量。悬架的上方与车架（或承载式车身）相连，随着车架（或承载式车身）与车轮的相对运动，主气室的容积在不断变化。减振器的活塞通过控制杆（阻尼力调节杆）与齿轮系和直流步进电动机相连接，步进电动机转动可以改变活塞阻尼孔的大小，从而改变减振器阻尼力。

悬架刚度的自动调节原理如图 6-33 所示。主、副气室间的气阀体上有大小两个通道。

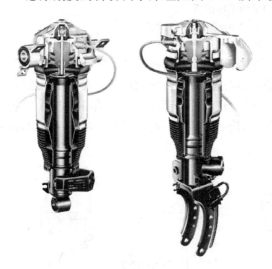

图 6-31 空气弹簧悬架结构

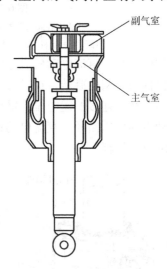

图 6-32 气动缸剖面图

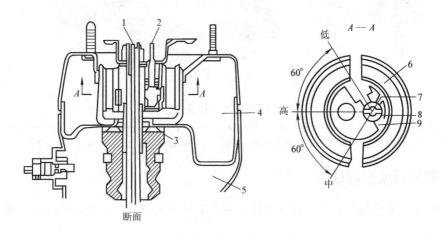

图 6-33 悬架刚度自动调节原理
1—阻尼力调节杆 2—空气阀控制杆 3—主、副气室通道 4—副气室
5—主气室 6—气阀体 7—气体通道 8—阀芯 9—大气通道

步进电动机带动空气阀控制杆转动，使空气阀阀芯转过一个角度，改变气体通道的大小，就可以改变主、副气室气体流量，使悬架的刚度发生变化。

悬架刚度可以在低、中、高三种状态间变化。

1）当阀芯开口转到对准图示的"低"位置时，气体通道的大通道被打开。主气室的气体经过阀芯的中间孔、阀体侧面通道与副气室的气体相通，两气室之间的空气流量增大，相当于参与工作的气体容积增大，悬架刚度处于低状态。

2）当阀芯开口转到对准图示的"中"位置时，气体通道的大通道被关闭、小通道被打开。两气室之间的空气流量小，悬架刚度处于中间状态。

3）当阀芯开口转到对准图示的"高"位置时，两气室之间的气体通道全部被封闭，两气室之间的气体相互不能流动。悬架在振动过程中，只有主气室的气体单独承担缓冲工作，悬架刚度处于高状态。

2. 油气弹簧主动悬架

油气弹簧以惰性气体（通常为氮气）作为弹性介质，而用油液作为传力介质，一般由气体弹簧和相当于液压减振器的液压缸组成。通过油液压缩气室中的气体实现变刚度特性，通过电磁阀控制油液管路中的小孔节流实现变阻尼特性。图6-34所示为油气弹簧示意图。

油气弹簧主动悬架在雪铁龙XM汽车上采用，系统的工作原理如图6-35所示。

如图6-35a所示，电磁阀7在ECU的指令下向右移动，从而接通压力油道，使辅助液压阀8的阀芯向左移动，中间的油气室9与前后油气室连通，使总的气室容积增加，气压减小，从而刚度变小，系统处于"软"状态。所以中间油气室9又被称为刚度调节器，节流孔a、b称为阻尼器；在图6-35b中，电磁阀7中无电流通过，在弹簧作用下，阀芯左移，关闭压力油道，原来用于推动液压阀8的压力油通过电磁阀7的左边油道泄压，液压阀8阀芯右移，关闭刚度调节器9，气室总容积减小，刚度增大，使系统处于"硬"状态。

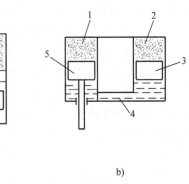

图6-34 油气弹簧示意图
a）单气室油气弹簧 b）双气室油气弹簧
1—主气室 2—反压气室 3—浮动活塞
4—通道 5—主活塞

在正常行车状态时，系统处于"软"状态，以提高乘坐的舒适性；当高速、转向、起步和制动时，系统处于"硬"状态，以提高车辆的操纵稳定性。

另外，油气悬架可以通过切断液压缸与气室的连接，利用液体的"不可压缩性能"实现纯刚性悬架功能。对于一些工程车辆，如轮式压路机、轮式起重机非常适合。作业时断开连接，降低动载引起过大的振幅，从而保证负载运行和特殊作业的稳定性和安全性；在道路上行驶时，打开连接可以很好地缓和来自路面的冲击，并衰减车身或车轮的振动，保证良好的舒适性能和操纵性能。

油气弹簧具有良好的非线性特性，但是与空气弹簧相比，其成本高、体积大、加工精度高、保养维护困难。

6.3.4 车身高度控制过程

1. 空气弹簧对车身高度的调整

采用空气弹簧调节车身高度的系统有两种，一种是外排气式，另一种是内排气式。两者都是通过向空气弹簧的主气室内充放气来实现车身高度的调节的，其工作原理基本相同。不同的是前者从大气中吸入空气并将气体排入大气，通过接入干燥罐处理水蒸气；而后者采用封闭的空气供给系统，系统将空气排向储气筒低压腔。

图 6-36 所示为悬架控制系统空气管路图，该系统主要由气源系统、空气管路、高度控制阀和空气弹簧（气压缸）四大部分组成。气源系统主要包括空气压缩机、干燥器、排气阀等，空气压缩机由一个小直流电动机驱动，根据悬架 ECU 的信号向干燥器输送提高车高所必需的压缩空气。干燥器有一个装有硅胶的容器，可以将空气中的水分过滤掉。排气阀从系统中放出压缩空气，同时排掉干燥器滤出的空气中的水分。高度控制阀采用二位二通电磁阀，控制向主气室内进气（将进气路与主气室相通）和排气（将主气室与大气相通）。

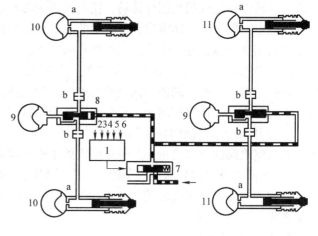

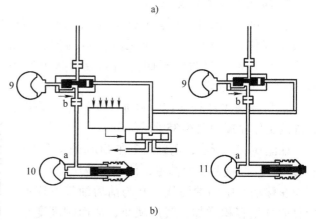

图 6-35 油气弹簧主动悬架工作原理
a) 刚度较小　b) 刚度较大
1—ECU　2—转向盘转向角传感器　3—加速度传感器
4—制动压力传感器　5—车速传感器　6—车身高度传感器
7—电磁阀　8—辅助液压阀　9—中间油气室（刚度调节器）
10—前油气室　11—后油气室

车身高度控制系统工作时，悬架 ECU 根据车身高度传感器信号来判断汽车的高度状况。当判定"车高过低"时，则控制空气压缩机电动机工作，高度控制阀向空气弹簧主气室内充气，使车高增加；反之，若判定"车高过高"，则切断压缩机电动机的电路，使高度控制阀向外排气，则使车高降低。

2. 油气弹簧悬架对车身高度的调整

空气弹簧悬架调节车身高度是通过向空气弹簧气室内充放气实现的，而油气悬架是通过向液压缸内充放油液实现的，相比之下，后者实现车身高度调节时，对悬架的刚度影响小，但由于液压缸内壁与活塞的摩擦，调节过程会产生振荡，通常主动悬架控制策略无法消除，需要额外的控制策略。图 6-37 所示为油气悬架车身高度控制液压系统原理。

其工作原理是：驾驶人预先通过指令输入设备（触摸屏）设置好所需车身高度，控制器根据车身高度传感器（位移传感器）检测到的实际高度，按照一定的控制规律不断调整比例阀对液压缸进行充放油。当实际车身高度偏低时，对液压缸进行充油，拉升油气悬架，从而使得车身高度增加；当实际车身高度偏高时，对液压缸进行放油，压缩油气悬架，从而降低车身高度达到要求。

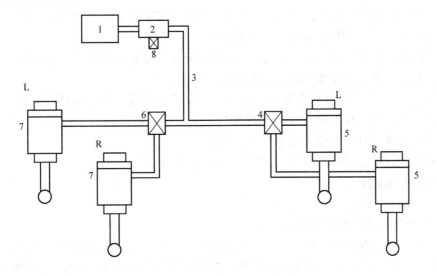

图 6-36　悬架控制系统空气管路
1—压缩机　2—干燥器　3—空气管　4—2 号高度控制阀　5—后气压缸
6—1 号高度控制阀　7—前气压缸　8—排气阀

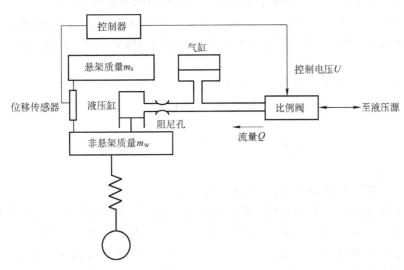

图 6-37　油气悬架车身高度控制液压系统原理

6.4　典型汽车电控悬架系统

电控悬架系统主要应用于中高档乘用车和客车上，如雷克萨斯 LS400、雪铁龙 C6、大众途锐、辉腾、奥迪 A8（Adaptive Air Suspension，AAS 可调空气悬架）、通用凯迪拉克、三菱戈蓝汽车（Auto-Electronic Control Suspension，A-ECS）等，国外部分重型车辆上也有应用。本节主要介绍奥迪 A8 汽车的电控空气悬架系统。

1. 系统功能

(1) 调节概述

1) 车身水平高度的变化是以轴来进行的,电控空气悬架系统调节的是车身左侧、右侧之间的的水平高度差(例如由单面加载引起的)。

2) 当车速低于 35 km/h 时,优先使用蓄压器来作为能量来源使用,但前提条件是蓄压器和空气弹簧之间至少存在 0.3MPa 的压力差。

3) 车身水平高度的变化过程如下。提升:先是后桥升高,然后前桥再升高。下降:先是前桥下降,然后是后桥下降。这个动作顺序是为了保证即使在前照灯照程调节功能失效时,也可避免在调节过程中给对面来车造成眩目。

4) 只有装有氙气灯的车辆才有前照灯照程调节功能。

(2) 标准底盘的调节

1) "automatic"(自动)模式(基本高度)。

① 这时的悬架是以满足舒适性为主。

② 在车速超过 120km/h 的 30s 后,底盘会下沉 25mm(高速公路底盘下沉)。

③ 当车速低于 70km/h 的时间达到 120s 或车速低于 35km/h 时,底盘会自动恢复到基本高度状态。

2) "dynamic"(动态)模式(-20mm)。

① 这时无论车速是多少,悬架呈现的均是一种较硬的减振阻尼特性。

② 在车速超过 120km/h 的 30s 后,底盘会再下沉 5mm(高速公路底盘下沉)。

③ 当车速低于 70km/h 的时间达到 120s 或车速低于 35km/h 时,底盘会自动恢复到运动高度状态。

3) "comfort"(舒适)模式(基本高度)。

① 这时的悬架所呈现的减振阻尼特性比"automatic"(自动)模式时更舒适,尤其在车速较低时更是这样。

② 这时不会出现"高速公路底盘下沉"现象。

4) "lift"(提升)模式(+25mm)。

① 只有当车速低于 80km/h 时才能选择这个模式。

② 当车速超过 100km/h 时会自动脱离此模式,这时车辆会回到先前选择的模式:"automatic"(自动)模式、"dynamic"(动态)模式或"comfort"(舒适)模式。

③ 即使车速又降到 80km/h 以下,也不会再自动回到"lift"(提升)模式了。

(3) 运动底盘的调节 运动底盘与标准底盘的区别如下。

1) 悬架和减振阻尼特性有所变化,更适合运动方面的要求。

2) 当车速低于 120km/h 时,底盘的高度在"automatic"(自动)模式、"dynamic"(动态)模式、"comfort"(舒适)模式时与标准底盘是相同的,但减振阻尼特性曲线是不同的。

3) 车辆的基本高度比标准底盘车辆低 20mm。

(4) 特殊工况的调节

1) 转弯时的调节如图 6-38 所示。

① 转弯时悬架的调节过程就被终止,转弯结束后又接着进行调节。

② 车辆是否在转弯可根据转向角传感器和横向加速度传感器的信号来判断。

第6章 电控悬架系统

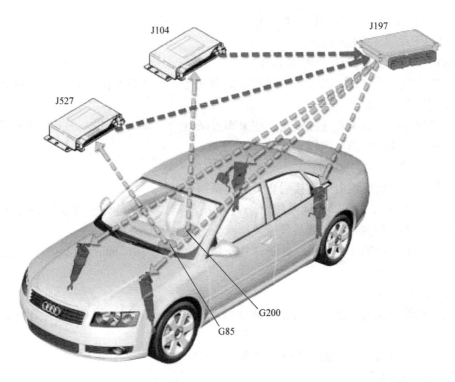

图 6-38 转弯时的调节

J197—自适应空气悬架电控单元　J104—ESP 电控单元　J527—转向柱电控单元
G200—横向加速度传感器　G85—转向角度传感器

③ 减振的阻尼力与当时的行驶状况相适应,因此可以有效地避免出现不必要的车身运动(如摇晃)。

2) 制动过程中,减振阻尼调节过程主要在 ABS/ESP 制动过程中发挥作用,根据制动压力的大小来进行调节。这样就可将汽车栽头和车身的晃动减至最小。

3) 起步过程的调节:在起步过程中,车身的惯性会导致出现汽车栽头现象,由于减振阻尼力与当时的行驶状态相适应,这就可以将这种汽车栽头现象减至最小。

4) "行驶前"和"行驶后"模式。

① 在车辆行驶前或点火开关接通前,与规定高度的偏差都会得到校正。

② 操纵了车门、行李箱盖或 15 号接线时,该系统会被从休眠模式唤醒,进入"行驶前"模式。

③ 高度差(如在关闭点火开关后人下车或卸货而造成的)会在"行驶后"模式下得到校正。

5) "休眠"模式。

① 进入"行驶后"模式 60s 后若仍无输入信号,系统即进入节能的"休眠"模式。

② 系统在 2.5h 和 10h 后会短时脱离"休眠"模式,以便再次检查高度状态。

③ 与规定值的高度差(如因空气悬架内空气冷却而产生的)由蓄压器进行补偿。

6) 举升机模式。

① 举升机模式是通过车辆高度传感器信号和静止车辆停止运行的时间长度识别出来的。

② 故障存储器内无故障存储。指示灯不指示这个模式状态。

7）使用千斤顶（维修模式）。

① 这种模式是不会被自动识别出来的。

② 如果要使用千斤顶，必须先关闭自适应空气悬架，这时要操作 CAR→SETUP 菜单中的 MMI 控制按钮才可以。

③ 有两种方法可以关闭这种模式：在 MMI 中设定（"Wagenhebermodus"就是千斤顶模式），或以超过 15km/h 的车速行车。

8）挂车模式。

① 当挂车与车辆完成电气连接后会被自动识别出来。

② 使用 SETUP 按钮可以查询系统状态（即挂车模式现在是处于接通还是关闭状态），必要时可通过 MMI 控制按钮来激活该模式。

③ 对于标准底盘的车辆来说，处于"挂车模式"时，"dynamic"（动态）模式就处于不可用状态。

9）底盘极低状态。

① 当底盘处于极低状态时（比正常高度低 65 mm 以上），指示灯和警告灯都会指示出这种情况。

② 停车时间过长时就可能出现这种状态。

10）底盘极高状态。

① 当底盘处于极高状态时（比正常高度高 50 mm 以上），警告灯会闪亮。

② 在很重的载荷被卸下后，可能短时出现这种状态。

11）应急运行状态。

① 如果识别出系统部件故障或信号故障，一般来说就无法保证系统功能的可靠性了。根据故障的严重程度，会启动一个应急运行程序。

② 故障会存入故障存储器。

③ 组合仪表上的警告灯会点亮。

④ 应急状态是为了保证行驶稳定性，这样可避免悬架过软。

⑤ 当悬架的调节功能完全失效时，该系统会被中断供电，于是悬架就呈"硬"状态。

2. 系统组成

奥迪 A8 汽车电控空气悬架系统中包括四组空气悬架支柱（空气弹簧、阻尼力可调的减振器）、空气供给和调节装置、悬架电子控制系统等。通过 ECU（自动控制）及手动开关可改变悬架弹簧的刚度和减振器的阻尼力，电控元件位置如图 6-39 所示。

悬架系统弹簧的刚度、减振器的阻尼力、车身的高度等参数都可根据悬架控制开关的位置来确定，也可由电控系统根据车辆速度、载荷和路面条件等情况进行自动调整，并将悬架的状态显示在汽车的仪表板上，以提醒驾驶人。

（1）电子控制系统 奥迪 A8 轿车空气悬架电子控制系统主要包括：车身加速度传感器、车身水平传感器（底盘高度传感器）、自适应空气悬架电控单元（ECU）J197、带有压力传感器的电磁阀体、自适应空气悬架压缩机继电器、四个减振器调节阀、四个减振支柱阀、自适应空气悬架蓄压器阀、仪表板上的各种显示仪表、指示灯等执行器组成。

（2）空气弹簧系统 空气弹簧系统是电子控制悬架的供能系统，主要包括：四组空气

第6章 电控悬架系统

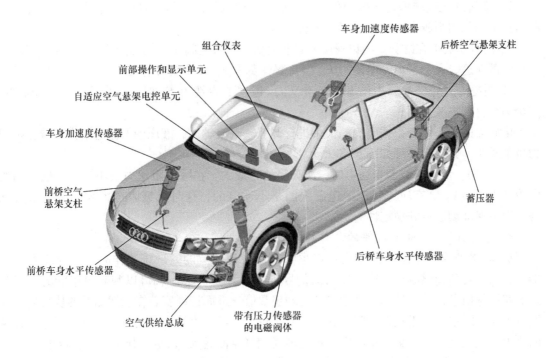

图6-39 电控元件位置图

悬架支柱(空气弹簧、减振器)、空气供给总成、蓄压器等。

(3) 阻尼力可调减振器

1) 采用双管式充气减振器(图6-40),该减振器具有电动连续可调功能(即CDC减振器),活塞中的主减振阀是通过弹簧来预张紧的,在该阀的上面有一个电磁线圈,连接电缆通过中空的活塞杆通往外部。

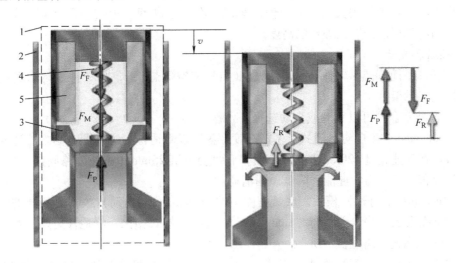

图6-40 工作原理
1—活塞总成 2—缸套 3—主减振阀 4—弹簧 5—电磁线圈

2) 双管式充气减振器减振的阻尼力大小主要由该阀的液体流动阻力来决定。流过该阀的液压油的的阻力越大,减振的阻尼力也就越大。

① 活塞总成1在缸套2内以速度v向下运动,主减振阀3下面油腔内的机油压力升高。电磁线圈5这时通上了电,电磁力F_M会克服弹簧力F_F并使该力增大。

② 当电磁力与机油压力的和(F_M+F_P)超过了弹簧力F_F时,就会产生一个F_R力,这个力会打开主减振阀3。

电磁力的大小可以根据电流的大小进行调节。电流越大,液压油的流过阻力和减振阻尼力也就越小。其工作原理如图6-40所示。

3) 说明。①电磁线圈未通电时,减振阻尼力最大。在减振阻尼力最小时,电磁线圈的电流约1800mA。②在应急状态时电磁线圈是不通电的,这时减振阻尼力被设定在最大状态,以便保证动态行驶稳定性。

3. 奥迪A8汽车电控悬架的工作原理

奥迪A8汽车电控悬架的刚度和阻尼都是可自动调节的。系统工作时,车身高度传感器、转向盘转角传感器和车速传感器的信号传递给ECU,ECU就可以判断出车辆的工况和路面状况等信息,并且计算出悬架参数的理想数值,进而控制安装在悬架端部的执行器,控制减振器的阻尼力,当减振器阻尼孔的截面积越大,阻尼力越小;同时也可以控制空气弹簧的刚度,进入空气悬架副气室的空气量越多(储气空间越大),空气弹簧的刚度越小。

奥迪A8汽车的车身高度可以由驾驶人设定在一定范围,并由系统进行自动控制。系统工作时,根据车身高度传感器的信号测出实际的车身高度,并将信号传输给ECU,ECU将该信号与其内部存储的设定高度相比较,如车身高度低于设定高度,则控制空气压缩机运转,高度控制阀打开,压缩空气进入主气室,可伸缩的气缸在气体压力作用下伸长,使车身升高,当车身升高到目标高度时,ECU控制压缩机停转,高度控制阀关闭,使汽车车身保持在设定高度;如车身高度高于设定高度,ECU控制高度控制阀及排气阀打开,气缸主气室的压缩空气排到大气中,使得气缸压缩,车身高度下降,当车身高度下降到设定的高度值时,高度控制阀和排气阀关闭,从而使汽车保持在设定高度。所以,无论实际载荷如何变化,车身高度都可以控制在理想的高度。

4. 操纵和显示

A8汽车有两种底盘:一种是标准底盘(自适应空气悬架),另一种是运动底盘(运动型自适应空气悬架)。

(1) 标准底盘 可以手动或自动选择下列程序。

1) "automatic"(自动)模式。基本高度底盘,以舒适性为主并配有与之相适应的减振特性曲线。在车速超过120km/h的30s后,底盘会下沉25mm(高速公路底盘下沉)。底盘下沉可以改善空气动力学性能并降低燃油消耗。

2) "comfort"(舒适)模式。底盘高度与"automatic"(自动)模式是相同的,但在车速较低时减振要弱一些,因此与"automatic"(自动)模式相比,舒适性更好一些,这时不会有所谓的"高速公路底盘下沉"。

3) "dynamic"(动态)模式。与"automatic"(自动)模式相比,底盘下沉20mm,并且自动调整到运动模式的减振曲线,在车速超过120km/h的30s后,底盘会再下沉5mm(高速公路底盘下沉)。

4)"lift"(提升)模式。与"automatic"(自动)模式相比,底盘提升了25mm,与"automatic"(自动)模式一样是以舒适为主的。

(2)操纵和显示系统

1)从一个模式切换到另一个模式以及系统状态的显示和指示都是通过 MMI 来完成的。

2)按下 CAR 按键就可在中央副仪表板的 MMI 显示屏上直接调出自适应空气悬架菜单,如图 6-41 所示。

3)这样就可以保证自适应空气悬架处于"优先等级 1"的状态。也就是说,为了方便自适应空气悬架的操作/状态显示,显示屏上所有的其他功能都会渐渐隐去。

4)转动控制旋钮切换到另一模式,随后按下控制旋钮来启用这个新模式。

5)按下 SETUP 按钮可以查询系统的状态信息以及完成专项设定。

6)对于标准底盘来说,"dynamic"(动态)模式(低底盘)还会由组合仪表上的一个指示灯来向驾驶人指示。

7)底盘特别低或特别高时,组合仪表上的指示灯和警告灯会显示出这种情况,如图 6-42 所示。

图 6-41 操作和显示系统

图 6-42 组合仪表上的指示灯和警告灯的显示情况

5. 功能图(图 6-43)

6. 系统初始化

1)系统初始化包括校准车身高度传感器。

2)当更换了任意一个传感器或电控单元后,必须进行系统初始化。

3)使用 VAS 5051 来完成系统的初始化(地址码:34 - 自适应空气悬架)。

4)每个车轮都要测量从车轮中心到车轮罩下边缘的高度值。

5)在功能 10"自适应"中将测得的值一个一个传送到电控单元内。规定值已经存储在电控单元内了。对比测量值和规定值就可以确定出校正系数。

7. 执行元件诊断

执行元件诊断用于检查压缩机、电磁阀和悬架/减振器的功能。这个诊断分以下三步自动进行。

1)将每个减振器压下 20mm,保持 30s,以便对减振器进行检查。

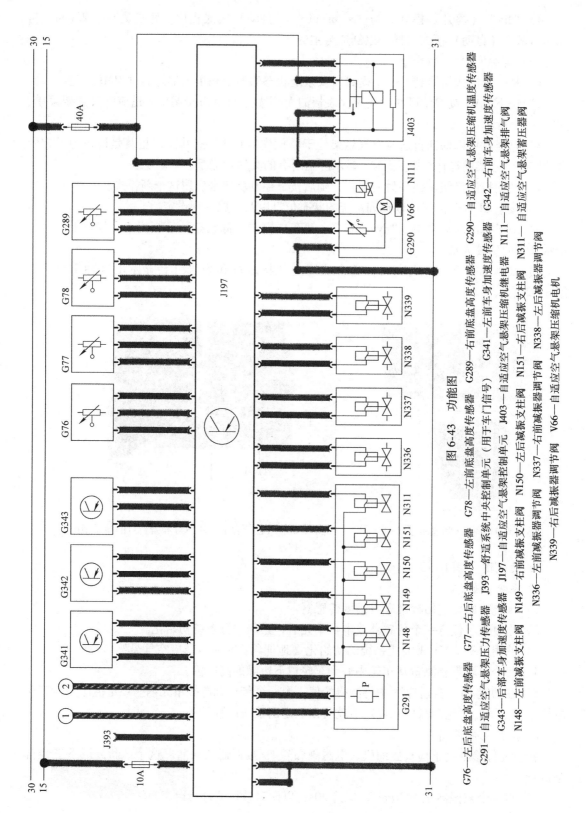

图 6-43 功能图

G76—左后底盘高度传感器 G77—右后底盘高度传感器 G78—左前底盘高度传感器 G289—右前底盘高度传感器 G290—自适应空气悬架压缩机温度传感器
G291—自适应空气悬架压力传感器 J393—舒适系统中央控制单元（用于车门信号） J197—自适应空气悬架控制单元 J403—左前车身加速度传感器
G343—后部车身加速度传感器 N149—左前减振器支柱阀 N150—左后减振器支柱阀 N151—右后减振器支柱阀 N311—自适应空气悬架蓄压器阀
N148—右前减振器支柱阀 N336—左前减振器调节阀 N337—右前减振器调节阀 N338—左后减振器调节阀 N342—右前车身加速度传感器 N111—右前空气悬架排气阀
N339—右后减振器调节阀 V66—自适应空气悬架压缩机电机

2) 蓄压器充满气后再排气。

3) 改变电流大小,以便控制减振器。

说明:①执行元件诊断必须在车辆静止且点火开关接通的情况下来进行,发动机可以运转。②在执行元件诊断过程中,组合仪表上的黄色警告灯会闪亮。③可以单独选择这三步中的某一步来进行(可选执行元件诊断)。

6.5 电控悬架系统的故障诊断与检修

6.5.1 电控元件位置图

丰田皇冠汽车电控悬架系统电控元件位置如图6-44所示。

6.5.2 系统图

丰田皇冠汽车电控悬架系统图如图6-45所示。

6.5.3 故障码诊断

1. 故障码读取与清除方法

(1) 故障码读取

1) 将智能检测仪连接到DLC3。

2) 将发动机开关置于ON (IG) 位置。

3) 打开智能检测仪。

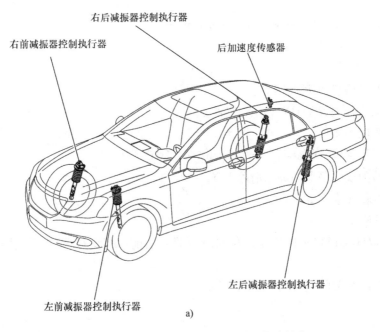

图6-44 丰田皇冠汽车电控悬架系统电控元件位置

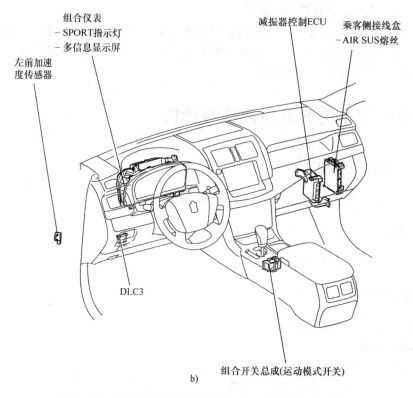

图 6-44 丰田皇冠汽车电控悬架系统电控元件位置（续）

4）进入以下菜单：Chassis→Air suspension→DTC。

5）根据检测仪屏幕上的提示读取 DTC。

（2）故障码清除

1）将智能检测仪连接到 DLC3。

2）将发动机开关置于 ON（IG）位置。

3）打开智能检测仪。

4）进入以下菜单：Chassis→Air suspension→DTC。

5）根据检测仪屏幕上的提示清除 DTC。

2. 故障码表（表 6-5）

3. 故障码检测

故障码 C1731/C1732/C1733/C1734 的含义是：右前/左前/右后/左后减振器控制执行器电路故障。

1）与故障码相关的电路如图 6-46 所示。

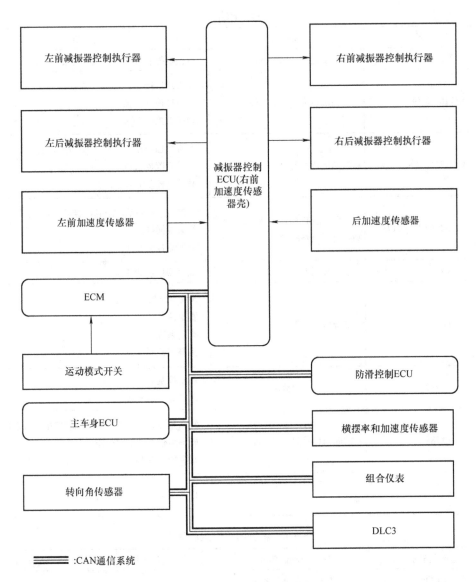

图 6-45 丰田皇冠汽车电控悬架系统图

2）检测步骤如下。

① 清除 DTC。

② 使用智能检测仪执行主动测试（减振器等级）

- 将发动机开关置于 OFF 位置
- 将智能检测仪连接到 DLC3
- 将发动机开关置于 ON（IG）位置。
- 进入以下菜单：Chassis→Air suspension→Active Test，测试结果应如表 6-6 所示。
- 使用智能检测仪检查减振器控制执行器是否工作以使悬架变硬。减振器控制执行器应该工作。若正常，则进行下一步；若不正常，则进行步骤 4。

表 6-5 故障码表

DTC 代码	检测项目	故障部位
C1715/C1796	右前加速度传感器故障	减振器控制 ECU（右前加速度传感器壳）
C1716/C1797	左前加速度传感器故障	线束或插接器 左前加速度传感器 减振器控制 ECU
C1717/C1798	后加速度传感器故障	线束或插接器 后加速度传感器 减振器控制 ECU
C1731/C1732/C1733/C1734	右前/左前/右后/左后减振器控制执行器电路故障	右前/左前/右后/左后减振器控制执行器 线束或插接器 减振器控制 ECU
C1781	悬架控制 ECU 故障	减振器控制 ECU
C1782	电源电压故障	AIR SUS 熔丝 蓄电池 充电系统 减振器控制 ECU
C1783	转速信号通信故障	制动控制 ECU 减振器控制 ECU
C1784	转向角传感器通信故障	转向角传感器（带传感器的螺旋电缆分总成） 转向角传感器电源电路 减振器控制 ECU
C1787	前向/后向/侧向 G 传感器通信故障	横摆率和加速度传感器

表 6-6 减振器等级主动测试

检测仪显示	测试部位	控制范围	诊断备注
Damper Step FR	减振器等级变化（右前）	1~17 级	减振器随着减振等级增加而变硬
Damper Step FL	减振器等级变化（左前）		
Damper Step RR	减振器等级变化（右后）		
Damper Step FR	减振器等级变化（左后）		

③ 再次确认 DTC。执行路试，检查是否有同一 DTC 输出。若输出同一 DTC，则进行步骤 4；若未输出同一 DTC，则使用模拟法进行检查。

④ 检查待检查车轮的减振器控制执行器。拆下前侧或后侧的减振器控制执行器，如图 6-47 和表 6-7 所示测量电阻，任何条件下，电阻都应在 12.0~12.8Ω 之间。若正常，则进行下一步；若右前、左前、右后、左后减振器控制执行器不正常，则分别更换右前、左前、右后、左后减振器控制执行器。

第6章 电控悬架系统

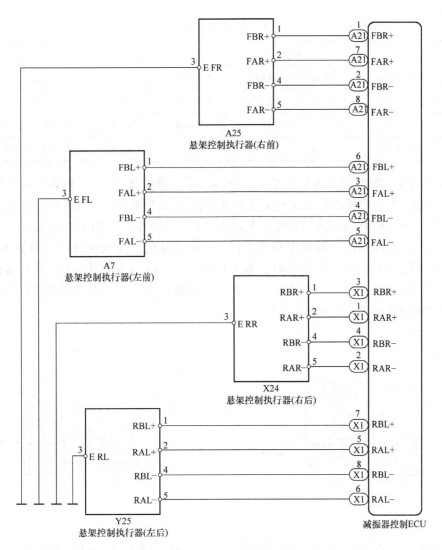

图6-46 与故障码相关的电路图

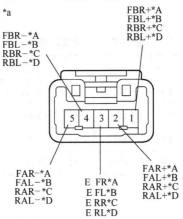

图6-47 减振器控制执行器未连接线束的零部件

＊A—右前 ＊B—左前 ＊C—右后 ＊D—左后

表6-7 检测仪连接

右前	左前	右后	左后
1（FBR+）—3（EFR）	1（FBL+）—3（EFL）	1（RBR+）—3（ERR）	1（RBL+）—3（ERL）
2（FAR+）—3（EFR）	2（FAL+）—3（EFL）	2（RAR+）—3（ERR）	1（RAL+）—3（ERL）
4（FBR-）—3（EFR）	4（FBL-）—3（EFL）	4（RBR-）—3（ERR）	4（RBL-）—3（ERL）
5（FAR-）—3（EFR）	5（FAL-）—3（EFL）	5（RAR-）—3（ERR）	5（RAL-）—3（ERL）

⑤ 检查线束和插接器（减振器控制执行器－减振器控制 ECU）。检查前减振器控制执行器线束和插接器：连接前减振器控制执行器插接器 A25 和/或 A7，断开减振器控制 ECU 插接器 A21，如图 6-48 和表 6-8 所示测量电阻，任何条件下，电阻都应在 12.0～12.8Ω 之间。检查后减振器控制执行器线束和插接器：连接后减振器控制执行器插接器 X24 和/或 Y25，断开减振器控制 ECU 插接器 X1，如图 6-49 和表 6-8 所示测量电阻，任何条件下，电阻都应在 12.0～12.8Ω 之间。若正常，则更换减振器控制 ECU（悬架控制 ECU）；若不正常，则维修或更换相应的线束和插接器。

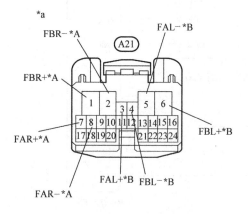

图 6-48 至减振器控制 ECU 的线束插接器前视图
*A—右前 *B—左前

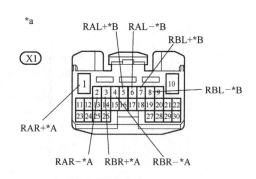

图 6-49 至减振器控制 ECU 的线束插接器前视图
*A—右后 *B—左后

表6-8 检测仪连接

右前	左前	右后	左后
A21-1（FBR+）—搭铁	A21-3（FAL+）—搭铁	X1-1（RAR+）—搭铁	X1-5（RAL+）—搭铁
A21-2（FBR-）—搭铁	A21-5（FAL-）—搭铁	X1-2（RAR-）—搭铁	X1-6（RAL-）—搭铁
A21-7（FAR+）—搭铁	A21-6（FBL+）—搭铁	X1-3（RBR+）—搭铁	X1-7（RBL+）—搭铁
A21-8（FAR-）—搭铁	A21-4（FBL-）—搭铁	X1-4（RBR-）—搭铁	X1-8（RBL-）—搭铁

6.5.4 常见故障及排除

丰田皇冠电控悬架系统常见故障现象及可能的故障部位见表 6-9，按可能的故障部位逐一排查。

第 6 章　电控悬架系统

表 6-9　常见故障及排除

故障现象	可能的故障部位	故障现象	可能的故障部位
减振器控制 ECU 不工作	线束或插接器（ECU 电源） 减振器控制 ECU	无法输出 DTC	CAN 通信系统 线束或插接器（ECU 电源） 减振器控制 ECU
即使未输出 DTC，多信息显示屏上也显示警告信息	插接器的连接 CAN 通信系统 线束或插接器（ECU 电源） 组合仪表总成 减振器控制 ECU	SPORT 指示灯不亮	CAN 通信系统 组合仪表总成 线束或插接器（ECU 电源） 减振器控制 ECU

本 章 小 结

- 衡量悬架性能好坏的主要指标有两点：其一是汽车行驶的平顺性，其二是车辆的操纵稳定性。
- 电控悬架就是在普通悬架的基础上加装了一套电控系统，可根据不同的路面条件、车辆载荷、行驶速度等来控制悬架的弹簧刚度和减振器阻尼等，使车辆的平顺性和操纵稳定性在各种条件下都达到最佳。
- 按照控制参数不同，电控悬架可分为半主动悬架和主动悬架两大类，目前常用的主动悬架主要有空气弹簧式和油气弹簧式两种。
- 电控悬架系统主要由传感器、ECU、执行器三大部分组成。传感器一般有车身高度传感器、车速传感器、加速度传感器、转向盘转角传感器、节气门位置传感器等；开关主要有模式选择开关、制动灯开关、停车开关和车门开关等；执行器主要有电动机和电磁阀两种。
- 悬架阻尼力的改变是通过电动机驱动可调阻尼力减振器中的控制杆改变回转阀的位置，继而改变阻尼孔的截面积，从而实现阻尼力的变化。
- 悬架刚度的改变是通过空气弹簧或油气弹簧来实现的：空气弹簧式主动悬架使主副气室之间气体的流通量改变进而改变空气弹簧刚度；油气弹簧则是通过油液压缩气室中的空气，从而改变空气的容积来实现刚度的改变。
- 空气弹簧悬架的车身高度改变主要是通过改变气室中空气的量来实现的。
- 电控悬架的基本检查主要是针对悬架的基本功能、元件工作状态进行检查和调整的，以便及时发现和解决问题，确保电控悬架系统正常工作。
- 自诊断系统可以检测电控悬架的运行参数，判断系统是否正常，并可以在出现故障时点亮仪表板上的指示灯提示驾驶人，同时将故障信息以故障码的形式存储在 ECU 内部，以供维修人员在检查时根据指示灯的闪烁规律读取故障码。
- 当故障自诊断系统无故障码输出，但是系统依然有明显的故障现象时，就需要根据故障现象来进行故障分析。
- 电控悬架系统常见的故障有两大类：一是悬架系统刚度和阻尼力控制失效，二是车身的高度控制失灵。

复习思考题

一、填空题

1. 汽车悬架系统的主要作用是 _____、_____ 和 _____，系统的主要参数包括 _____ 和 _____。

2. 衡量悬架性能好坏的主要指标有两点：其一是 _____，其二是 _____。

3. 电控悬架系统的基本功能是 _____、_____ 和 _____。

4. 根据悬架所控制的特性参数不同，电控悬架可分为 _____ 和 _____ 两大类。

5. 现代汽车悬架电控系统主要由传感器、_____ 和 _____ 三部分组成，其中常用的传感器有 _____、_____、加速度传感器、_____、节气门位置传感器等。

6. 常用的车身高度传感器有四种形式，主要包括 _____、_____、_____ 和光电式，其中光电式车身高度传感器通过四个光电耦合器组件可以精确评价出 _____ 种不同的车身高度区域。

7. 汽车在急加速时，尾部容易产生"_____"现象，为了防止这一现象，ECU 根据 _____ 传感器信号检测汽车的加速工况，并根据该信号控制悬架的刚度，阻尼力等参数。

8. 悬架电子控制单元 ECU 是一台小型专用计算机，一般由 _____、_____、_____ 和电源电路等组成。

9. 悬架电控系统主要的执行器有两类，即 _____ 和 _____，此外还包括 _____、_____ 等。

10. 在阻尼力有级可调的悬架中，电控系统对悬架减振器的阻尼力控制分为三种情况，分别是 _____、_____ 和 _____。

11. 横向稳定器的刚度越大，车辆的 _____ 效能越好。

12. 在可变刚度的电控悬架中，目前常采用的弹性元件主要有 _____ 和油气弹簧两种。

13. 改变 _____ 的气体通道 _____ 大小，就可以改变空气悬架的刚度。

14. 对于车身高度的调节，空气悬架是通过 _____ 实现的，而油气悬架是通过 _____ 实现的。

15. 雷克萨斯 LS400 轿车上装用的 TEMS 电控悬架属于 _____（悬架类型）。

16. 对电控悬架系统的检修主要包括 _____、_____、_____ 等。

17. 电控悬架系统的故障指示灯有两个，一个是 _____，另一个是 _____，其中，系统出现故障时 _____ 闪烁。

18. 当将高度控制 ON/OFF 开关拨到 _____ 位置时顶起汽车，会显示一个故障码 _____。当将开关重新拨到 _____ 位置时，该故障码即被消除。

19. 当故障指示灯闪烁时,用跨接线将 DLC3 或诊断插座的端子_____与_____跨接起来,打开点火开关到_____位置,根据仪表板上的高度控制 NORM 指示灯的闪烁读取故障码。

20. 电控悬架系统常见的故障有两大类,一是_____,二是_____。

二、判断题

1. 若降低弹簧的刚度,能够使车辆的操纵稳定性提高,但同时对平顺性产生不良影响。(   )

2. 电控悬架就是在普通悬架的基础上加装了一套电控系统,使车辆的平顺性和操纵稳定性在各种行驶条件下都达到最佳。(   )

3. 半主动悬架往往从改变减振器阻尼力入手,提高悬架特性。(   )

4. 选择较高的阻尼力,可以减少对车身的冲击,满足舒适性的要求,但安全性下降,适合于车辆的低速行驶。(   )

5. 霍尔式车身高度传感器,在使用过程中不存在磨损,检测精度和灵敏度都很高,因而越来越多地被现代轿车所采用。(   )

6. 在主动悬架系统中,要对车身高度进行检测与调节,一般只需在悬架上安装三个车身高度传感器即可,如果多于三个,则会出现调整干涉现象。(   )

7. 在车辆停止后,悬架系统自动使车身降到较低的高度,若此时车门打开(下客或卸货)时,车高自动控制必须加速结束,以免造成危险。(   )

8. 步进电动机为非接触型电动机,与直流电动机式执行器相比,使用寿命更长,可获得更快速的响应和更精确的控制。(   )

9. ECU 使高度控制阀线圈通电后,高度控制阀打开,并将空气压缩机来的压缩空气引向气压缸,从而使汽车高度上升。(   )

10. ECU 使排气阀线圈通电后,排气阀打开,并将气缸中的压缩空气排放到大气中,从而使汽车高度下降。(   )

11. 油气弹簧具有良好的非线性特性,但是与空气弹簧相比,其成本高、体积大、加工精度高、保养维护困难。(   )

12. 在车辆转向时,弹簧刚度和减振器阻尼变成"坚硬"状态,能抑制侧倾而使汽车的姿势变化减至最小,以改善操纵性。(   )

13. 在车辆制动时,弹簧刚度和减振器阻尼变成"中等"状态,能抑制汽车前部点头而使汽车的姿势变化减至最小,以改善乘坐舒适性。(   )

14. 在车辆加速时,弹簧刚度和减振器阻尼变成"坚硬"状态,能抑制汽车后部下蹲而使汽车的姿势变化减至最小,以改善乘坐舒适性。(   )

15. 高度控制开关安装于汽车尾部行李舱左侧,当把此开关旋至 ON 位置时,系统可按选择方式进行车身高度的自动控制。(   )

16. 当用千斤顶将汽车顶起时,应将高度控制 ON/OFF 开关拨到 ON 位置。(   )

17. 在放下千斤顶前,应将汽车下面所有的物体搬走。(   )

18. 维修后,在开动汽车之前,应先起动发动机并将汽车的高度调整到正常状态。(   )

19. 在点火开关打开后的 2s 左右时间里，悬架系统进行自检，仪表板上的两个指示灯应该闪烁。（   ）

20. 电控悬架系统中，几乎所有的故障现象都有可能是悬架电控单元（ECU）的问题引起的，所以应首先考虑检查或更换 ECU。（   ）

三、问答题

1. 理想的悬架刚度和阻尼的特性应该如何？为什么？
2. 电控悬架的类型有哪些？
3. 光电式车身高度传感器的工作原理是什么？
4. 在电控半主动悬架中，主要的开关有哪些？各起什么作用？
5. 以阻尼力有级可调式减振器为例，根据路面或载荷的变化，阻尼力的调节有哪些情况？
6. 以汽车走过一个凸起路面为例，减振器阻尼力的控制过程是怎样的？
7. 空气弹簧悬架的刚度控制过程是什么？
8. 油气弹簧悬架如何对车身高度进行调整？
9. 以奥迪 A8 汽车为例，简述电控空气悬架系统的功能是什么？
10. 如何进行丰田皇冠汽车电控悬架系统的故障码读取和清除？

实训项目 8　丰田皇冠汽车电控悬架系统故障码诊断

车　辆　型　号	车辆识别代码	检　测　系　统

一、实训目标

　　掌握故障码 C1731 的检测方法。

二、知识准备

　　1. 减振器控制执行器的的作用＿＿＿＿＿＿＿＿＿＿＿＿＿＿＿＿＿＿＿＿＿＿＿。

　　2. 故障码 C1731 的内容 ＿＿＿＿＿＿＿＿＿＿＿＿＿＿＿＿＿＿＿＿＿＿＿＿＿。

三、操作步骤

　　1）清除 DTC。

　　2）使用智能检测仪执行主动测试（减振器等级）。使用智能检测仪检查减振器控制执行器是否工作以使悬架变硬。减振器控制执行器应该工作。若正常，则进行下一步；若不正常，则进行步骤 4。

　　3）再次确认 DTC。执行路试，检查是否有同一 DTC 输出。若输出 DTC，则进行步骤 4；若未输出 DTC，则使用模拟法进行检查。

　　4）检查右前车轮的减振器控制执行器。拆下右前减振器控制执行器，如图 6-47 所示测量电阻，任何条件下，1（FBR＋）—3（EFR）、2（FAR＋）—3（EFR）、4（FBR－）—3（EFR）、5（FAR－）—3（EFR）的电阻都是＿＿＿＿＿＿。若正常，则进行下一步；若右前减振器控制执行器不正常，则更换右前减振器控制执行器。

　　5）检查线束和插接器（减振器控制执行器—减振器控制 ECU）。检查前减振器控制执行器线束和插接器：连接前减振器控制执行器插接器 A25 和/或 A7，断开减振器控制 ECU 连接器 A21，如图 6-48 所示测量电阻，任何条件下，A21－1（FBR＋）—搭铁、A21－2（FBR－）—搭铁、A21－7（FAR＋）—搭铁、A21－8（FAR－）—搭铁的电阻都是＿＿＿＿＿＿。若正常，则＿＿＿＿＿＿＿＿＿＿；若不正常，则维修或更换线束和插接器。

　　通过上述检测，得出的结论是：＿＿＿＿＿＿＿＿＿＿＿＿＿＿＿＿＿＿＿＿＿＿＿
＿＿＿＿＿＿＿＿＿＿＿＿＿＿＿＿＿＿＿＿。

四、实训小结

＿＿＿＿＿＿＿＿＿＿＿＿＿＿＿＿＿＿＿＿＿＿＿＿＿＿＿＿＿＿＿＿＿＿＿＿＿＿
＿＿
＿＿＿＿＿＿＿＿＿＿＿＿＿＿＿＿＿＿＿＿＿＿＿＿＿＿＿＿＿＿＿＿＿＿＿＿＿＿。

第7章 电控动力转向系统

📝 **学习目标：**
- 了解各种电控动力转向系统的作用和分类。
- 掌握各种电控动力转向系统及四轮转向系统的结构和工作原理。
- 掌握电控动力转向系统的故障诊断与检修方法。
- 了解线控动力转向系统的组成和工作原理。
- 培养学生剖析汽车复杂结构的能力，树立专业志向以及精益求精的工匠精神。

电控动力转向（Electronic Control Power Steering，EPS）是在普通动力转向系统的基础上增设了一套电子控制系统，能够根据车速、转向情况等对转向助力实施控制，使动力转向系统在不同的行驶条件下都有最佳的转向性能。

提示：EPS 既可在低速时使转向轻便、灵活，又能在高速时保证一定的路感，从而提高驾驶舒适性和操纵稳定性。

7.1 液压式电控动力转向系统

液压式电控动力转向系统是在普通动力转向系统的基础上增设了控制液体流量的电磁阀、检测车辆信息的各种传感器以及电控单元。目前液压式 EPS 在轿车上应用较多。

根据控制方式不同，液压式 EPS 分为流量控制式、反力控制式和阀灵敏度控制式三种形式。另外，还有一种由电动机驱动液压泵进行转向助力的电动液压动力转向系统。

7.1.1 流量控制式 EPS

流量控制式 EPS 是 ECU 根据车速传感器的信号控制电磁阀的开启程度，从而控制转向动力缸活塞两侧油室的旁路液压油流量，以控制转向力的大小。

1. 系统组成

图 7-1a 所示为日产蓝鸟汽车上使用的一种流量控制式 EPS 的基本组成。该系统是在一般液压动力转向系统上增加了旁通流量控制电磁阀、车速传感器、转向角速度传感器、电控单元和控制开关等元件。

2. 工作原理

（1）当车速很低时　电控单元输出的脉冲控制信号的占空比很小，通过旁通流量控制电磁阀线圈的平均电流很小，电磁阀开启程度也很小，旁路液压油流量小，液压助力作用

第 7 章 电控动力转向系统

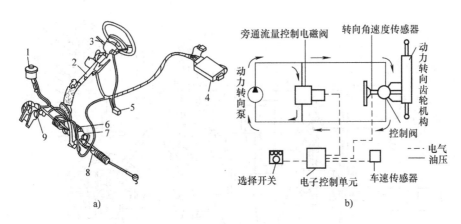

图 7-1 蓝鸟汽车流量控制式 EPS 组成结构及工作原理
a) 组成结构 b) 工作原理
1—动力转向油罐 2—转向管柱 3—转向角速度传感器 4—ECU 5—转向角速度传感器增幅器
6—旁通流量控制电磁阀 7—电磁线圈 8—转向齿轮联动机构 9—动力转向泵

大,使低速时转向盘操纵轻便。

(2) 当车速提高时 电控单元输出的脉冲控制信号的占空比增大,通过旁通流量控制电磁阀线圈的平均电流增大,电磁阀开启程度也增大,旁路液压油流量增大,从而使液压助力作用减小,以增加高速时转向盘的路感。

提示:流量控制式 EPS 的优点是在原来液压动力转向功能基础上再增加压力流量控制功能,所以结构简单、成本低。其缺点是当流向动力转向机构的压力油降低到极限值时,对于快速转向会产生压力不足、响应慢等问题。

7.1.2 反力控制式 EPS

反力控制式 EPS 是根据车速高低控制液压反力腔油压,从而改变输入输出增益幅度以控制转向力。

1. 系统组成

反力控制式 EPS 主要由转向控制阀、液流分配阀、电磁阀、转向动力缸、转向油泵、储油罐、车速传感器及电控单元等组成。雷克萨斯 LS400 汽车反力控制式 EPS 结构原理如图 7-2 所示。

(1) 转向控制阀 转向控制阀是在传统的整体转向阀式动力转向控制阀的基础上增设了液压反应装置而构成。扭杆 6 的下端用销子与转向阀阀体 4(4 与转向器齿轮 11 一体)相连,上端通过销子与转向阀阀芯 5 相连,而转向阀阀芯 5 又与转向轴的末端固定在一起,因而转向轴可通过扭杆带动转向齿轮转动。当转向力增大,扭杆 6 发生扭转变形时,转向阀阀体 4 和转向阀阀芯 5 之间将发生相对转动,于是就改变了阀体与阀芯之间油道的通断关系和工作油液的流动方向,从而实现转向助力作用。

(2) 液压反应装置 液压反应装置位于转向阀下面(图中 B—B 截面),它由液压反力腔 10、四个液压反力活塞 8 和控制杆 9 等组成。转向盘转动时,与转向轴连接的转向阀阀芯 5 带动控制杆转动,将推动相应的两个活塞克服反力腔中的液压力而移动。

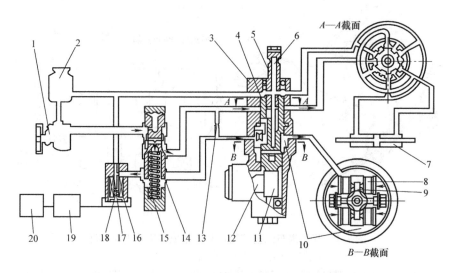

图 7-2 雷克萨斯 LS400 汽车反力控制式 EPS 结构原理

1—转向油泵 2—储油罐 3—转向器壳体 4—转向控制阀阀体 5—转向控制阀阀芯 6—扭杆 7—转向动力缸
8—液压反力活塞 9—控制杆 10—液压反力腔 11—转向器齿轮 12—转向器齿条 13—节流孔 14—液流分配阀柱塞
15—液流分配阀弹簧 16—电磁阀线圈 17—电磁阀滑阀 18—电磁阀弹簧 19—EPS ECU 20—车速传感器

（3）液流分配阀 主要由分配阀柱塞 14 和分配阀弹簧 15 组成，分配阀柱塞上有承压锥面，壳体上有 4 个孔，分别连通转向油泵 1、转向控制阀、电磁阀和液压反力腔。其作用是将来自转向油泵的油液向控制阀一侧和电磁阀一侧分流，按照车速和转向要求，改变控制阀一侧与电磁阀一侧的油压，确保电磁阀一侧具有稳定的油液流量。

（4）节流孔 节流孔 13 的作用是把供给转向控制阀的一部分流量分配到液压反力腔一侧。

（5）电磁阀 电磁阀装在齿轮齿条转向器的壳体上，由电磁线圈 16、空心滑阀 17 和弹簧 18 组成。空心滑阀上有阀孔和固定小孔（图中未标出），壳体上有两个孔，一个通向储油罐，一个通向液流分配阀。

2. 工作原理

（1）直线行驶 当汽车直线行驶时，转向阀不工作。此时管路中的油压很低，液流分配阀柱塞在其弹簧的作用下处于上极限位置（图 7-2 所示位置），分配阀开启。从转向油泵输出的油液经液流分配阀流入转向阀，并从回油管流回储油罐，还有一部分油液经液流分配阀和电磁阀流回储油罐。整个油路畅通，动力转向系统无助力作用。此时液压反力腔中活塞背面作用的油压力很小。

（2）汽车转向 当转动转向盘，转向动力缸 7 产生辅助转向力时，转向油泵 1 输出的油液压力升高，在液流分配阀柱塞 14 承压锥面上产生向下的推力，柱塞下移，关闭分配阀。这样，转向油泵经液流分配阀通向电磁阀和液压反力腔的油路被切断，但这时仍有少量油液可以通过节流孔 13 流进液压反力腔，液压反力腔中的油压不再随转向阀中油压的增大而增大，而是通过电控系统根据车速进行调节。

动力转向 ECU 接收车速传感器的信号，并据此控制电磁阀线圈中的电流。当车速较高时，电磁线圈中的电流较小，空心滑阀在弹簧的作用下处于上极限位置。此时阀孔关闭，而固定小孔开启，通道截面很小，从液压反力腔经液流分配阀和电磁阀流回储油罐的油液流量很小，使液压反力腔中保持很高的油压。因此转动转向盘时转向阀阀芯受到的来自于液压反力活塞的液压阻力很大，增加了驾驶人的转向操纵力，使其手感增强，获得良好的转向路感，有效地克服了高速转向"发飘"和不易掌握的缺陷，提高了高速行驶稳定性和安全性。

汽车低速转向时，动力转向ECU使通过电磁线圈中的电流变大，线圈中产生的电磁吸力克服弹簧力使空心滑阀逐渐下移（图7-2所示位置）。阀孔的开启截面逐渐增大，液压反力腔中的油液经液流分配阀和电磁阀流回储液罐的流量增大，腔内油压逐渐减小，作用在转向阀阀芯上的液压反力减小，使扭杆能够产生较大的扭转变形，转向阀开启程度加大，转向助力效果增大，保证低速时转向轻便。

提示：反力控制式EPS的优点是具有较大的选择转向力的自由度、转向刚度大、驾驶人能感受到路面情况以及可以获得稳定的操纵手感等。其缺点是结构复杂、价格高。

7.1.3 阀灵敏度控制式 EPS

1. 系统组成

阀灵敏度控制式EPS是根据车速信号控制电磁阀直接改变动力转向控制阀的油压增益（阀灵敏度）来控制系统油压，进而控制转向助力的大小。图7-3所示为日产地平线轿车所采用的阀灵敏度控制式EPS，该系统主要由动力转向油泵、动力转向电磁阀、转向动力缸、储油罐、车速传感器和动力转向电控单元等组成。

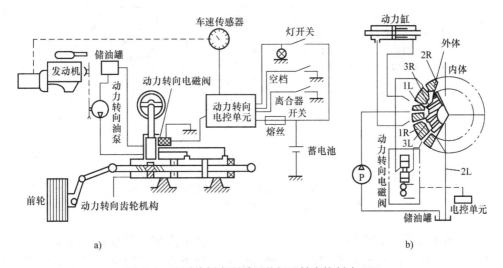

图7-3 地平线轿车所采用的阀灵敏度控制式EPS
a）系统示意图 b）转子阀

（1）转子阀 如图7-3所示，在控制阀阀套圆周上有6条或8条沟槽，各沟槽利用阀外体与动力转向油泵、动力缸、电磁阀及储油罐连接。转子阀的可变小孔分为低速专用小孔（1R、1L、2R、2L）和高速专用小孔（3R、3L）两种，当作用于转向盘上的转矩变化时，会引起转子阀内、外体之间的相对转动，从而使转子阀可变小孔的流通截面发生变化。转向盘向右转动时，小孔1R、2R、3R关小，1L、2L、3L开大；转向盘向左转动时，小孔1L、2L、3L关小，1R、2R、3R开大。

（2）电磁阀 电磁阀与转子阀连接在动力转向油路中，电磁阀油路构成可变小孔2R、2L的旁通油路。ECU通过控制电磁阀的电流，可以控制旁通油路的流量。车速低时，ECU对电磁阀通以大电流，电磁阀关闭，旁通油路流量变小；车速升高时，ECU对电磁阀的通电电流逐渐减小，电磁阀开度增大，旁通油路流量变大。

2. 工作原理

图7-4所示为控制阀等效液压回路图，其工作过程如下。

（1）车辆停止时 如图7-4b所示，电磁阀完全关闭，如果此时向右转动转向盘，则高灵敏度低速专用小孔1R及2R在较小的转向力矩作用下即可关闭。转向液压泵的高压油液经1L流向转向动力缸右腔室，其左腔室的油液经3L、2L流回储油罐，所以此时具有轻便的转向特性。而且施加在转向盘上的转向力矩越大，可变小孔1L、2L的开度越大，节流作用就越小，转向助力作用越明显。

（2）车速提高时 如图7-4c所示，随着车速的提高，在电控单元的作用下，电磁阀的开度线性增加，如果向右转动转向盘，则转向液压泵的高压油液不仅经1L进入动力缸右腔室，而且部分油液经3R以及电磁阀旁通油路流回储油罐。此时，转向动力缸右腔室的转向助力油压就取决于旁通电磁阀的开度（由车速决定）和可变小孔3R的开度（由转向盘转矩决定）。车速越高，在ECU的控制下，电磁阀的开度越大，旁路流量越大，转向助力作用越小；在车速不变的情况下，施加在转向盘上的转矩越小，高速专用小孔3R的开度越大，转向助力作用越小。当转向力增大时，3R的开度逐渐减小，转向助力作用也随之增大。

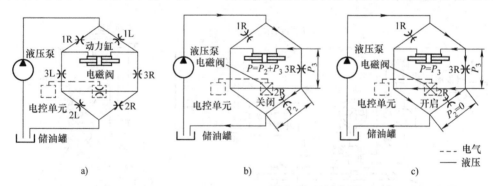

图7-4 控制阀等效液压回路图
a）等效液压回路 b）助力作用增大 c）助力作用减小

提示：阀灵敏度控制式EPS结构简单、部件少，价格便宜，而且具有较大的选择转向力的自由度，与反力控制式EPS相比，转向刚性差，但可以最大限度提高原来的弹性刚度来加以克服，从而获得自然的转向手感和良好的转向特性。

7.1.4 电动液压动力转向系统

电动液压动力转向系统虽然也靠液压力帮助驾驶人转向，但其液压泵是通过电动机驱动的，与发动机没有机械关系，助力效果只与转向盘角速度和行驶速度有关。这种转向系统也称为"混合式"动力转向系统。

1. 系统组成

图7-5所示为大众波罗（Polo）汽车电动液压助力转向系统示意图。它主要由动力转向

器、电动液压泵总成和各种传感器组成。电动液压泵总成是由动力转向ECU、电动液压泵（电动机和液压泵）、储油罐、限压阀等集成在一起形成的，用一个消音罩包封，利用橡胶支承弹性地悬挂在支架上，而支架安装在发动机舱左侧的车架纵梁上。

2. 工作原理

动力转向ECU接收各传感器传来的信号（转向盘转角变化、车速、发动机转速等），据此控制电动机的转速，改变液压泵的供油量，从而调整动力转向器中油压和辅助转向力的大小。转向盘转角增量越大或车速越低，则电动机转速越高，液压泵供油量也越大。

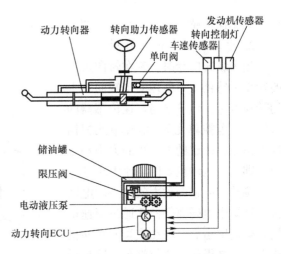

图7-5 波罗（Polo）汽车电动液压助力转向系统示意图

（1）汽车直线行驶时　转向控制阀的阀芯处于中间位置，转向助力传感器检测不到转向盘的转动。这时，动力转向ECU控制电动液压泵，使输出的油液极少，几乎是无压力地通过动力转向器经回油道流回储油罐，动力转向系统不工作。

（2）汽车转向时　扭杆变形，转向阀开始工作，使动力缸的一个油腔接通油泵，而另一个油腔则经回油道通向储油罐。同时，转向助力传感器检测到转向盘的转角变化，将信号传送给动力转向ECU。ECU根据转向盘转动和车速等信息确定并提高电动机的转速和液压泵的供油量，使油路中的油压升高，推动动力缸活塞移动实现转向助力。

提示：根据动力转向ECU提供的供油特性，系统在低速行驶时助力作用大，驾驶人操纵轻便灵活；在高速转向时系统的助力作用减弱，驾驶人的操纵力增大，具有明显的路感。

3. 特点

因为电动液压动力转向系统的液压泵供油量主要是由转向盘转角变化量和车速决定的，其供油特性更符合转向系统对助力作用的实际要求，因此节省能量，并且能够获得更加理想的转向助力特性。但它在不转向时仍然存在能量损失，而且液压系统的固有缺陷仍然存在。

7.2 电动式电控动力转向系统

液压式电控动力转向系统由于工作压力和工作灵敏度高、外廓尺寸较小，获得了广泛应用。在采用气压制动或空气悬架的大型车辆上，也有采用气压制动转向的，但这类转向系统的共同缺点是结构复杂、消耗功率大，容易产生泄漏、转向力不易有效控制等问题。

随着电子技术的进一步发展，越来越多的轿车采用了电动式EPS，它是一种直接依靠电动机提供辅助转矩的电控动力转向系统。

7.2.1 电动式EPS的结构和工作原理

1. 电动式EPS的结构

电动式EPS主要包括机械式转向器、转矩传感器、减速机构、离合器、电动机、电控单元和车速传感器等，其结构如图 7-6 所示。

2. 电动式 EPS 的工作原理

当操纵转向盘时，装在转向轴上的转矩传感器 1 不断地测出转向轴上的转矩信号，该信号与车速传感器同时输入到电控单元 7，电控单元根据这些信号，确定助力转矩的大小和方向，即选定电动机 6 的电流大小和方向，调整转向辅助动力的大小。电动机的转矩由电磁离合器 5 通过减速机构 3 减速增矩后，加在汽车的转向机构上，使之得到一个与汽车工况相适应的转向作用力。

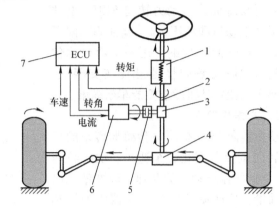

图 7-6 电动式 EPS 的结构示意图
1—转矩传感器 2—转向轴 3—减速机构 4—齿轮齿条式转向器
5—离合器 6—电动机 7—电控单元

提示：这种控制可以方便地实现在不同车速下提供不同的助力效果，保证汽车在低速转向行驶时轻便灵活、高速行驶时稳定可靠。

7.2.2 电动式 EPS 的类型

上述电动式 EPS 的电动机和减速器安装在转向轴上，实际上电动机和减速器还可以安装在其他部位。根据电动机和减速器安装位置的不同，电动式 EPS 分为转向轴助力式、齿轮助力式、齿条助力式 3 种类型，如图 7-7 所示。

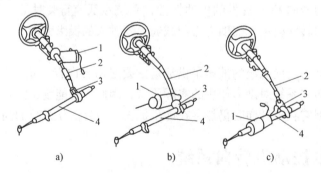

图 7-7 EPS 的类型
a) 转向轴助力式 b) 齿轮助力式 c) 齿条助力式
1—电动机 2—转向轴 3—转向齿轮 4—转向齿条

1. 转向轴助力式

这种转向助力系统的电动机安装在转向轴侧面，通过电磁离合器和减速机构与转向轴相连，直接驱动转向轴实施转向助力，如图 7-7a 所示。

特点：①转向系统的重量轻，占用的空间最小。②助力要通过输入轴传递到转向器上，输入轴需要承受助力，降低了安全性；电动机距离驾驶人较近，产生的振动、噪声通过转向操纵机构和仪表板向外辐射，影响舒适性。

应用：因为这种转向系统的助力功率较小，只能运用在轻型汽车上。

2. 齿轮助力式

这种转向助力系统的转矩传感器、电动机和减速机构以及离合器集成在一起，安装在转向器齿轮处。电动机的输出转矩经离合器、蜗轮蜗杆减速机构直接作用在小齿轮上，如图7-7b 所示。

特点：①助力直接作用在转向齿轮上，转向管柱、输入轴和万向节上只承受驾驶人施加在转向盘上的转向力矩，提高了转向器的安全性。②与液压助力转向器相比，它提供了更高的转向器精确性、更高的安全性和更高的行驶舒适性。

应用：与转向轴助力式相比，齿轮助力式可以提供更高的助力，适用于中型车。

3. 齿条助力式

转矩传感器单独安装在转向小齿轮附近，电动机和减速机构集成在一起安装在齿条上。电动机的输出转矩通过循环球减速传动机构传递到齿条上，如图7-7c 所示。

特点：助力机构的位置可以在齿条的周向和轴向上任意选择，保证了转向器空间布置的弹性。

应用：该方案的系统刚度好，传动能力大，适用于前轴负荷较大的汽车，如越野车和厢式货车。

7.2.3 电动式 EPS 的特点

1. 优点

与传统的液压动力转向系统相比，电动式 EPS 在多个方面具有明显的优势。

（1）技术的复杂程度低　不论是控制系统还是助力系统都是通过一个简单的、易于控制的动力源——电流来实现，这大大降低了技术的复杂程度。

（2）高效率、低能消　液压助力转向系统即使在不转向时也需要不停地提供液压油，因为转向泵在不停地转动，最高可以消耗发动机5%的功率。与之相比，电动式系统只在汽车转向时电动机才开始工作，因此可以比使用液压助力系统节能80%～90%（百公里油耗可以减少0.2~0.3L）。另外，由于电动式 EPS 省略了液压系统的一些附件，如转向泵、储油灌、高压油管和回油管，减小了整车的质量。

（3）通用性好　电动式 EPS 可以通过设置不同的程序，能快速地与不同车型匹配，因而能缩短生产和开发周期。

（4）安装方便、使用可靠　与液压助力转向系统相比，电动式 EPS 取消了油泵、传动带、带轮、液压软管、控制阀、油罐、液压油及密封件等，只增加了电动机、减速机构、传感器及电控单元等，零件比液压助力转向系统少，质量更小，结构更紧凑，在安装位置选择方面也更容易，并且能降低系统噪声，也没有液压助力转向系统的漏油问题。

（5）转向舒适、精确　电动式 EPS 能在各种行驶工况下根据车速、转向角、转向转矩和转向速度的状况提供合理的助力。减轻汽车低速行驶时的转向操纵力，提高汽车高速行驶时的转向稳定性，进而提高汽车的安全性。同时它的阻尼特性又具有可编程性，保证了路面冲击能够被极好地吸收，减小了由路面不平所引起的对转向系统的扰动，改善汽车的转向特性。

2. 缺点

(1) 不宜用于大型车辆　车用电源的电压较低（一般为12V或42V），使得电动式EPS提供的辅助动力较小，用于大型车辆比较困难。

(2) 匹配较难　减速机构、电动机等部件的摩擦力和惯性力会影响转向特性（如产生过多转向等），或者改变转向盘的自动回正作用以及它的阻尼特性，因此正确匹配整车性能至关重要。

由此可见，电动式EPS尤其适用于对空间、质量要求更高的使用小排量发动机的微型汽车上，尤其适用于电动汽车。

7.2.4　电动式EPS的主要部件

1. 转矩传感器

转矩传感器的作用是测量驾驶人作用在转向盘上力矩的大小与方向。转矩传感器有接触式与非接触式两种，非接触式因其体积小、精度高而被广泛采用，但其成本较高。

2. 电磁离合器

EPS的工作一般都有一定的范围，如果超过规定车速（如45km/h），就不需要电动机辅助动力转向，此时电动机停止工作，且离合器分离，不再起传递动力的作用。在不加动力的情况下，离合器可消除电动机惯性的影响。同时，在系统发生故障时，因离合器分离，可以恢复手动控制转向。

3. 电动机

电动机的功用是根据电控单元的指令输出适当的辅助转矩。目前采用较多的是永磁式直流电动机，分为有刷式和无刷式两种。

4. 减速机构

减速机构与电动机相连，其作用是将电动机的输出进行降速增矩。常用的有蜗轮蜗杆机构、循环球螺杆螺母机构和行星轮机构等。蜗轮蜗杆机构一般应用于转向轴助力式，行星轮机构一般应用于齿轮助力式和齿条助力式。

5. ECU

ECU的功能是根据转矩传感器和车速传感器传来的信号进行逻辑分析与计算，并发出指令控制电动机和离合器工作。此外ECU还有安全保护和自我诊断功能。通过采集电动机的电流、发电机电压、发动机工况等信号判断其系统工作状况是否正常。一旦系统工作异常，将自动取消助力作用，同时还将进行故障诊断分析。

7.2.5　典型汽车电动式电控动力转向系统

目前，电动式电控动力转向系统在轿车上得到普遍应用。本节主要介绍一汽丰田皇冠汽车齿条助力式EPS

1. 组成

一汽丰田皇冠汽车齿条助力式EPS由齿轮齿条式转向器、电动机、减速装置、转矩传感器、转向盘转角传感器、EPS ECU、发动机ECU、网关ECU、P/S（动力转向）警告灯、EPS继电器等组成。其中电动机、减速装置、转矩传感器、转向盘转角传感器安装在转向器上。

2. 工作原理

如图7-8所示。当操纵转向盘时，转矩传感器不断地检测扭杆的扭曲度，把它转换成电信号，该信号与转向盘转角传感器信号、车速传感器信号、发动机转速信号同时输入到EPS ECU，EPS ECU根据这些信号，确定助力转矩的大小和方向，即选定电动机的电流大小和方向，以调节转向辅助力的大小。电动机的转矩通过减速机构减速增矩后，加在汽车的转向机构上，使之得到一个与汽车工况相适应的转向作用力。系统出现故障时，通过网关ECU，点亮P/S（动力转向）警告灯。

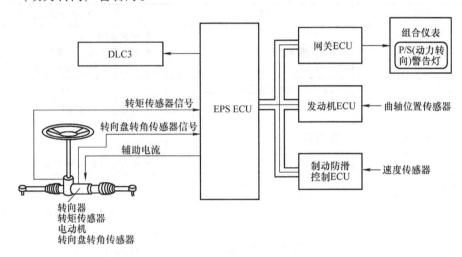

图7-8　一汽丰田皇冠汽车齿条助力式EPS系统和工作原理

7.3　电控动力转向系统故障诊断与检修

7.3.1　电控元件位置图

一汽丰田皇冠汽车动力转向系统电控元件位置如图7-9所示。

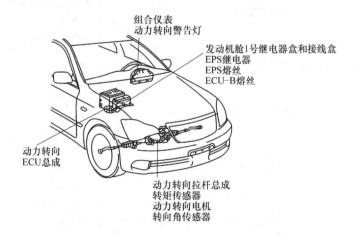

图7-9　一汽丰田皇冠汽车动力转向系统电控元件位置

7.3.2 故障码诊断流程

1. 故障码读取与清除

故障码读取与清除：连接诊断仪，打开点火开关，按诊断仪显示进行操作来读取和清除故障码。

2. 故障码表（表7-1）

表7-1 故障码表

故障码	故障码内容	可能的故障原因
C1511/C1512/C1513	转矩传感器异常	• 线束或插接器 • 转矩传感器（内置于电动转向机总成） • 电控动力转向ECU总成
C1515/C1516	没有进行转矩传感器零点调整	—
C1521/C1522/C1523/C1524	电动机异常	• 线束或插接器 • 电控动力转向电动机（内置于电动转向机总成） • 电控动力转向ECU总成
C1525/C1526	没有进行转向角传感器初始化	—
C1528	电动机转向角传感器故障	• 电动机转向角传感器（内置于电动转向机总成） • 线束或插接器 • 电控动力转向接地线 • 电控动力转向ECU总成
C1531/C1532/C1533/C1534	ECU异常	电控动力转向ECU总成
C1551	IG电源电压故障	
C1555	电动机继电器焊接故障	
C1581	没有写辅助地图数目	
C1541	车速系统异常	• 速度传感器电路 • 制动防滑控制ECU • CAN通信 • 电控动力转向ECU总成
C1552	直流电动机电源电压故障	• EPS继电器 • ECU-B熔丝 • EPS熔丝 • 线束或插接器 • 电控动力转向ECU总成
C1554	电源继电器故障	
U0073	控制模块通信总线关闭	CAN通信系统
U0105	与传动系统ECU的通信中断	• CAN通信系统 • ECM（仅U0105输出）
U0121	与制动防抱死系统（ABS）控制模块的通信中断	• CAN通信系统 • 制动防滑控制ECU（仅U0121输出）

3. 故障码诊断

故障码 C1528：电动机转向角传感器故障。

(1) 与故障码 C1528 相关的电路图 (图 7-10)

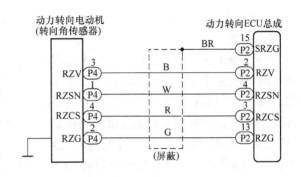

图 7-10　与故障码 C1528 相关的电路图

(2) 检测步骤

1) 检测连接到电动转向机总成的电控动力转向接地线的安装情况。若正常，则进行下一步；若不正常，则重新安装电控动力转向接地线。

2) 检测电控动力转向 ECU 总成与电动机转向角传感器之间的线束和插接器的电阻。从电动转向机总成上断开 P4 插接器，从电控动力转向 ECU 上断开 P2 插接器，检测电控动力转向 ECU 总成与电动机转向角传感器之间的线束和插接器的电阻：任何工况，P4-1（RZSN）与 P2-4（RZSN）、P4-2（RZG）与 P2-13（RZG）、P4-3（RZV）与 P2-2（RZV）、P4-4（RZCS）与 P2-3（RZCS）之间小于 1Ω；P4-1（RZSN）与接地、P4-2（RZG）与接地、P4-3（RZV）与接地、P4-4（RZCS）与接地之间大于 10kΩ。若正常，则进行下一步；若不正常，则修理或更换线束或插接器。

3) 检测电动转向机总成（电动机转向角传感器）电阻。任何工况，P4-1（RZSN）与 P4-2（RZG）、P4-3（RZV）与 P4-2（RZG）之间应为 50～140Ω；P4-4（RZCS）与 P4-2（RZG）之间应为 15～45Ω。若正常，则进行下一步；若不正常，则更换电动转向机总成。

4) 更换电控动力转向 ECU 总成，对转向角传感器进行初始化，校准转矩传感器的零点。然后进行下一步。

5) 检测故障码 C1528 是否输出。若不输出故障码，则诊断结束；若仍旧输出故障码，则更换电动转向机总成。

7.3.3　典型的电路诊断流程

1. IG 电源电路图 (图 7-11)

2. 检测步骤

1) 检测线束和插接器。若正常，则进行下一步；若不正常，则修理或更换线束或插接器。

2) 使用诊断仪检测 CAN 通信系统。正常情况下，无故障码输出。若正常，则进行下一步；若不正常，则进行 CAN 通信系统检测。

3) 使用诊断仪检测多路通信系统（BEAN）。正常情况下，无故障码输出。若正常，则进行下一步；若不正常，则转到多路通信系统。

4) 检测熔丝（ECU-IG LH）。从乘员侧接线盒上拆下 ECU-IG LH 熔丝，检测 ECU-IG LH 熔丝的导通性，正常情况下，应导通。若正常，则进行下一步；若不正常，则检测与熔丝相连的所有部件中是否存在短路，如有必要，修理或更换这些部件，更换熔丝。

5) 检测电控动力转向 ECU 总成。从电控动力转向 ECU 总成上断开 P1 插接器，打开点火开关，检测 P1-9（IG）与 1-5（PGND）之间的电压应在 10～14V 之间。若正常，则进行下一步；若不正常，则更换电控动力转向 ECU 试验。

6）检测电控动力转向 ECU 总成与接地之间的线束和插接器的电阻。任何工况，P1-5（PGND）与接地之间应小于 1Ω。若正常，则修理或更换线束或插接器（电控动力转向 ECU 总成 - 蓄电池）；若不正常，则修理或更换电控动力转向 ECU 至蓄电池之间的线束或插接器。

7）更换电控动力转向 ECU 总成，进行下一步。

8）再次检测组合仪表上的 P/S 警告灯状态。标准状态为 P/S 警告灯熄灭。若正常，则结束检测；若不正常，则按常见故障及排除表检测其他电路。

7.3.4 常见故障及排除

常见故障现象及可能的故障部位见表 7-2，请按照故障部位逐一排查。

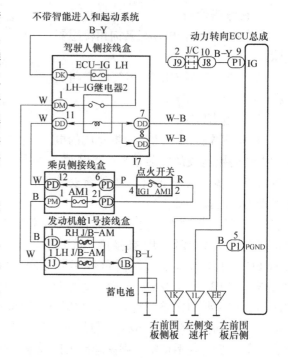

图 7-11 IG 电源电路图

表 7-2 常见故障现象及可能的故障部位

故障现象	可能的故障原因
转向沉重	• 前轮胎（气压不足、不均匀磨损） • 前轮定位（不正确） • 前悬架（下球头） • 电动转向机总成 • 转向柱总成 • 蓄电池和电源系统 • 电控动力转向 ECU 总成的电源电压 • 电控动力转向 ECU 总成
左右转向力不同或不均匀	• 转向角传感器和转矩传感器没有校准 • 前轮胎（充气不当、不均匀磨损） • 前轮定位（不正确） • 前悬架（下球头） • 电动转向机总成、转向柱总成 • 电控动力转向 ECU 总成
行驶时，转向力不随车速变化或转向盘不能正常回位	• 前悬架 • 速度传感器 • ABS 和牵引力执行器总成 • 电动转向机总成、电控动力转向 ECU 总成 • CAN 通信系统

(续)

故障现象	可能的故障原因
低速行驶时转动转向盘,发出摩擦声	• 电动转向机总成(电控动力转向电动机) • 转向柱总成
车辆停止时,转动转向盘,转向盘振动并发出噪声	
车辆停止时,慢慢转动转向盘,发出尖锐的声音(啸叫)	电动转向机总成(电控动力转向电动机)
组合仪表中的 P/S 警告灯一直亮	• IG 电源电路 • 组合仪表系统 • 电控动力转向 ECU 总成

7.4 四轮转向系统

7.4.1 概述

1. 汽车的四轮转向

汽车的四轮转向(4 Wheel Steering, 4WS)是指汽车在转向时,后轮也可相对车身主动转向,使汽车的四个车轮都能起转向作用。

提示:四轮转向在两轮转向系统的基础上,增设了一套安装在后悬架上的后轮转向机构,以改善汽车的转向机动性、操纵稳定性和行驶安全性。

2. 4WS 汽车的后轮偏转规律

一般来说,4WS 汽车在转向过程中,根据不同行驶条件,前后轮转向角之间应遵循一定的规律。目前,典型 4WS 汽车的后轮偏转规律如下。

(1)逆相位转向 如图 7-12a 所示,在低速行驶或转向盘转角较大时,前后轮实现逆相位转向,即后轮的偏转方向与前轮的偏转方向相反,且偏转角度随转向盘转角增大而在一定范围内增大(后轮最大转向角一般为 5°左右)。

逆相位转向方式可改善汽车低速时的操纵轻便性,减小汽车的转弯半径,提高汽车的机动性。

(2)同相位转向 如图 7-12b 所示,在中高速行驶或转向盘转角较小时,前后轮实现同相位转向,即后轮的偏转方向与前轮的偏转方向相同(后轮最大转向角一般为 1°左右)。

同相位转向方式可使汽车车身的横摆角速度减小,减少汽车车身发生动态侧偏的倾向,保证汽车在高速超车、进出高速公路、高架引桥和立交桥时,处于不足转向状态。

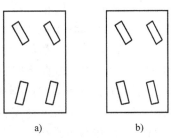

图 7-12　4WS 汽车的后轮偏转规律
a)逆相位转向　b)同相位转向

提示:现在有许多 4WS 汽车把改善汽车操纵性能的重点放在提高汽车高速行驶的操纵稳定性上,而不过分要求汽车在低速行驶的转向机动性。

其工作特点是低速时汽车只采用前轮转向，只在汽车行驶速度达到一定数值（如50km/h）后，后轮才参与转向，进行同相位四轮转向。

7.4.2 四轮转向系统基本组成和工作原理

典型的电控4WS系统主要由前轮转向系统、传感器（转向盘转角传感器、车速传感器、横摆角速度传感器等）、ECU、后轮转向执行机构和后轮转向传动机构等组成。

如图7-13所示，转向时，传感器将前轮转向的信号和汽车运动的信号送入ECU，ECU进行分析计算，向后轮转向执行机构输出驱动信号，后轮转向执行机构动作，通过后轮转向传动机构，驱动后轮偏转。同时，ECU实时监控汽车运行状况，计算目标转向角与后轮实时转向角之间的差值，来实时调整后轮的转角。这样可以根据汽车的实际运行状态，实现汽车的四轮转向。

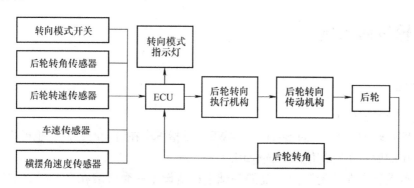

图7-13 四轮转向系统组成及工作原理

7.4.3 四轮转向汽车后轮转向装置的类型

1. 按后轮转向的控制方法分类

按照后轮转向的控制方法不同，后轮转向装置可主要分为转角随动型和车速感应型两种。

（1）转角随动型　如图7-14所示，转角随动型四轮转向装置的工作特点是后轮偏转受前轮偏转控制，做被动转向，即后轮偏转方向和转角大小受转向盘转动的方向和转角大小的控制。结构上通过一根后轮转向传动轴将前后轮转向机构相连，一般都采用机械式传动和人力直接控制。这种4WS系统存在一定的系统结构和动态控制的局限性，尤其在高速急转弯时，汽车的操纵稳定性恶化。该类型在现代的4WS系统中很少采用。

（2）车速感应型　如图7-15所示，车速感应型四轮转向装置的工作特点是后轮偏转方向和转角大小主要受车速高低的控制，在转向过程中，同时还

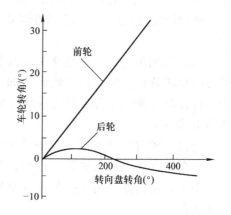

图7-14 转角随动型4WS系统前后轮转角之间的关系

受前轮转角、侧向加速度、横摆角速度等动态参数的综合控制作用。这种 4WS 系统综合考虑了汽车的各种动态参数对汽车转向行驶过程中操纵稳定性的影响，动态操纵控制效果好，是目前 4WS 汽车上主要采用的四轮转向装置。

2. 按后轮转向机构的驱动方式分类

按照后轮转向机构驱动方式的不同，4WS 系统可分为机械式、液压式、电控机械式、电控液压式和电控电动式等几种类型。目前使用最广泛的电控液压式主要用于前轮采用液压助力转向系统的汽车中。这种 4WS 系统的工作压力大，工作平稳可靠，但系统

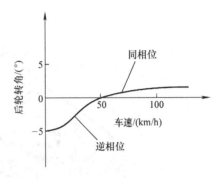

图 7-15　车速感应型 4WS 系统后轮转角与车速之间的关系

存在结构复杂、布置不方便，对密封性要求高，消耗发动机功率较多，转向滞后较大等缺点，不能满足现代汽车转向灵敏、准确的要求。随着电动助力转向（EPS）系统的出现，电动 4WS 应运而生。

7.4.4　四轮转向系统的优缺点

（1）优点　与普通前轮转向（2WS）汽车相比，四轮转向汽车具有以下优点：
1）转向操作的响应加快，准确性提高。
2）转向操作的机动性和行驶稳定性提高。
3）抗侧向干扰的效果好。
4）超车时，变换车道更容易，减小了汽车产生摆尾和侧滑的可能性。
（2）缺点　四轮转向汽车具有以下缺点：
1）低速转向时，汽车尾部容易碰到障碍物。
2）实现理想控制的技术难度大。
3）转向系统结构复杂、成本高。
4）转向过程中，不能完全保证轮胎与地面间处于纯滚动而无滑移状态。

7.4.5　电控液压式四轮转向系统实例

1. 系统组成及特点

如图 7-16 所示，该系统主要由转向盘、转向液压泵、前轮转向器、后轮转向传动轴、车速传感器、电控单元、后轮转向系统等组成。

该系统的特点是：使用前后两套动力转向系统，后轮的控制采用车速感应的方法，后轮偏转的角度取决于车速及转向盘的转角，并根据事先预定的程序用微机进行控制，也就是后轮的转角依车速及前轮的转角而动作，与转向盘操纵力大小无关。

2. 系统部件结构与作用

（1）前轮转向器和后轮转向传动轴　前轮转向器为齿轮齿条式，但将齿条加长，它与固定在后轮转向传动轴上的小齿轮啮合。当转动转向盘使齿条水平移动时，齿条一方面控制前轮转向动力缸的工作，推动前轮转向，另一方面将转向盘转动的方向、快慢和转动的角度传给后轮转向传动轴，以控制后轮转向。

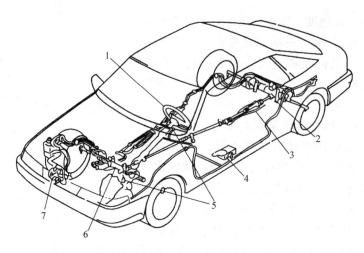

图7-16 电控液压式四轮转向系统的组成

1—转向盘 2—后轮转向系统 3—后轮转向传动轴 4—电控单元 5—车速传感器 6—前轮转向器 7—转向液压泵

(2) 后轮转向系统 后轮转向系统主要由相位控制系统、液压控制阀、后轮转向动力缸等组成。

1) 相位控制系统。相位控制系统由步进电动机、扇形控制齿板、摆臂、大锥齿轮、小锥齿轮、液压控制阀等组成，如图7-17所示。后轮转向传动轴与小齿轮连接并输入前转向齿条的运动状态。一个前、后车轮转向角比传感器安装在扇形控制齿板的旋转轴上。

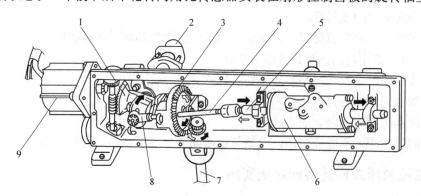

图7-17 相位控制系统的组成

1—扇形控制齿板 2—转向角比传感器 3—大锥齿轮 4—液压控制阀连杆 5—液压控制阀主动杆
6—液压控制阀 7—后轮转向传动轴 8—摆臂 9—步进电动机

步进电动机通过一对锥齿轮带动蜗杆转动，蜗杆带动扇形控制齿板摆动。步进电动机受ECU控制顺时针或逆时针方向转动，结果使扇形控制齿板正向摆动或逆向摆动一定角度，从而将摆臂拉向或推离步进电动机。

液压控制阀连杆一端连接摆臂，中间穿过大锥齿轮上的孔，另一端与液压控制阀主动杆连接。大锥齿轮的旋转运动是由小锥齿轮驱动的，而小锥齿轮的转动是由后轮转向传动轴驱动的。由此可见，液压控制阀连杆的运动是摆臂运动和大锥齿轮运动的合成，即液压控制阀连杆的运动受车速和前轮转向运动的综合影响。

2）液压控制阀和后轮转向动力缸。如图7-18所示，液压控制阀是一个滑阀结构，其滑阀的位置由液压控制阀连杆决定。图7-18表示滑阀向左移动的过程，此时液压泵送来的油液通过液压控制阀进入动力缸右腔，同时动力缸左腔通过液压控制阀与储油罐相通。在动力缸左右腔压力的作用下，动力输出杆左移，使后轮向右偏转。同时，动力输出杆带动阀套左移，逐渐使通向动力缸的油道关闭，动力输出杆（连同阀套）停止移动，后轮停止偏转。可见后轮的偏转角度取决于液压控制阀连杆的位置。

当汽车直线行驶时，在动力缸两腔的回位弹簧及油压作用下，使后轮处于直线行驶位置。此功能也使得当电子控制线路或液压回路出现故障时，后轮可回到直线行驶位置，使四轮转向变成一般的两轮转向工作状态。

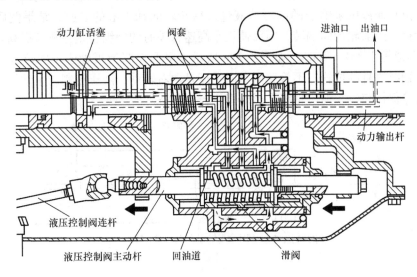

图7-18　液压控制阀结构示意图

（3）电子控制系统

1）车速传感器。该系统装有两个车速传感器，它们分别设置在车速表内和变速器的输出轴端，用来测量车速并向四轮转向控制系统输送车速脉冲信号。

2）转角比传感器。其作用是检测相位控制器中的扇形控制齿板的转角位置，并将检测出的信号反馈给EPS ECU，作为监督和控制信号。

3）电控液压阀。其作用是控制由转向液压泵输向后轮转向动力缸的油路通断。当液压回路或电子控制线路出现故障时，电控液压阀就切断由转向液压泵通向液压控制阀的油液通道，使四轮转向装置处于两轮转向工作状态，起到失效保护作用。

4）EPS ECU。其作用是根据车速计算汽车转向时前后轮的转角比；比较前后理论转角比与当时的前后轮实际转角比，并向步进电动机发出正转或反转角大小的运转指令；另外还起监视控制四轮转向电子线路工作是否正常的作用，当发现四轮转向机构工作出现异常时，点亮警告灯，并断开电控液压阀的电源，使系统处于两轮转向状态。

3．工作原理

ECU根据车速控制后轮转向系统步进电动机的工作，使扇形控制齿板转动，摆臂摆动，带动液压控制连杆左右移动；转向盘的转动通过后轮转向传动轴带动大锥齿轮转动，从而带动液压控制连杆摆动,因而使液压控制连杆左右移动。上述两种运动确定了液压控制连杆的左右位置,因而确定了液压控制滑阀的位置,也就确定了后轮偏转的方向和角度。

1)当车速低于35km/h时。如图7-19a所示,扇形控制齿板在步进电动机的控制下向负方向偏转。假设转向盘向右转动,则小锥齿轮、大锥齿轮分别向空白箭头方向转动,摆臂在扇形齿板和大锥齿轮的带动下最终向右上方摆动,液压控制阀主动杆和滑阀也向右移动,由转向液压泵输送的高压油液进入后轮转向动力缸的左腔,使后轮相对于前轮反向偏转,使车辆转向半径减小,从而提高了低速时的机动性。

2)当车速高于35km/h时。如图7-19b所示,扇形控制齿板在步进电动机的控制下向正方向移动。假设这时转向盘仍向右转动,摆臂向左上方摆动,将液压控制阀主动杆和滑阀向左拉动,由转向液压泵输送的高压油液进入后轮转向动力缸的右腔,结果使后轮向右偏转,即后轮相对于前轮同向偏转,因而使汽车高速行驶时的操纵稳定性显著提高。

3)当车速等于35km/h时。如图7-19c所示,扇形控制齿板处于中间位置,摆臂处于与大锥齿轮轴线垂直的位置。不管转向盘向左还是向右转动,液压控制阀主动杆均不产生轴向位移,后轮保持与汽车纵向轴线平行的直线行驶状态。

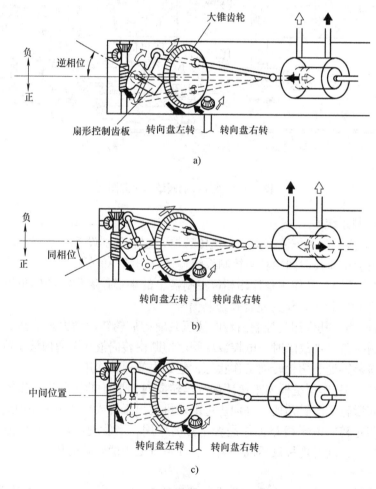

图7-19 后轮转向系统的工作原理
a)逆相位 b)同相位 c)中间位置

7.4.6 电控电动式四轮转向系统实例

该系统采用车速感应的方法，能够根据车速不同进行逆相位、同相位偏转，从而提高汽车低速转向时的机动性和高速行驶转向时的操纵稳定性。

1. 系统组成及特点

如图7-20所示，该系统主要由输入传感器（主、副前轮转角传感器，主、副后轮转角传感器，后轮转速传感器和车速传感器）、电控单元和后轮转向执行器等组成。

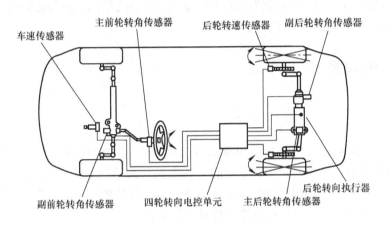

图7-20　电控电动式四轮转向系统的组成

后轮转向执行器的结构如图7-21所示，其包含一个通过循环球螺杆驱动转向齿条的电动机。常规的转向横拉杆从转向执行器连接到后轮转向臂和转向节处。执行器内的回位弹簧在点火开关关闭或四轮转向系统失效时将后轮推向直线行驶位置。一个后轮转角传感器和一个副后轮转角传感器安装在后轮转向执行器的顶端。

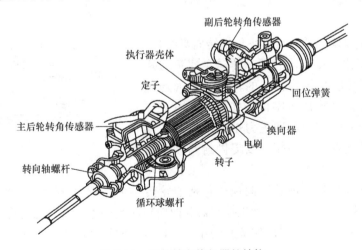

图7-21　后轮转向执行器的结构

2. 工作原理

发动机工作时，电动式EPS ECU不断地从所有输入传感器处收到信号。如果转向盘转动,电动式EPS ECU就会对所有传感器传来的信号进行分析,并计算出适当的后轮转向角,并操纵后轮转向执行器电动机,使后轮实现正确的转向。

提示:在此转向系统中,前轮转向器和后轮转向执行器之间没有任何机械连接装置,后轮转向完全靠ECU通过电动机控制。

当车速低于29km/h转向时,后轮向相反方向偏转,车速为零时的最大转角为6°,在29km/h时后轮转向角接近于零;当车速高于29km/h时,在转向盘200°转角以内后轮的转向角与前轮一致,转向盘转角大于200°时后轮开始向相反方向偏转。

当车速提高到29km/h并转动转向盘100°时,后轮将向相同方向偏转大约1°;转向盘转动500°时,后轮将向相反方向偏转大约1°。

7.5 线控转向系统

7.5.1 概述

线控转向(Steering-By-Wire,SBW)系统在转向盘和转向轮之间没有机械连接,而是用传感器记录驾驶人的转向意图和车辆的行驶状况,通过数据线将信号传递给车载电脑,车载电脑据此做出判断并控制前轮转向模块,使转向轮偏转相应角度实现汽车转向,所以该系统也称作柔性转向系统,是实现汽车智能转向的最佳方案。

7.5.2 线控转向系统的基本组成和工作原理

1. 基本组成

汽车线控转向系统主要由转向盘模块、前轮转向模块、电控单元(ECU)三个主要部分以及自动防故障系统、电源等辅助系统组成,其结构如图7-22所示。

(1) 转向盘模块 转向盘模块包括转向盘组件、转向盘转角传感器、转矩传感器、转向盘回正力矩电动机。其主要功能是将驾驶人的转向意图(通过测量转向盘转角)转换成数字信号并传递给电控单元,同时电控单元向转向盘回正力矩电动机发送控制信号,产生转向盘回正力矩,以提供给驾驶人相应的路感信息。

(2) 前轮转向模块 前轮转向模块包括前轮转

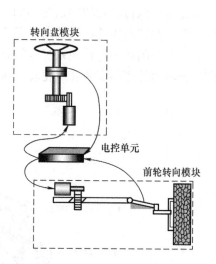

图7-22 线控转向系统的结构示意图

角传感器、转向执行电动机、电动机控制器和前轮转向组件等。其功能是将测得的前轮转角信号反馈给电控单元,并接受电控单元的命令,控制转向轮完成所要求的前轮转角,实现驾驶人的转向意图。

(3) 电控单元 电控单元对采集的信号进行分析处理,判断汽车的运动状态,向转向盘回正力矩电动机和转向电动机发送命令,控制两个电动机协调工作。电控单元还可以对驾驶人的操作指令进行识别,判定在当前状态下驾驶人的转向操作是否合理。当汽车处于非稳定状态或驾驶人发出错误指令时，前轮线控转向系统将自动进行稳定控制或将驾驶人错误的转向操作屏蔽，以合理的方式自动驾驶车辆，使汽车尽快恢复到稳定状态。

（4）自动防故障系统　自动防故障系统是线控转向系统的重要模块，它包括一系列的监控和实施算法，针对不同的故障形式和故障等级做出相应的处理，以求最大限度地保持汽车的正常行驶。线控转向技术采用严密的故障检测和处理逻辑，以最大限度地提高汽车安全性能。

（5）电源系统　电源系统承担着电控单元、两个执行电动机以及其他车用电器的供电任务，其中仅前轮转角执行电动机的最大功率就有 500～800W，加上汽车上的其他电子设备，电源的负担已经相当沉重。所以，要保证车载电网在大负荷下稳定工作，电源的性能就显得十分重要。

2. 工作原理

如图 7-23 所示，当驾驶人通过转向盘进行转向操纵时，转向盘转角传感器测得转向盘转角信号，并将其与横摆角速度、侧向加速度、车速、前轮转角信号一起送给电控单元，经过电控单元的处理，确定输出路感电动机电流的大小，并把该电流输入电动机以产生转矩，实现路感的模拟。同时，电控单元实时计算出转向执行电动机电流的大小，并把该电流输入电动机产生转矩，以实现转向功能，实现了"人—车—路"信息的闭环控制。

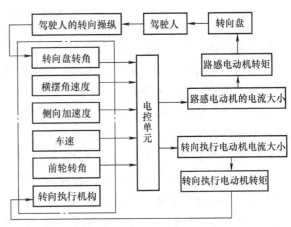

图 7-23　线控转向系统的工作原理

7.5.3　线控转向系统的特点

线控转向系统具有如下特点。

（1）提高了汽车安全性能　线控转向系统去除了转向柱等机械连接，完全避免了撞车事故中转向柱对驾驶人的伤害；智能化的 ECU 根据汽车的行驶状态判断驾驶人的操作是否合理，并做出相应的调整；当汽车处于极限工况时，能够自动对汽车进行稳定控制。

（2）改善驾驶特性、增强操纵性　线控转向系统基于车速、牵引力控制以及其他相关参数基础上的转向比率（转向盘转角和车轮转角的比值）不断变化。低速行驶时，转向比率低，可以减小转弯或停车时转向盘转动的角度；高速行驶时，转向比率变大，获得更好的直线行驶条件。

（3）改善驾驶人的路感　由于转向盘和转向车轮之间无机械连接，驾驶人"路感"通过模拟生成。可以从信号中提出最能够反映汽车实际行驶状态和路面状况的信息，作为转向盘回正力矩的控制变量，使转向盘仅向驾驶人提供有用信息，从而为驾驶人提供更为真实的"路感"。

（4）增强汽车的舒适性　由于消除了机械连接结构，地面的不平和转向轮的不平衡不会传递到转向轴上，从而减轻了驾驶人的疲劳。驾驶人的腿部活动空间和汽车底盘的空间明显增大。

提示：由于线控转向系统中转向盘和转向轮之间没有直接的机械连接，当电控系统出现故障时，车辆将无法保证转向功能，处于失控状态，所以该系统存在工作不可靠的问题。但是，随着技术的发展，电控系统的可靠性不断得到提高，在系统设计中大量引入了"冗余设计"理念，如传感器的冗余、电动机的冗余、车载电源系统的冗余等，使线控转向系统的可靠性得到了明显提高。

总之，线控转向系统使结构更紧凑、工作更平稳，是一种适合消费者需求的新技术，尤其对今后实现汽车无人驾驶的设想创造了前提。

本 章 小 结

- 汽车转向系统是按照驾驶人的意愿控制汽车，使之改变或保持行驶方向的系统。
- 理想的动力转向系统是在低速时使转向轻便，减轻驾驶人劳动强度；高速时则具有一定的转向力，防止转向发飘。
- 汽车动力转向系统的作用是在驾驶人的控制下，借助于汽车发动机产生的液体压力或电动机的驱动力来对车轮转向实现助力。
- 按照动力源不同，电控动力转向系统可以分为液压式和电动式两种。
- 液压式电控动力转向系统是在普通动力转向系统中增设了控制液体流量的电控系统，包括电磁阀、车速传感器以及电控单元。根据控制方式不同，液压式电控动力转向系统分为流量控制式、反力控制式和阀灵敏度控制式三种形式。
- 电动式电控动力转向系统是采用电动机作为动力源，电控单元依据转向参数和车速传感器信号控制电动机转矩的大小和方向，加在转向机构上，使之得到一个相应的转向助力。根据电动机对转向系统产生助力的部位不同，电控动力转向系统有三种类型：转向轴助力式、转向器小齿轮助力式、齿条助力式。
- 电控转向系统装配完毕后，应进行基本检查，主要包括针对液压系统的油量、油压试验，系统排气，转向油泵传动带松紧度调整，以及电控部分及相关部件的工作状态检查等，保证转向系统良好的工作性能。
- 动力转向控制系统具有自我诊断功能，当发生系统故障时，能自动停止助力，同时计算机可以记忆故障内容，并使故障指示灯点亮，提醒驾驶人，维修时可以读取故障码，找出故障原因。
- 动力转向系统常见的故障有转向沉重，或助力不足，动力转向液产生乳状泡沫、液面低以及压力低，向左或向右急转转向盘时转向力瞬时增大等。
- 四轮转向（4WS）汽车是指四个车轮都是转向车轮的汽车，或四个车轮都能起转向作用的汽车。通过控制汽车前轮和后轮相反的方向偏转可以减小汽车转向半径，而通过控制汽车前轮和后轮向相同的方向偏转可以保持车辆的行驶方向不变。
- 四轮转向系统的控制方式主要有转向角比例控制、横摆角速度比例控制和车速前馈控制等。

第7章 电控动力转向系统

复习思考题

一、填空题

1. 理想的转向系统应该使得汽车高速行驶时，转向_____，以具有良好的路感；低速行驶时转向_____。
2. 汽车动力转向系统的作用是在驾驶人的控制下，借助于_____或_____来对车轮转向实现助力。
3. 按照动力源不同，电控动力转向系统可以分为_____式和_____式两种。
4. 根据控制方式不同，液压式电控动力转向系统分为_____式、_____式和_____式三种形式。
5. 流量控制式动力转向系统是在一般液压动力转向系统上增加了_____、车速传感器、_____、电子控制单元和控制开关等元件。
6. 反力控制式动力转向系统是根据_____大小，控制_____油压，从而改变输入、输出增益幅度，改变转向_____的扭转刚度，从而控制转向助力的大小。
7. 电动式动力转向系统是一种直接依靠_____提供辅助转矩的助力式转向系统，系统用_____取代了液压能。
8. 根据电动机对转向系统产生助力的部位不同，电控动力转向系统有_____式、_____式和_____式。
9. 四轮转向（缩写_____）汽车是指四个车轮都是转向车轮的汽车，在低速行驶时前后轮旋转方向_____；中高速行驶时前后轮旋转方向_____。四轮转向系统能够提高高速时的稳定性和可控性，以及低速时的_____。
10. 四轮转向系统的控制方式主要有_____、_____和车速前馈控制等。

二、判断题

1. 转向力在汽车停止时应较大，随汽车行驶速度的增加而逐渐减小。　（　　）
2. 电控动力转向系统既可在低速时使转向轻便，又能在高速时保证稳定的手感，在乘用车上得到了广泛的应用。　（　　）
3. 在动力转向系统失效时，应能保证机械转向系统的有效工作。　（　　）
4. 电动助力转向系统中用的电动机是交流电动机，但一般采用永磁磁场。　（　　）
5. 四轮转向系统的电子控制系统出现故障时，应使后轮处于中间位置，汽车转向系统自动进入前轮转向（两轮转向）状态。　（　　）
6. 动力转向系统在更换液压油后和检查转向油罐中油位时发现有气泡冒出，说明系统油液不足，这将引起转向沉重、前轮摆动、转向噪声等故障。　（　　）
7. 动力转向控制系统具有自我诊断功能，当发生系统故障时，能自动停止转向。
　（　　）
8. 汽车在低速转向时，可以认为车辆的前进方向与车体的朝向是一致的，所以在各车轮上几乎不会产生旋转向心力。　（　　）
9. 车辆在高速转向时，若前轮转向角相同，4WS汽车的转弯半径可以更小，内轮差也更小，所以转向性能更好。　（　　）

10. 理想的高速转向运动应该是尽可能使车体朝向与前进方向一致，防止多余的自转运动，使前后轮产生足够的旋转向心力。（   ）

三、问答题

1. 汽车动力转向系统应该满足哪些要求？
2. 动力转向系统再设计时存在什么问题？如何解决？
3. 流量控制式电控液压动力转向系统的工作原理是什么？
4. 反力控制式电控液压动力转向系统的工作原理是什么？
5. 阀灵敏度控制式电控液压动力转向系统的工作原理是什么？
6. 以转向轴助力式为例，电动助力转向系统的工作原理是什么？
7. 在电动动力转向系统中，电磁离合器起什么作用？如何实现？
8. 四轮转向系统在高、低速转向时如何保证车辆的最佳转向性能？
9. 4WS 汽车的低速转向特性如何？

第7章 电控动力转向系统

实训项目9 丰田皇冠汽车电控动力转向系统故障码诊断

车 辆 型 号	车辆识别代码	检 测 系 统

一、实训目标

掌握故障码 C1528 的检测方法。

二、知识准备

1. 电动机转向角传感器的作用是_____。

2. 故障码 C1528 的内容是_____。

3. 画出与故障码 C1528 相关的电路图。

三、操作步骤

1)检测连接到电动转向机总成的电控动力转向接地线的安装情况。若正常,则进行下一步;若不正常,则重新安装电控动力转向接地线。

2)检测电控动力转向 ECU 总成与电动机转向角传感器之间的线束和插接器的电阻。从电动转向机总成上断开 P4 插接器,从电控动力转向 ECU 上断开 P2 插接器,检测电控动力转向 ECU 总成与电动机转向角传感器之间的线束和插接器的电阻:任何工况,P4-1(RZSN)与 P2-4(RZSN)、P4-2(RZG)与 P2-13(RZG)、P4-3(RZV)与 P2-2(RZV)、P4-4(RZCS)与 P2-3(RZCS)之间的电阻应为_____;P4-1(RZSN)与接地、P4-2(RZG)与接地、P4-3(RZV)与接地、P4-4(RZCS)与接地之间的电阻应为_____。若正常,则进行下一步;若不正常,则修理或更换线束或插接器。

3)检测电动转向机总成(电动机转向角传感器)电阻。任何工况,P4-1(RZSN)与 P4-2(RZG)、P4-3(RZV)与 P4-2(RZG)之间的电阻应为_____;P4-4(RZCS)与 P4-2(RZG)至今应_____。若正常,则进行下一步;若不正常,则更换电动转向机总成。

4)更换电控动力转向 ECU 总成,对转向角传感器进行初始化,校准转矩传感器的零点。然后进行下一步。

5)检测故障码 C1528 是否输出。若不输出该故障码,则诊断结束;若仍旧输出该故障码,则更换电动转向机总成。

通过上述检测,得出的结论是:_____
_____。

四、实训小结

第8章 中央门锁和智能进入系统

学习目标：

- 了解中央门锁系统的组成及无线门锁遥控系统的功能。
- 掌握中央门锁系统的工作原理。
- 掌握无线门锁遥控系统的工作原理。
- 掌握智能进入系统的故障诊断方法。
- 培养学生善于分析问题和探究结构奥秘的工程思维能力，树立精益求精的工匠精神。

8.1 中央门锁系统

由电动机或电磁铁操纵的车门锁称为电动门锁。随着对汽车安全性、可靠性和方便性要求的不断提高，大多数轿车配置了中央控制门锁，甚至采用了密码锁。

中央控制门锁（简称中央门锁或中控门锁）实现了门锁的驾驶人集中控制。装有中央控制门锁系统的汽车，在锁上（或打开）驾驶人车门锁时，其他所有车门锁（还可能包括行李箱门锁）均被锁上（或开锁）。例如，在丰田皇冠轿车上，当将钥匙插入驾驶人车门锁并向左转一下，所有车门将与驾驶人车门一起被锁上；当将钥匙插入驾驶人车门锁并向右连续转两下，所有车门的门锁将与驾驶人车门锁一起被打开。在现代i30轿车上，当将钥匙插入驾驶人车门锁并向左转动一下（或在车内将装在左前车门扶手上的门锁控制开关的前端按一下），所有车门（含行李箱门）将全部被锁上；当向右转动一下（或将门锁控制开关后端按一下），所有车门（含行李箱门）的门锁全部被打开。

8.1.1 中央门锁系统的组成与功用

现代汽车的中央门锁系统采用了ECU。用ECU控制的中央控制门锁系统包括三个部分：信号输入装置、ECU、执行机构。

1. 信号输入装置

（1）门锁控制开关　门锁控制开关安装在驾驶人车门（或者还包括前排乘员侧车门）内侧的扶手上，如图8-1所示。门锁控制开关的作用是将驾驶人或前排乘员的锁上门锁或打开门锁的要求告诉ECU。按下此开关的前端为"上锁"（LOCK），按下后端为"开锁"（UNLOCK）。

（2）钥匙控制开关　钥匙控制开关（也叫钥匙操纵开关、钥匙上锁与开锁开关）安装在门锁锁芯的内端（图8-2），其作用是探测是否有用钥匙锁车门锁或打开门锁的要求，并将此要求告诉 ECU。

（3）门控开关　门控开关（也叫门控灯开关、车门微开开关）安装在门框上，其作用是探测车门的开、闭状态，并将车门开、闭状态信号发送给 ECU。当车门开启时，此开关接通；当车门关闭时，此开关断开。

（4）门锁开关　门锁开关（也称车门开启探测开关）安装在门锁总成内，其作用是检测车门的开、闭状态。当车门开启时，此开关接通；当车门关闭时，此开关断开。

（5）行李箱门锁开关　行李箱门

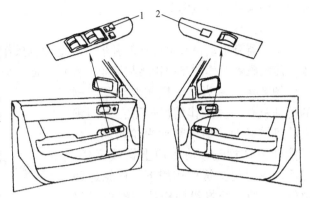

图 8-1　门锁控制开关
1—驾驶人侧车门扶手上的门锁控制开关
2—前排乘员侧车门扶手上的门锁控制开关

锁也叫行李箱开启器。行李箱门锁执行器（电磁线圈）由两个串联的开关进行控制，一个是主开关，另一个是行李箱门锁开关，如图 8-3 所示。

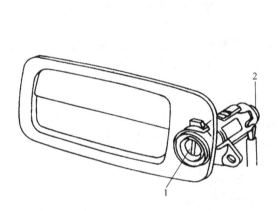

图 8-2　钥匙控制开关
1—门锁锁芯　2—钥匙控制开关

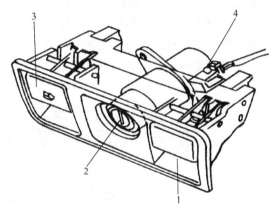

图 8-3　行李箱门锁开关
1—行李箱门锁开关　2—锁芯
3—燃油加注口盖开关　4—行李箱门锁主开关

（6）位置开关　位置开关（也称车门开锁探测开关）装在门锁总成内（图 8-4），其作用是探测门锁的状态。当锁杆处于锁止位置时，位置开关断开；当锁杆处于开锁位置时，位置开关接通。

（7）钥匙开锁警告开关　此开关安装在点火开关内，用于探测点火钥匙是否插在点火开关锁芯内，并将此信号发送给 ECU，以便实现点火钥匙防遗忘功能（在钥匙没有从点火开关里拔出的情况下，能防止点火钥匙被锁在车内）。如果钥匙插在点火开关的锁芯内，钥匙开锁警告开关接通；如果拔出钥匙，此开关断开。

2. ECU

ECU 的作用是接收信号输入装置送来的信号，并对这些信号进行处理，然后发出控制指令，控制执行机构，实现锁门或开锁。

ECU 的组成包括输入电路、存储器、鉴别器、编码器、驱动装置、抗干扰电路、显示装置、保险装置和电源等。

3. 执行器

执行器有电动机和电磁铁两种形式。电动机操作的车门锁体积小、耗电少，工作时噪声小，而电磁铁操作的车门锁结构简单，动作敏捷，但体积大、质量大，工作时有撞击声。

图 8-4 所示为电动机式电动车门锁的传动机构，其工作情况如下：当门锁电动机转动时，蜗杆带动蜗轮转动，继而推动锁杆摆动，使车门上锁或开锁。然后，在回位弹簧的作用下，蜗轮返回原位，以便防止操纵门锁按钮时电动机工作。说明：有些电动门锁不用蜗杆蜗轮传动，而采用齿轮齿条或螺杆螺母传动机构。

图 8-5 所示为电磁铁式行李箱门锁，其工作原理如下：当电磁线圈 2 中有电流通过时，所产生的电磁吸力使插棒式铁心 5 及轴销 6 向左移动，从而打开行李箱门锁。电磁线圈 2 中无电流，插棒式铁心 5 及轴销 6 处于右端位置，关闭行李箱门之后，行李箱便被上锁。电磁线圈 2 中是否有电流由行李箱门锁开关来控制。

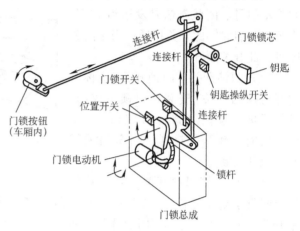

图 8-4 门锁传动机构

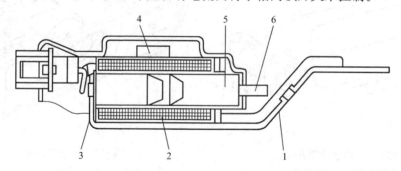

图 8-5 行李箱门锁

1—支架 2—电磁线圈 3—轭铁 4—断路器 5—插棒式铁心 6—轴销

在有些车型上，采用了门锁控制继电器，其电路原理如图 8-6 所示。当用钥匙转动锁芯，使门锁开关 5 的开锁触点接通时，电流从蓄电池流经熔断器、左边继电器（开锁继电器）的线圈，再经开关 5 搭铁，因此开锁继电器触点闭合，从而使四个门锁电磁铁通电，打开所有车门锁；当用钥匙转动锁芯，使门锁开关 5 的锁止触点接通时，右侧的锁止继电器触点闭合，从而使门锁电磁铁动作，锁上四个车门锁。开关 3 受车速的控制，从而可以实现自动闭锁控制。

8.1.2 中央门锁系统工作原理

1. 用门锁控制开关锁门和开锁

（1）锁门 如图 8-7 所示，当将驾驶人侧或前排乘员侧门锁控制开关 15 推向锁门

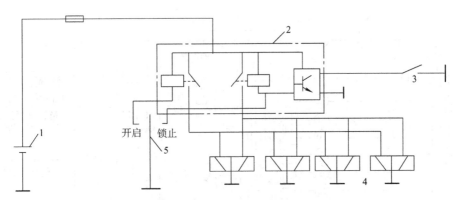

图 8-6 门锁继电器控制的中央门锁系统电路图
1—蓄电池 2—门锁控制继电器 3—开关 4—门锁电磁铁 5—门锁开关

(LOCK)位置时,防盗和门锁 ECU 20 的 16 号端子与搭铁之间接通,即开关 15 向 ECU 输入一个锁门请求信号,此信号经过反相器 A、或门 A、锁门定时器,使晶体管 VT_1(起开关作用)导通,从而使继电器 No.1 通电,电流通过继电器线圈的电路是:蓄电池 1→易熔线 3→熔断器 6→ECU 的 24 号端子→继电器 No.1 电磁线圈→晶体管 VT_1→搭铁。

继电器 No.1 通电使其触点闭合,接通了门锁电动机电路。其电路是:蓄电池 1→易熔线 2、4→断路器 5→ECU 的 8 号端子→继电器 No.1 接通的触点→ECU 的 4 号端子→门锁电动机 21、22、23 和 24→ECU 的 3 号端子→继电器 No.2 搭铁触点→搭铁→蓄电池负极。门锁电动机转动,将四个门锁全部锁上。

(2)开锁 当将驾驶人侧或前排乘员侧门锁控制开关 15 推向开锁(UNLOCK)位置时,防盗和门锁 ECU 20 的 17 号端子与搭铁之间接通,即开关 15 向 ECU 输入一个开锁请求信号,此信号经过反相器 B、或门 B、开锁定时器,使晶体管 VT_2(起开关作用)导通,从而使继电器 No.2 通电,电流通过继电器线圈的电路是:蓄电池 1→易熔线 3→熔断器 6→ECU 的 24 号端子→继电器 No.2→晶体管 VT_2→搭铁。

继电器 No.2 通电使其触点闭合,接通了门锁电动机电路。其电路是:蓄电池 1→易熔线 2、4→断路器 5→ECU 的 8 号端子→继电器 No.2 接通的触点→ECU 的 3 号端子→门锁电动机 21、22、23 和 24→ECU 的 4 号端子→继电器 No.1 搭铁触点→搭铁→蓄电池负极。门锁电动机反向转动,将四个门锁全部开锁。

2. 用钥匙锁门和开锁

(1)锁门 如图 8-7 所示,当将钥匙插入驾驶人侧或前排乘员侧门锁锁芯内并向锁门方向转动时,钥匙控制开关 16 向锁门(LOCK)侧接通,防盗和门锁 ECU 20 的 13 号端子与搭铁之间接通,即开关 16 向 ECU 输入一个锁门请求信号,此信号经过反相器 C、或门 A、锁门定时器,使晶体管 VT_1(起开关作用)导通,从而使继电器 No.1 通电,电流通过继电器线圈的电路是:蓄电池 1→易熔线 3→熔断器 6→ECU 的 24 号端子→继电器 No.1 的电磁线圈→晶体管 VT_1→搭铁。

继电器 No.1 通电使其触点闭合,接通了门锁电动机电路。其电路是:蓄电池 1→易熔线 2、4→断路器 5→ECU 的 8 号端子→继电器 No.1 接通的触点→ECU 的 4 号端子→门锁电动机 21、22、23 和 24→ECU 的 3 号端子→继电器 No.2 搭铁触点→搭铁→蓄电池负极。门锁电动机转动,将四个门锁全部锁上。

(2)开锁 当将钥匙插入驾驶人侧或前排乘员侧门锁锁芯内并向开锁方向转动时,钥匙

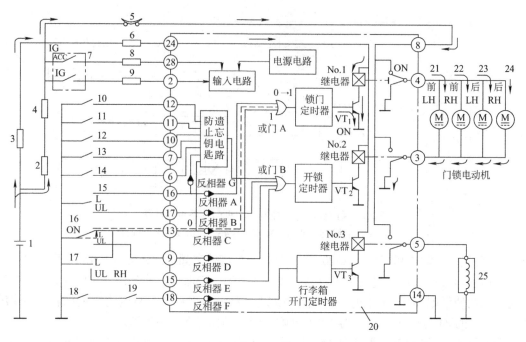

图 8-7 门锁控制电路图

1—蓄电池 2—易熔线 ALT 3—易熔线 MAIN 4—易熔线 AM1 5—断路器 6—顶灯（DOME）熔断器 7—点火开关 8—点烟器（CIG）熔断器 9—ECU 熔断器 10—左前锁开关 11—右前门锁开关 12—左前位置开关 13—右前位置开关 14—钥匙开锁警告开关 15—门锁控制开关 16—左前钥匙控制开关 17—右前钥匙控制开关 18—行李箱门锁开关 19—行李箱门锁主开关 20—防盗和门锁 ECU 21—左前门锁电动机 22—右前门锁电动机 23—左后门锁电动机 24—右后门锁电动机 25—行李箱门锁电磁线圈

控制开关 16 向开门（UNLOCK）侧接通，防盗和门锁 ECU 20 的 9 号端子与搭铁之间接通，即开关 16 向 ECU 输入一个开锁请求信号，此信号经过反相器 D、或门 B、开锁定时器，使晶体管 VT_2（起开关作用）导通，从而使继电器 No.2 通电，电流通过继电器线圈的电路是：蓄电池 1→易熔线 3→熔断器 6→ECU 的 24 号端子→继电器 No.2 的电磁线圈→晶体管 VT_2→搭铁。

继电器 No.2 通电使其触点闭合，接通了门锁电动机电路。其电路是：蓄电池 1→易熔线 2、4→断路器 5→ECU 的 8 号端子→继电器 No.2 接通的触点→ECU 的 3 号端子→门锁电动机 21、22、23 和 24→ECU 的 4 号端子→继电器 No.1 搭铁触点→搭铁→蓄电池负极。门锁电动机反向转动，将四个门锁全部开锁。

3. 行李箱门锁的控制

当主开关 19 和行李箱门锁开关 18 接通时，防盗和门锁 ECU 20 的 18 号端子与搭铁之间接通，即向 ECU 输入一个开锁请求信号，此信号经过反相器 F 和行李箱开锁定时器，使晶体管 VT_3（起开关作用）导通，从而使继电器 No.3 电磁线圈通电，电流通过继电器线圈的电路是：蓄电池 1→易熔线 3→熔断器 6→ECU 的 24 号端子→继电器 No.3 的电磁线圈→晶体管 VT_3→搭铁。

继电器 No.3 通电使其触点闭合，接通了行李箱门锁电磁铁线圈的电路。其电路是：蓄电池 1→易熔线 2、4→断路器 5→ECU 的 8 号端子→继电器 No.3 接通的触点→ECU 的 5 号端子→行李箱门锁电磁线圈 25→搭铁→蓄电池负极，从而使行李箱门锁打开。

4. 防止钥匙锁入车内

若钥匙插在点火开关的锁芯内没有拔出，便打开前车门准备离开，则由于前车门打开和点火钥匙未拔出,门锁开关10和钥匙开锁警告开关14均保持接通状态并将信号发送给ECU的防止钥匙遗忘电路。此时,当按下门锁按钮(或门锁控制开关)锁门时,门立刻被锁上。但位置开关12(或门锁控制开关)经ECU的10号(或16号)端子将一信号送给防止钥匙遗忘电路,再经或门B、开锁定时器到晶体管VT_2,使VT_2导通,继电器$No.2$电磁线圈通电,因而使所有门锁开锁。

8.2 无线门锁遥控系统

无线门锁遥控系统是一个从发射器发送信号的系统,它即使离车辆有一段距离,也能用来锁定/解锁车门。汽车的车门控制接收机接收此发射器发出的信号,并将操作信号发送到集成继电器。集成继电器收到操作信号时控制门锁电动机。除这一功能外,集成继电器有自动锁定功能、重复功能、应答及其他功能。

8.2.1 功能

(1) 所有车门的锁定/解锁功能　按发射机的LOCK开关/UNLOCK开关,对所有车门锁止/开锁。

(2) 两步开锁功能　在驾驶人车门开锁后,3s之内按UNLOCK开关两次,打开所有车门。

(3) 应答功能　当车门锁定时,危险警告灯闪亮一次;解锁时闪亮两次,通知操作已经完成。

(4) 发射机操作校验功能　按发射机的车门锁定/解锁或行李箱门打开器的开关时,操作指示灯点亮,通知系统正在发射此信号,如果电池用完,此灯不亮。

(5) 行李箱门打开功能　保持发射机的行李箱门打开开关按住超过约1s,打开行李箱门。

(6) 电动车窗开/关功能　钥匙插入点火开关锁芯时,如果按下车门开锁/锁止开关长于2.5s,所有的车门窗可以打开或关闭。当开关按住时,电动车窗的开/关操作继续进行,当开关不按时,操作停止。一些车型没有关闭功能。

(7) 紧急警报功能　按住发射机的门锁或紧急开关长于两三秒,将触发防盗系统(喇叭发出声音,前照灯、尾灯和危险灯闪光)。

(8) 内部照明功能　在发射机对车门开锁的同时,内部灯光打开大约15s。

(9) 自动锁定功能　如果用发射机开锁后30s之内没有车门被打开,所有车门将被锁止。

(10) 重复功能　当发射机进行锁定操作时,如果某一车门没有锁上,组合继电器将1s后输出锁定信号。

(11) 车门虚掩警报功能　如果有一个车门开着或虚掩,按发射机的门锁开关将致使无线电门锁蜂鸣器发声大约10s。

(12) 安全功能

1) 在来自发射机的无线电波的某一部分中有按照某一固定规律变化的滚动代码。当车门控制接收机收到来自发射机的信号时,接收机先存储此滚动代码,当接收机收到下一个无线电波时,接收机将此代码与车辆自身的代码进行核对,这样可以提高安全性。

2) 为了防止车窗开着时用棍棒或等同物在门玻璃和门框之间的空间操纵门锁控制开关

（手动操纵）而打开此门，用发射机（包括自动锁定功能）执行的锁定操作将设置门锁的安全功能，禁止通过车门控制开关（供手工操作用）来进行开锁操作。

（13）发射机识别密码注册功能　在 EEPROM 中能注册（写和存储）四个发射机识别密码，此 EEPROM 包括在车门接收器中。在重写识别密码、核查注册代码或丢失发射机时，可以擦掉代码并使无线电门锁遥控功能无效。

8.2.2　工作原理

1. 所有车门的锁定/解锁操作

（1）传送和判断操作　当钥匙没有插入点火开关锁芯中，并且所有门都关闭着，按下发射机的锁定/解锁开关时，车辆自己的识别密码和功能码便被发送出去。当车门控制接收机收到这些代码时，控制接收机中的中央处理器（CPU）开始核对和判断。如果接收器识别出收到的本车识别代码是车门锁定/解锁，它将车门锁定/解锁信号输出到组合继电器。无线门锁遥控系统电路如图 8-8 所示。

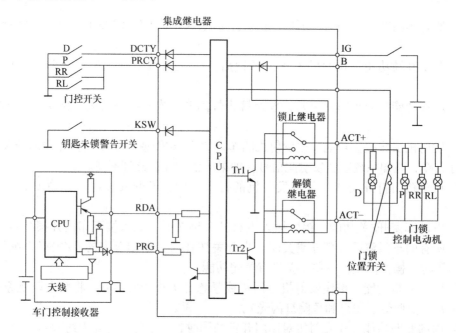

图 8-8　无线门锁遥控系统电路图

（2）在组合继电器侧的操作　当集成继电器收到车门锁定/解锁信号时，它导通 Tr1/Tr2，导致锁定/解锁继电器导通。结果，所有的门锁控制电动机开到锁定/解锁侧。

2. 两步开锁操作

要执行两步开锁操作，组合继电器中还有包括专用于驾驶人车门的开锁继电器（D）和控制开锁继电器（D）的 Tr3。

1）当发射机的开锁开关只按下一次时，组合继电器导通 Tr3 和驾驶人车门开锁继电器（D），只向解锁方向旋转驾驶人侧门锁控制电动机。

2）如果在 3s 之内连续按下发射机的开锁开关两次，组合继电器导通 Tr3 和 Tr2，导通驾驶人和乘员车门的开锁继电器（D）和（P），并将所有的门锁电动机开到开锁侧。

8.3 智能进入系统

汽车无钥匙进入系统（Passive Keyless Enter，PKE）采用了世界最先进的 RFID 无线射频技术和最先进的车辆身份编码识别系统，率先应用小型化、小功率射频天线的开发方案，并成功地融合了遥控系统和无钥匙系统，沿用了传统的整车电路保护系统，真正实现双重射频系统、双重防盗保护，为车主最大限度地提供便利和安全。"汽车无钥匙系统"不是传统的钥匙，而是一个智能钥匙，或者说智能卡。当你踏进指定范围时，该系统即可识别出你就是授权的驾驶人并自动开门。一旦上车，你只要按一个按钮即可起动点火开关。如今的智能钥匙还能"锁定"钥匙本身，防止你将自己锁在外面。雷诺、奔驰、宝马、日产天籁、丰田卡罗拉、福特致胜、本田雅阁等高端汽车已经采用了"无钥匙"系统。智能进入系统的主要功能如下。

1. 无钥匙进入功能

1）当钥匙靠近车体时，车门自动开锁并解除防盗警戒状态，同时转向灯闪烁两次；当钥匙离开车体时，车门自动上锁并进入防盗警戒状态，此时转向灯闪烁一次，喇叭响一短声。

2）主门的有效检测距离不小于 1.5m，其他门要求在门边时有效。

2. 自动升窗与设防功能

1）当钥匙离开车体 3~5m 时，车门自动上锁并进入防盗警戒状态，此时转向灯闪烁一次，喇叭响一短声。

2）车窗会自动升起。

3. 无线遥控功能

1）遥控上锁：按此按键，车门上锁，转向灯闪烁一次，同时喇叭响一声，汽车进入防盗警戒状态。

2）遥控开锁：按此按键，车门开锁，转向灯闪烁两次，同时解除防盗报警状态。

3）寻车功能：按此按键，电子喇叭响 8 声，转向灯闪烁 8 次；若主机检测到钥匙或接收到开门信号，则自动终止寻车功能。

4）无线遥控距离不小于 20m。

4. 防盗报警功能

1）在防盗警戒状态下，有边门触发或 ACC 信号触发，则系统开始报警，此时，电子喇叭鸣叫 30s，转向灯闪烁 3min。

2）一旦防盗被触发，则系统必须切断启动电路和油路，只有防盗被解除后方可恢复。

3）若在防盗警戒启动后发现车门未正确关好，则系统发出警示信号：电子喇叭鸣叫 8 次，同时转向灯闪烁 8 次；5s 后若门仍未关好，则自动断开油路和启动电路。

5. 其他功能

1）遥控器低电量提示：当遥控器电池电量过低时，在无钥匙或遥控开门关门时喇叭鸣叫 4 短声。

2）在线诊断：可在线检测系统故障、在线升级系统设置。

3）省电模式：系统采用模糊控制，可自动进入省电模式。

8.4 丰田皇冠/锐志汽车智能进入系统故障检修

8.4.1 智能进入系统电控元件位置图

电控元件位置如图 8-9 所示。

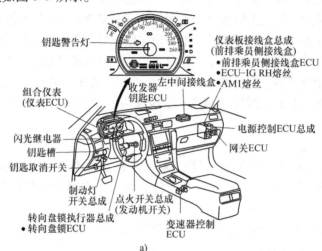

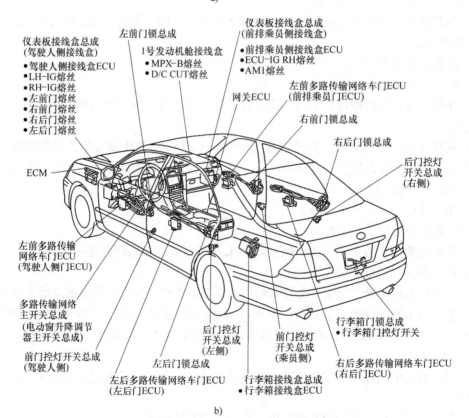

图 8-9 智能进入系统电控元件位置图

第 8 章 中央门锁和智能进入系统

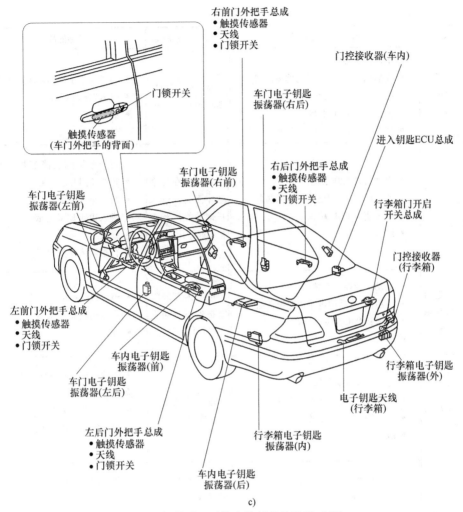

c)

图 8-9 智能进入系统电控元件位置图（续）

8.4.2 智能进入系统常见故障及排除

常见故障现象及可能的故障部位见图 8-1，按故障部位逐一排查。

表 8-1 智能进入系统常见故障现象及可能的故障部位

故障现象	可能的故障部位	故障现象	可能的故障部位
所有车门的进入锁止和开锁功能不起作用	• 无线门锁控制系统（带进入和启动系统） • 钥匙取消开关 • 进入钥匙 ECU 总成 • 线束	左后门/右后门进入锁止功能不起作用	• 电动门锁控制系统 • 左后门/右后门外把手总成 • 进入钥匙 ECU 总成 • 线束
驾驶门/乘员门进入开锁功能不起作用	• 电动门锁控制系统 • 左前/右前门电子钥匙振荡器 • 左前/右前门外把手总成 • 进入钥匙 ECU 总成 • 线束	进入点火功能发动机控制系统不能启动（当钥匙插入时启动）	• 车内电子钥匙振荡器（前） • 进入钥匙 ECU 总成 • 线束

195

(续)

故障现象	可能的故障部位	故障现象	可能的故障部位
左后门/右后门进入开锁功能不起作用	• 电动门锁控制系统 • 左后门/右后门电子钥匙振荡器 • 左后门/右后门外把手总成 • 进入钥匙ECU总成 • 线束	钥匙行李箱防锁功能不起作用	• 行李箱电子钥匙振荡器（内） • 进入钥匙ECU总成 • 线束
驾驶人门/乘员门进入锁止和开锁功能不起作用	• 电动门锁控制系统 • 左前门/右前门电子钥匙振荡器 • 进入钥匙ECU总成 • 线束	当钥匙在行李箱外面时，进入开锁功能对行李箱不起作用	• 行李箱电子钥匙振荡器（外） • 行李箱门开启开关 • 行李箱电子钥匙天线 • 进入钥匙ECU总成 • 线束 • 行李箱接线和ECU
左后门/右后门进入锁止和开锁功能不起作用	• 电动门锁控制系统 • 左后门/右后门电子钥匙振荡器 • 进入钥匙ECU总成 • 线束	进入内部蜂鸣警报器不鸣叫进入指示灯不工作	• 组合仪表系统 • 进入钥匙ECU总成 • 线束
驾驶人/乘员门进入锁止和开锁功能不起作用	• 电动门锁控制系统 • 左前门/右前门外把手总成 • 进入钥匙ECU总成 • 线束	进入功能完全不起作用	• 无线门锁控制系统（带进入和启动系统） • 钥匙取消开关 • 进入钥匙ECU总成 • 线束
进入应答功能不起作用	• 无线门锁控制系统（带进入和启动系统）	进入内部蜂鸣警报器不鸣叫	• 无线门锁控制系统（带进入和启动系统）

8.4.3　智能进入系统典型电路诊断流程

1．所有车门的进入锁止和开锁功能不起作用

(1) 电路图（图8-10）

(2) 检查步骤

1) 检查所有车门的进入锁止和开锁功能是否正常。若进入锁止和开锁不起作用，则进行下一步；若进入锁止不起作用，则进行步骤7；若某个车门的进入锁止和开锁不起作用，参见常见故障及排除表进行。

2) 检查钥匙的工作情况。更换一个功能正常的钥匙后，检查进入锁止和开锁功能是否正常。若正常，则是钥匙故障；若不正常，则进行步骤3。

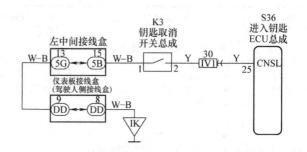

图8-10　所有车门的进入锁止和开锁功能电路图

3) 检查无线门锁止和开锁功能是否正常。若正常，则进行下一步；若不正常，则转到无线门锁控制系统（带进入和启动系统）。

4) 读取钥匙取消开关数据表。根据数据表检查钥匙取消开关功能是否正常，当钥匙取消开关打开时，屏幕上显示 ON。当钥匙取消开关关闭时，屏幕上显示 OFF。若正常，则更换进入钥匙 ECU 总成；若不正常，则进行步骤 5。

5) 检查钥匙取消开关总成。拆下开关，测量开关电阻，未按下（OFF），1 与 2 之间的电阻为 10kΩ 或更大；按下（ON），1 与 2 之间的电阻小于 1Ω。若正常，则进行下一步；若不正常，则更换钥匙取消开关总成。

6) 检查线束（钥匙取消开关总成 – 进入钥匙 ECU 总成和接地）。断开 K3 开关插接器，断开 S36 ECU 插接器，测量线束侧插接器的电阻，K3 – 1 与 S36 – 25（CNSL）、K3 – 2 与接地之间电阻应小于 1Ω，K3 – 1 或 S36 – 25（CNSL）与接地之间的电阻应为 10kΩ 或更大。若正常，则进行下一步；若不正常，则修理或更换线束和插接器。

7) 检查手动车门锁止功能是否正常。若正常，则更换进入钥匙 ECU 总成；若不正常，则进行下一步。

8) 读取门控灯开关数据表。根据表 8-2 检查每个门控灯开关功能是否正常。正常情况下，在屏幕上显示 ON（按下门控灯开关）。若正常，则更换进入钥匙 ECU 总成；若不正常，则转到照明系统。

表 8-2 门控灯开关数据

项目	测量项目
驾驶人侧接线盒 ECU	驾驶人门门控开关/ON 或 OFF
	乘员门控灯开关/ON 或 OFF
	后门控灯开关/ON 或 OFF
行李箱接线盒 ECU	行李箱门控灯开关/ON 或 OFF

2. 驾驶人侧门进入锁止功能不起作用

(1) 电路图（图 8-11）

(2) 检查步骤

1) 检查手动车门锁止功能是否正常。若正常，则进行下一步；若不正常，则转到电动门锁控制系统。

2) 进行门锁开关动态测试。选择动态测试，检查门锁开关功能是否正常。按下门锁开关时，屏幕上显示 ON。未按下门锁开关时，屏幕上显示 OFF。若正常，则更换左前多路传输网络车门 ECU（驾驶人侧门 ECU）；若不正常，则进行下一步。

3) 检查左前电子钥匙天线。测量电子钥匙天线电阻，按下门锁开关，1

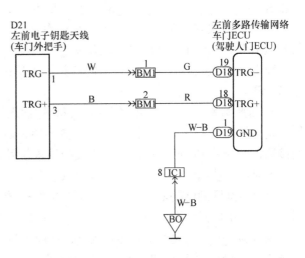

图 8-11 驾驶人侧门进入锁止功能电路图

(TRG)与3(TRG+)之间的电阻应小于1Ω；未按下门锁开关，1(TRG)与3(TRG+)之间的电阻应大于10kΩ。若正常，则进行下一步；若不正常，则更换左前电子钥匙天线。

4）检查线束（左前电子钥匙天线-左前多路传输网络车门ECU（驾驶人侧门ECU）和接地）。断开D21天线插接器，断开D18和D19 ECU插接器，测量线束侧插接器的电阻，D21-3(TGR+)与D18-18(TGR+)、D21-1(TGR)与D18-19(TGR-)之间的电阻应小于1Ω；D19-1(GND)与接地、D21-3(TGR+)或D18-18(TGR+)与接地之间的电阻应为10kΩ或更大。若正常，则更换左前多路传输网络车门ECU（驾驶人门ECU）；若不正常，则修理或更换线束和插接器。

本 章 小 结

- 中央门锁系统的信号输入装置是一些产生开锁或上锁请求信号，或提供状态信号（车门开、闭状态，门锁上锁、开锁状态，点火钥匙拔出或留在点火开关内），这些信号可使门锁控制ECU操纵电动门锁动作。在装有防盗系统的汽车上，ECU还可根据信号输入装置发送来的信号触发警报装置进行报警。

- 无线电门锁遥控系统是一个从发射器发送信号的系统，它即使离车辆有一段距离，也能用来锁定/解锁车门。汽车的车门控制接收机接收此发射器发出的信号，并将操作信号发送到集成继电器。集成继电器收到操作信号时控制门锁电动机。除这一功能外，集成继电器有自动锁定功能、重复功能、应答及其他功能。

复 习 思 考 题

一、填空题

1. 中央控制门锁系统的组成包括_____、_____、_____三个部分。
2. 中央控制门锁系统的信号输入装置有_____、_____、_____、_____、_____和_____。
3. 钥匙控制开关（也叫钥匙操纵开关）安装在_____的内端，其作用是探测是否有_____的要求，并将此要求告诉ECU。
4. 门控开关安装在_____上，其作用是探测_____的开、闭状态，并将此状态信号送给ECU。当车门开启时，此开关_____；当车门关闭时，此开关_____。
5. 位置开关安装在_____内，其作用是探测_____的状态，并将此信号送给ECU。
6. 对照图8-7。当用钥匙锁门时，将钥匙插入驾驶人侧门锁锁芯内并向锁门方向转动钥匙。钥匙控制开关16向锁门（LOCK）侧接通，防盗和门锁ECU 20的13号端子与搭铁之间接通，即开关16向ECU输入一个锁门请求信号，此信号经过反相器_____、或门_____、锁门定时器，使晶体管_____（起开关作用）导通，从而使继电器_____通电，电流通过继电器线圈的电路是：蓄电池1→易熔线3→熔断器6→ECU的_____号端子→继电器_____的电磁线圈→晶体管_____→搭铁。

继电器_____通电使其触点闭合，接通了门锁电动机电路。其电路是：蓄电池1→易熔线2、4→断路器5→ECU的_____号端子→继电器_____接通的触点→ECU的_____号端子→门锁电动机21、22、23和24→ECU的_____号端子→继电器_____搭铁触点→

搭铁→蓄电池负极。门锁电动机反向转动，将四个门锁全部锁上。

7. 无线门锁遥控系统是一个从_____发送信号的系统，它即使离车辆有一段距离，也能用来锁定/解锁车门。汽车的_____接收此发射器发出的信号，并将操作信号送到_____。集成继电器收到操作信号时控制门锁_____。

8. 无钥匙启动系统可以分为_____、_____。

二、判断题

1. 中央门锁系统的门锁开关的作用是检测门锁的状态并将此信号送给 ECU。（　　）
2. 装有中央门锁系统的汽车，用钥匙只能打开或锁上驾驶人侧车门锁。（　　）
3. 一般装备有无钥匙进入系统的车辆，其车门把手上有感应按钮，同时也有钥匙孔，当智能卡损坏或没电时，车主仍可用普通方式开启车门。（　　）
4. 当车主上车起动车辆后，第一脚制动，四门将会自动落锁。（　　）
5. 如果忘记关闭车窗，无须重新起动发动机逐个关闭车窗，车辆安全系统会自动升起车窗，大大提高了汽车的安全防范水平，不会因忘记关闭车窗而发生淋雨等意外事件。（　　）
6. 在驾驶人侧车门开锁后，5s 之内按 UNLOCK 开关两次，可打开所有车门。（　　）

三、问答题

1. 中央门锁系统的工作原理是什么？
2. 增强中央门锁的安全功能有哪几种方法？
3. 无线门锁遥控系统有哪些功能？
4. 无钥匙启动系统的工作原理是什么？

实训项目10　丰田皇冠/锐志汽车智能进入系统电路检修

车 辆 型 号	车辆识别代码	检 测 系 统

一、实训目标

　　掌握丰田皇冠/锐志汽车驾驶人侧门进入锁止功能不起作用电路的检查方法。

二、知识准备

　　画出丰田皇冠/锐志汽车驾驶人侧门进入锁止功能不起作用电路图。

三、操作步骤

　　1）检查手动车门锁止功能是否正常。若正常，则进行下一步；若不正常，则转到电动门锁控制系统。

　　2）进行门锁开关动态测试。选择动态测试，检查门锁开关功能是否正常。按下门锁开关时，屏幕上显示 ON。未按下门锁开关时，屏幕上显示 OFF。若正常，则更换左前多路传输网络车门 ECU（驾驶人门 ECU）；若不正常，则进行下一步。

　　3）检查左前电子钥匙天线。测量电子钥匙天线电阻，按下门锁开关，1（TRG）与 3（TRG＋）之间的电阻为_____；未按下门锁开关，1（TRG）与 3（TRG＋）之间的电阻为_____。若正常，则进行下一步；若不正常，则更换左前电子钥匙天线。

　　4）检查线束（左前电子钥匙天线－左前多路传输网络车门 ECU（驾驶人门 ECU）和接地）。断开 D21 天线插接器，断开 D18 和 D19 ECU 插接器，测量线束侧插接器的电阻，D21－3（TGR＋）与 D18－18（TGR＋）、D21－1（TGR＋）与 D18－19（TGR－）之间的电阻为_____；D19－1（GND）与接地、D21－3（TGR＋）或 D18－18（TGR＋）与接地之间的电阻为_____。若正常，则更换左前多路传输网络车门 ECU（驾驶人门 ECU）；若不正常，则修理或更换线束和插接器。

　　通过上述操作，得出的结论是：_____
_____。

四、实训小结

_____
_____
_____。

第9章 防盗系统

📝 **学习目标：**

- 了解防盗系统的分类和组成。
- 掌握防盗系统的工作原理。
- 掌握典型汽车防盗系统的故障诊断方法。
- 培养学生善于分析问题和探究结构奥秘的工程思维能力，树立精益求精的工匠精神。

9.1 防盗系统的分类

汽车防盗系统可分为机械式和电子式两种。机械式防盗系统是用机械的方法对油路、变速杆、转向盘、制动器等进行控制，如变速杆锁（锁住变速杆使其不能移动）、转向盘锁（也叫拐杖锁，挂在转向盘与离合器踏板之间）、轮胎锁（固定住轮胎）等。这种方法虽然费用低，但使用不便，安全性差，正在逐渐被淘汰。

目前流行的是电子式防盗系统。当电子式防盗系统启动（激活）之后，如有非法移动汽车、划破玻璃、破坏点火开关锁芯、拆卸轮胎和音响、打开车门、打开燃油箱加注口盖、打开行李箱门、接通点火开关等，防盗器立即报警。报警的方式有灯光闪烁、警笛长鸣、发射电波报警，有些车型在报警的同时再切断起动机电路，切断燃油供给，切断点火系统，切断喷油控制电路，切断发动机 ECU 搭铁电路，甚至切断变速器控制电路，从而使汽车发动机不能起动和运转，变速器不能换档，使汽车处于完全瘫痪状态。

电子式防盗系统按功能可分为以下三类。

1. 防止非法进入汽车的防盗系统

计算机控制的中央门锁系统即属于这种防盗系统。红外监视系统也属于这种系统，在红外监视系统中，布置在车辆内部周围的一组红外传感器构成了一道无形帘幕，在防盗系统启动后，监视是否有移动物体进入车内。该系统安全性高、可靠性强，但由于需要布置多个红外发射接收装置，成本较高。

2. 防止破坏或非法搬运汽车的防盗系统

该系统主要通过布置在车内的超声波传感器、振动传感器或倾斜传感器等监测是否有人企图破坏或非法搬运汽车。此类防盗系统需增加相应的遥控系统和报警系统，因此成本高，使用不便；而且由于传感器灵敏度难于准确设定，易误报警和漏报警，安全性差，报警信号对环境也构成污染。

3. 防止汽车被非法开走的防盗系统

此类防盗系统多数采用带密码锁的遥控系统，通过确定是否允许接通起动机、点火电路等，来防止汽车被非法开走。其安全性较差、成本高、使用不便。新型的防盗点火锁系统采用电子应答的方法来判断使用的钥匙是否合法，并以此确定是否允许发动机 ECU 工作，这是目前高级乘用车普遍采用的电子防盗技术。

9.2　防盗系统的工作原理

汽车防盗系统的组成包括三个部分：开关和传感器（探测是否发生非法进入汽车或非法搬运汽车的情况）、防盗 ECU 和执行机构（报警装置和使汽车失去运动能力的系统）。

1. 防盗系统的基本原理

简单的防盗系统如图 9-1 所示。当用钥匙锁好所有车门（开关 4 向上接通）时，系统进行 30s 自检，防盗指示灯点亮。30s 过后，防盗指示灯（通常为 LED）便开始闪烁，表明系统启动而进入警戒状态。

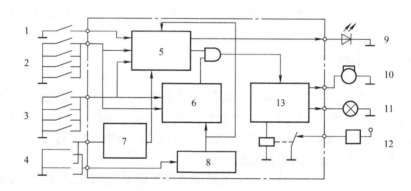

图 9-1　防盗系统的基本组成
1—钥匙开锁警告开关　2—开门开关（门锁开关，车门微开开关）　3—锁门开关（位置开关）　4—钥匙操纵开关　5—报警状态设置电路　6—检测是否被盗的电路　7—30s 定时器　8—解除警报电路　9—指示灯　10—报警器　11—报警灯　12—起动继电器　13—报警控制电路

如果非法开启车门，即车门锁处于上锁状态（开关 3 断开）的情况下，而车门被打开，开关 2 由断开变为接通，电路 6 则判定为非法进入，通过报警控制电路 13 进行报警，报警喇叭响起，报警灯闪烁，起动电路被切断。

当用钥匙开门，开关 4 向下接通，解除报警。

这种防盗系统的功能较简单，它只能报警和震慑窃车贼，或再简单地切断启动继电器电路，难以阻止汽车被开走或被搬走。所以汽车制造商又设法增强防盗系统的功能，并从两个方面入手：一是加强中央门锁的安全功能，二是加强汽车的锁止功能。

2. 加强中央门锁的安全功能

（1）测量门锁钥匙电阻　如图 9-2 所示，车辆的每一把钥匙均有一设定电阻，并存储在防盗 ECU 中。当启动防盗系统后，所有车门被锁住，此时若用齿形相同但阻值不同的钥匙开启车门或起动发动机，防盗 ECU 则将此判定为非法进入，并进行防盗报警，同时切断起动继电器控制线圈的搭铁电路，使起动机不能工作；或与发动机 ECU 进行通信，使喷油器不喷油。该方法防盗效果很好，但当拆过蓄电池后，需向防盗 ECU 重新输入钥匙中设定的电阻值,因此需要维修人员了解重新设定技术,也给防盗系统留下了一个漏洞。

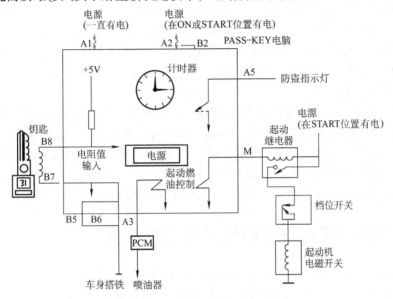

图9-2 增强功能的防盗系统

(2) 加装密码锁 加装密码锁后,就不用担心钥匙丢失而造成车辆失窃的问题。车用密码锁与普通按键式电子密码锁相同,密码锁的键盘上有10个数字的按键,而密码则一般采用5位数,也就是说,密码共有10万种组合。已设定的密码也可以由车主任意改变,因此,车主也不必担心被别人窃去密码。

(3) 遥控器(转发器)增加保险功能 无论何种开门锁方法,与遥控器都处于同一级别,也就是说,即使别人复制不了钥匙,破译不了密码,只要复制了遥控器,同样可以轻松打开车门锁。普通遥控器的复制对于专业人员来说并不是难事,只要用一台示波器测出遥控器发出的无线电信号的频率即可。

为防止遥控器被复制,宝马(BMW)公司自1995年起采用了新型遥控器,该遥控器与防盗ECU配合,由固化程序设定频率,即每次车主重新锁门后,遥控器与接收器均按事先设定的程序同时改变为另一频率,以达到阻止他人复制遥控器的目的。

以上就是目前世界上流行的几种中央控制门锁的增强方式。当然,仅靠增强门锁还不够,还要使窃贼即使强行打开车门也无法将车开走,这就需要加强汽车锁止功能。

3. 加强汽车锁止功能

(1) 使起动机无法工作 通过防盗ECU来控制起动继电器电路是否搭铁,从而控制继电器触点是否闭合,这样就达到控制起动机能否正常工作的目的。若通过正常途径解除防盗警戒,则起动机与喇叭、灯光等都处于正常工作状态;若未解除防盗警戒而起动汽车,即使短接点火钥匙锁芯后面的起动导线,也无法将发动机起动,从而起到防盗功能。

(2) 使发动机无法工作 防盗ECU不仅控制着起动机线路,同时亦可切断汽油泵断电器控制线路,使发动机处于无油供给的状态,同时亦控制自动变速器电磁阀继电器控制线路,使自动变速器液压油路控制阀体总成中的电磁阀无法打开,以达到即使能起动发动机,亦无法使自动变速器运转的目的。亦有某些车型同时可以切断发动机ECU中的某些搭铁线路,使点火系统不工作,喷油器电磁线圈处于切断状态,从而使发动机无法工作。

(3) 使发动机 ECU 处于非工作状态 防盗警戒解除后,防盗 ECU 将某一特定频率的信号发送至发动机 ECU,这样才能使发动机 ECU 正常工作;若未解除防盗警戒或直接切断防盗 ECU 电源,则该信号不存在,发动机 ECU 停止工作,发动机不能运转。

(4) 采用电子式转向锁 如奔驰汽车采用的电子控制转向柱锁,只有在使用合法钥匙时,转向柱锁方可打开。这样,即使窃贼进入汽车,也无法将汽车开走。

4. 振动报警装置

目前国外许多盗车集团拥有自己的汽车维修站,并拥有带集装箱的运输车,若他们发现合适的猎物,就直接把目标塞进集装箱中,运到维修站内,慢慢将整车拆成零件后销售。于是,汽车制造商们又在汽车上安装了振动报警装置。它的工作原理是:防盗系统启动后,若汽车受到意外移动、碰撞,安装在汽车内部的一个振动传感器便将车辆振动的信号送给防盗 ECU,如果振动传感器输出信号大于标准值,有阻吓功能的灯光、喇叭一起工作,并提醒车主注意。

9.3 丰田皇冠/锐志汽车防盗系统故障诊断

1. 丰田皇冠/锐志汽车防盗系统的电控元件位置图

丰田皇冠/锐志汽车防盗系统电控元件位置如图 9-3~图 9-5 所示。

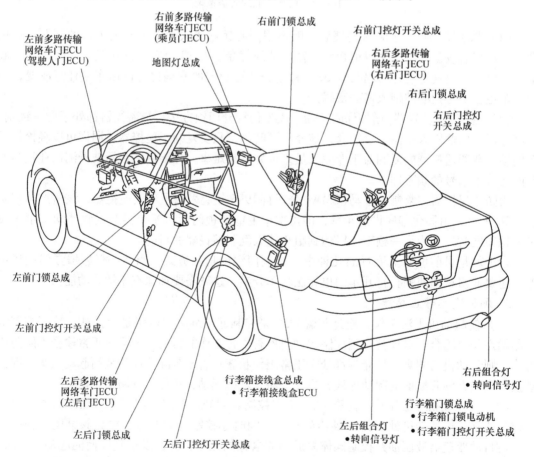

图 9-3 防盗系统电控元件位置图 (1)

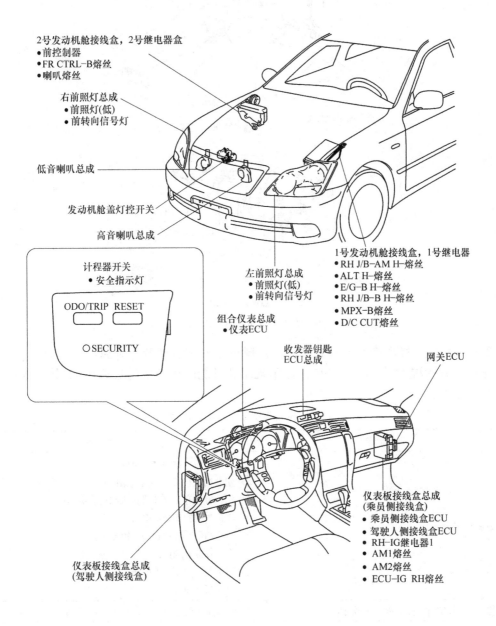

图 9-4 防盗系统电控元件位置图（2）

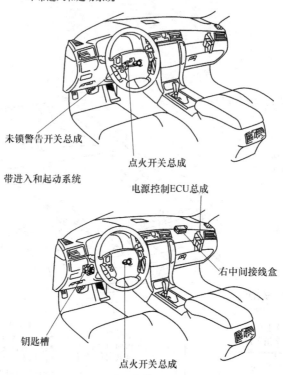

图 9-5　防盗系统电控元件位置图（3）

2. 丰田皇冠/锐志汽车防盗系统常见故障现象及可能的故障部位

丰田皇冠/锐志汽车防盗系统常见故障现象及可能的故障部位见表 9-1，按可能的故障部位逐一排查。

表 9-1　常见故障现象及可能的故障部位

故障现象	可能的故障部位
防盗系统不能设定	发动机舱盖灯控开关电路 钥匙槽（带进入和启动系统） 未锁警告开关（不带进入和启动系统） 车门未锁检测开关电路 行李箱门钥匙锁止和开锁开关 车门控灯开关电路 行李箱门控灯开关电路 ECU 电源电路
当防盗系统设定时，安全指示灯不闪烁	安全指示灯电路
在 15s 内，当点火开关从 ON 转到 OFF 共操作 10 次，警告鸣响状态不能取消	IG 电源电路（带进入和启动系统） 点火开关电路（不带进入和启动系统） 钥匙槽（带进入和启动系统） 未锁警告开关（不带进入和启动系统）
即使门打开，防盗系统也能设定	车门控灯开关电路
当防盗系统处于警告运行时，喇叭（低音、高音）不鸣叫	喇叭（低音、高音）电路

(续)

故障现象	可能的故障部位
当防盗系统处于警告运行时,前照灯不闪烁	前照灯电路
当防盗系统处于警告运行时,尾灯不闪烁	尾灯电路
当防盗系统处于警告运行时,应急警告灯不闪烁	应急警告灯电路
当防盗系统处于警告运行时,地图灯不亮	车内灯电路
当防盗系统处于警告运行时,安全喇叭不鸣叫	安全喇叭电路
即使防盗系统未设定,前照灯也闪烁	前照灯电路
即使防盗系统未设定,尾灯也闪烁	尾灯电路
即使防盗系统未设定,应急警告灯也闪烁	应急警告开关电路
即使防盗系统未设定,地图灯也点亮	车内灯电路

注：进入防盗系统故障排除的前提是门锁控制系统和无线门锁控制系统正常工作,排除防盗故障前首先检测这些系统。

3. 丰田皇冠/锐志汽车防盗系统电路检查

（1）ECU 电源电路的检查

1）ECU 电源电路如图 9-6 所示。

2）检测步骤如下。

① 检测熔丝（D/C CUT、MPX-B）。从 1 号发动机舱继电器盒上拆下 D/C CUT 和 MPX-B 熔丝,测量电阻,应小于 1Ω,若正常,则进行下一步；若不正常,则更换熔丝。

② 检测仪表板接线盒总成（前排乘员侧接线盒）与蓄电池和接地之间的线束。断开 PD 和 PK 接线盒插接器,检测电压和电阻,PK-5（BECU）与接地之间电压应为 10~14V,PD（前排乘员侧）与 7（GND2）与接地电阻应小于 1Ω,若正常,则按常见故障及排除表进行下一电路检测；若不正常,则维修或更换线束和插接器。

（2）点火开关电路的检查

1）点火开关电路如图 9-7 所示。

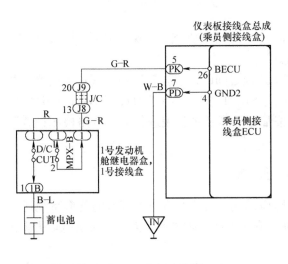

图 9-6　ECU 电源电路图

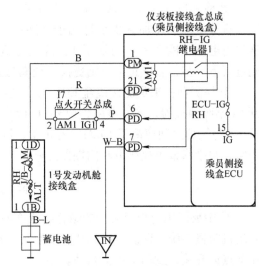

图 9-7　点火开关电路图

2) 检测步骤如下。

① 检测熔丝（AM1、ECU-IG、RH）。从仪表板接线盒（前排乘员侧接线盒）上拆下 AM1、ECU-IG、RH 熔丝，测量电阻，应小于 1Ω，若正常，则进行下一步；若不正常，则更换熔丝。

② 检测点火开关总成。测量电阻，开关 LOCK，2(AM1)与4(IG1)之间应为 10kΩ 或更高；开关 ON，2(AM1)与4(IG1)之间应小于 1Ω。若正常，则进行下一步；若不正常，则更换点火开关总成。

③ 检测仪表板接线盒总成（前排乘员侧接线盒）与蓄电池和接地之间的线束。断开 PD 和 PM 接线盒插接器，测量电压和电阻，PM-1(IG)与接地之间电压应为 10~14V，PD-7 与接地之间电阻应小于 1Ω，若正常，则进行下一步；若不正常，则维修或更换线束和插接器。

④ 检测仪表板接线盒总成（前排乘员侧接线盒）与点火开关总成之间的线束。断开 PD 接线盒插接器，断开点火开关 17 总成插接器，测量电阻，PD-6 与 I7-4（IG1）、PD-21 与 I7-2（AM1）之间的电阻应小于 1Ω；PD-6 或 I7-4（IG1）与接地、PD-21 或 I7-2（AM1）与接地之间电阻应高于 10kΩ。若正常，则按常见故障及排除表进行下一电路检测；若不正常，则维修或更换线束和插接器。

(3) 安全喇叭电路检查

1) 安全喇叭电路如图 9-8 所示。

2) 检测步骤如下。

① 进行安全喇叭动态测试。选择动态测试，用诊断仪检测安全喇叭是否鸣叫，应鸣叫。若正常，则按常见故障及排除表进行下一电路检测；若不正常，则进行下一步。

② 检测安全喇叭总成。拆下安全喇叭。将蓄电池电压加到指示灯端子之间：

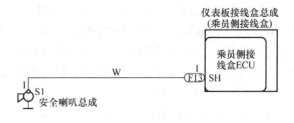

图 9-8 安全喇叭电路图

连接蓄电池正极（+）与端子 1、蓄电池负极（-）与喇叭支架，喇叭应鸣叫。若正常，则进行下一步；若不正常，则更换安全喇叭总成。

③ 检测前排乘员侧接线盒 ECU 与安全喇叭总成之间的线束。断开 F13 ECU 插接器，断开 S1 喇叭插接器，测量电阻，F13-1（SH）与 S1-1 之间应小于 1Ω，F13-1（SH）或 S1-1 与接地之间电阻应高于 10kΩ。若正常，则按常见故障及排除表进行下一电路检测；若不正常，则维修或更换线束和插接器。

本 章 小 结

- 中央门锁与报警装置的结合构成车身防盗系统。目前在汽车上流行的防盗系统还有发动机防盗系统，即所谓的芯片防盗系统，在大众车上叫作防盗点火锁。如果使用非法钥匙转动点火开关，发动机不会起动。

- 电子式防盗器按功能可分防止非法进入汽车的防盗系统、防止破坏或非法搬运汽车的防盗系统、防止汽车被非法开走的防盗系统。

- 加强中央门锁安全功能的方式有：测量门锁钥匙电阻、加装密码锁、遥控器（转发器）增加保险功能。
- 加强汽车锁止功能的方式有：使起动机无法工作、使发动机无法工作、使发动机 ECU 处于非工作状态、采用电子式转向锁。

复习思考题

一、填空题

1. 防盗点火锁钥匙中的转发器内含_____和电磁线圈。在系统工作期间，电磁线圈与点火锁中的_____以感应的方式进行通信，以便在转发器_____与防盗 ECU 之间传递信号并传递能量。
2. 汽车制造商在简单防盗系统基础上设法增强防盗系统的功能，并从两个方面入手：一是_____，二是_____。
3. 加强汽车锁止功能的方式有：_____、_____、_____、_____。

二、判断题

1. 在防盗系统设定后，如果出现不用钥匙或遥控器打开车门的现象，就会报警。（　　）
2. 在防盗系统设定后，如果蓄电池电缆被拆下然后又重新接上，就会报警。（　　）
3. 通过防盗 ECU 来控制起动继电器电路是否搭铁，从而控制继电器触点是否闭合，这样就达到控制起动机能否正常工作的目的。（　　）
4. 有些车型同时可以切断发动机 ECU 中的某些搭铁线路，使点火系统不工作，喷油器电磁线圈处于切断状态，从而使发动机无法工作。（　　）

三、问答题

1. 电子式防盗系统分哪几类？
2. 防盗系统的工作原理是什么？

实训项目11　丰田皇冠/锐志汽车防盗系统电路检查

车 辆 型 号	车辆识别代码	检 测 系 统

一、实训目标

　　掌握丰田皇冠/锐志汽车防盗系统电路检查方法和原理。

二、知识准备

　　画出丰田皇冠/锐志汽车点火开关电路图。

三、操作步骤

　　1）检测熔丝（AM1、ECU-IG、RH）。从仪表板接线盒（前排乘员侧接线盒）上拆下 AM1、ECU-IG、RH 熔丝，测量电阻，应_____，若正常，则进下一步；若不正常，则更换熔丝。

　　2）检测点火开关总成。测量电阻，开关 LOCK，2（AM1）与 4（IG1）之间，应_____；开关 ON，2（AM1）与 4（IG1）之间，应_____。若正常，则进下一步；若不正常，则更换点火开关总成。

　　3）检测仪表板接线盒总成（前排乘员侧接线盒）与蓄电池和接地之间的线束。断开 PD 和 PM 接线盒插接器，测量电压和电阻，PM-1（IG）与接地之间电压应为_____，PD-7 与接地之间电阻应_____，若正常，则进行下一步；若不正常，则维修或更换线束和插接器。

　　4）检测仪表板接线盒总成（前排乘员侧接线盒）与点火开关总成之间的线束。断开 PD 接线盒插接器，断开点火开关 I7 总成插接器，测量电阻，PD-6 与 I7-4（IG1）、PD-21 与 I7-2（AM1）之间的电阻应_____；PD-6 或 I7-4（IG1）与接地、PD-21 或 I7-2（AM1）与接地之间电阻应_____。若正常，则按常见故障及排除表进行下一电路检测；若不正常，则维修或更换线束和插接器。

　　通过上述操作，得出的结论是：_____
_____。

四、实训小结

第10章 汽车导航系统

📝 **学习目标：**

- 了解汽车导航系统的基本功能。
- 了解汽车导航系统的基本组成及分类。
- 掌握地磁导航系统和惯性导航系统主要传感器的结构和工作原理。
- 了解无线电导航系统和电子地图系统的基本组成。
- 了解GPS的基本组成及功能。
- 了解我国北斗卫星导航系统。
- 掌握汽车导航系统的故障诊断与维修方法。
- 培养学生科技报国的家国情怀和使命担当，树立专业精神、劳动精神和工匠精神。

10.1 概述

10.1.1 汽车导航系统的功能

当汽车在陌生区域行驶，特别是在难以看清道路标志和周围环境的夜间行驶时，驾驶人可能会迷失方向。不仅如此，即使白天在交通比较拥挤的城市中行驶时，在明确目的地及行车路线的情况下，也需要根据市内各区域、各街道的交通拥堵情况进行及时的航向指引，才能快捷地到达目的地。为此，世界各国先后开发了各式各样的导向行驶系统，即导航系统，来解决目前世界各大都市道路系统及高速公路常见的拥堵问题，同时提高了汽车行驶的安全性及效率，有利于缓解车流量、平衡交通调度及管制。

随着科学技术的发展，汽车导航系统发展很快。从功能上看，最早的是只具有简单的"示向"系统，它只能显示汽车行驶的方向及到达目的地的距离，无任何"导向"功能。目前已发展到比较先进的具有汽车导航功能、防盗功能、调度功能、汽车主要工况的监测报警等功能的综合系统。从设备上看，原先只是仅由汽车行驶方向及距离传感器、处理器（CPU）、显示器（CRT）等组成的小设备，目前已发展成利用"3C技术"，即计算机（Computer）、通信（Communication）及控制（Control）技术结合"DGPS——差分全球卫星定位系统"，建立了具有行车导航、控制等功能的综合大系统，而且民用精度已达到米级。

汽车导航系统具有以下功能。

1. 对目的地进行最佳路线检索

该系统可以直接输入地名、经纬度、电话号码等进行路线检索，并能快捷地提供一条到达目的地的最佳路线，还能实时获得汽车自身所在位置和目的地的坐标，以及行驶的直线距离、速度、时间及前进方向。

2. 瞬时再检索功能

由于道路堵塞、路段施工或走错路等意外情况，系统所推荐的最佳路线将行不通，这时，要求系统具有瞬时自动再检索功能，重新提供新的行车路线。因为该功能是在行驶中进行的，要求快速检索，所以CPU应具有高速运算能力。

3. 为检索方便提供丰富的菜单和记录功能

整个系统必须建立十分丰富的地名索引，大约应记录1000万个住所地名，30万人口以上城市的电子地图应分10层表示，可以用街道、胡同、门牌号检索。电话号码可根据不同局号、类别记录1100万件以上，提供比例尺为1∶2500的街道增强型地图（还应留有用户自行设置电话号码的地址空间，供用户随时调用存取）。

4. 在适当时间内提供实时语音提示

为使驾驶人事先了解行驶中路面变化情况，该系统在适当时间内做出语音提示，例如一般道路在300～700m之前，高速公路在2000m、1000m、500m之前（按当前行驶速度）分别向驾驶人说明前方路面情况及可更改的方向、十字交叉路口名称、高速公路分支点、进出口、禁止左转弯、禁止驶入的单行线等提示，同时应有中英文两种语音供选择。目前已有配备语音识别单元的系统，用语音来指导道路的检索。例如用语音形式呼出"××区××街道××胡同"，电子地图上立即显示出汽车位置、到达目的地的时间、前进方向等信息。

5. 扩大十字路口周围建筑物和交通标志功能

凡行驶在交叉十字路口前300m处，高速公路进出口前300m处，都要自动显示扩大了的十字路口附近全画面图，指出汽车位置、交叉点的名称、到交叉点的距离、拐弯后的道路名称及方向。这种通过开窗程序自动表示交叉路口全画面的扩大图是汽车导航中的一项最主要功能。

6. 导航系统和娱乐系统部件共用

随着汽车电子设备的迅速发展，许多复杂电路被集成到车辆结构中，自然许多导航部件可与娱乐设备集成为一体。导航系统中的导航信号接收机、控制系统、存储器、可视显示设备、声音设备可同时支持导航和娱乐。

集成收放机可设计成由AM/FM收音机、GPS和蜂窝电话共用。为降低控制设备的复杂程度和方便使用，可开发声音激发控制、可变结构转向盘控制机、可变结构反馈显示器等控制方式。CD-ROM、硬盘或内存卡均可用来作为外部存储器。

10.1.2 汽车导航系统的组成及分类

图10-1所示为汽车GPS导航系统的部件位置，该系统由GPS接收天线、GPS接收机、计算机、液晶显示器、位置检测（绝对位置检测和相对位置检测）装置等组成。系统根据不同的位置进行分类检测，对位置的检测采用GPS全球定位系统，相对位置的检测采用方向传感器（如地磁传感器、光纤陀螺仪），并利用车轮转速传感器测量车辆行驶距离。

汽车电子导航系统的分类如下。

1. 按照功能分类

按照汽车导航系统的功能分类可分为单功能导航系统和导航行驶综合系统。汽车导航行

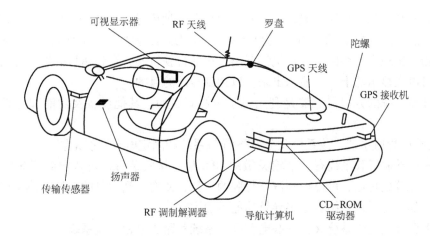

图 10-1 汽车 GPS 导航系统的部件位置

驶综合系统为汽车导航行驶、监控、防盗、旅游信息、交通控制与调度等的综合系统。

2. 按照车辆的信息是否实时返回控制中心分类

汽车导航系统按车辆的信息是否实时返回控制中心，可分为汽车开环导航系统和汽车闭环导航系统。

汽车开环导航系统是从控制中心或电台、卫星传感器等得到定位、方位、方向等信息，根据这些信息和电子地图可以定出起点到终点最短行驶距离，但汽车的信息不能返回控制中心。如果某一道路上出现塞车、交通事故，桥梁出现断裂等天灾人祸时，驾驶人得不到来自控制中心或电台的信息，而汽车出现故障、被盗等问题时也无法和控制中心联系。

汽车闭环导航系统不但有开环的所有导向功能，而且驾驶人可以使行车实时信息不断向控制中心返回。根据中心掌握的交通及气候等综合信息及时通知汽车改道行驶，在最短时间到达目的地。在汽车出现大故障无法返回或遇到盗抢等也可以报告控制中心，一方面告诉中心出现的问题，另一方面可随时报告自己的方位，以便营救。

3. 按有无引导功能分类

汽车导航系统可分为有引导功能的导航系统和无引导功能的导航系统。

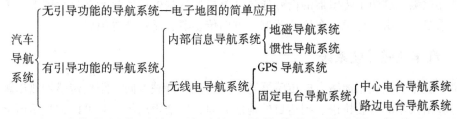

（1）无引导功能的导航系统　该系统只是简单的电子地图，驾驶人可以从车上CD-ROM存储器中调出本国城镇的方位、主干道、高速公路、桥梁等交通信息，也可以通过键盘方便地找到要到达的目的地，以及要行驶路线的各种所需信息，帮助驾驶人选择行车路线，但无引导功能。

（2）有引导功能的导航系统　有引导功能的导航系统又可以分为内部信息导航行驶系统和无线电导航行驶系统。

1）内部信息导航系统。这是一种装有电子陀螺或地磁等方向传感器（测出汽车行驶的方向）和距离传感器的汽车导航系统。它又可以分为地磁导航系统和惯性导航系统。

地磁导航系统（简称汽车导向行驶系统）利用地磁传感器可随时测出汽车行驶方向，距离传感器测出距离，可以用计算机计算出汽车的行驶轨迹，及到达目的地的方向、剩余距离等，并可以在显示器上一一显示出来，以达到导航的目的。

惯性导航系统的方向传感器是利用电子陀螺制成的，其他设备及功能和地磁导航系统相同。

2）无线电导航系统。该系统又分 GPS 导航系统和固定电台导航系统。

GPS 汽车导航行驶系统有一个较灵敏的 GPS 信息接收装置，可接收到卫星发射的导航信息，经过计算处理后，可以得到汽车行驶的方位、速度、到达目的地的直线距离和已经行驶的里程。如和电子地图结合起来导航功能更加完善。

固定电台导航行驶系统又分中心电台导航系统和路边电台导航系统。

中心电台导航行驶系统一般是一个集导向、车辆监控、防盗、差分 GPS 的应用等综合系统，并且具有闭环导航系统的所有功能。一般几十到几百千米为半径设一个中心站，除接收 GPS 信息外，还收发各个车辆的导航、防盗等综合信息。可以把任一车辆的实时轨迹显示在显示器上。较大的系统设一个中心站，下设若干个子站，每个子站带若干车辆，以扩大监控范围和导航的车辆数。

路边电台导航系统一般是交通控制和导航一体的综合系统。在高速公路的路边，每隔几百米到几千米设一个小功率电台，汽车上的小功率收发机通过经过的电台与交通控制中心交换信息，达到交通控制与导航的目的。

10.2　汽车内部信息导航系统

汽车内部信息导航系统的组成因所用方向传感器不同，分为地磁导航系统和惯性导航系统。任何汽车导航装置基本的功能就是把汽车的实时位置（一般用 x 及 y 两个位置参数来决定方位，或者以目的地为基准，汽车即时位置与目的地夹角表示）实时告知驾驶人。汽车车速传感器主要检测距目的地的距离（运算时也要用到方向传感器），汽车要行驶的方向由方向传感器检测，这两个传感器的信号通过计算机的数据处理后显示在显示屏上。因此内部信息导航系统主要由计算机、车速传感器、方向传感器、显示屏等组成。

10.2.1　汽车地磁导航系统

地磁导航主要是利用地磁方向传感器随时测出汽车行驶方向，距离传感器测出距离，用计算机计算出汽车的行驶轨迹、到达目的地的方向、所余距离等，并可以在显示器上一一显示出来，以起到导航的作用。

地磁方向传感器是该系统中十分重要的器件，它是一种以地磁为基准检测车辆方向的装置，按原理分为发电式车辆方向传感器和霍尔元件式方向传感器。因为地磁场很弱，容易受到外界磁场的干扰，此外车外的铁桥、大楼、其他车辆、隧道、高架桥也是干扰源，克服干扰带来的误差是该类传感器的关键。

1. 发电式车辆方向传感器

该传感器的结构如图 10-2 所示，它是一个双线圈发电机型地磁矢量传感器，由一个励磁线圈和两个垂直的线圈缠绕在具有高磁通率的圆环磁铁上组成。通过检测地球的磁场确定汽车的绝对行驶方向。

由于上下线圈相位相反，垂直方向的磁感应电动势互相抵消。若用电动机转动线圈和铁心，地磁的水平分量使铁心中的磁通密度产生变化，从而建立起磁场，如图 10-3 所示。在图 10-3a 位置，磁场方向朝内；在图 10-3b 位置，磁场强度为零；在图 10-3c 位置，磁场方向朝外。因此，在地磁检测线圈中，产生一个正弦交变电压，其相位由地磁场的方位决定。另一方面由光电断续器发出相位固定的脉冲信号，根据这两个输出信号的相位差，可以检测出地磁的方向。

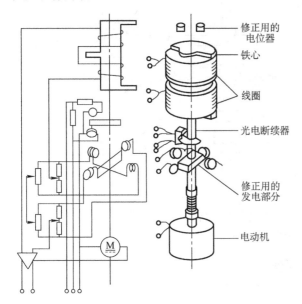

图 10-2　发电式车辆方向传感器的结构

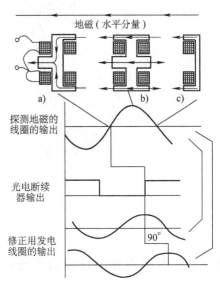

图 10-3　发电式车辆方向传感器的工作原理

2. 霍尔元件式方向传感器

该传感器是利用地磁磁场作为霍尔元件的外加磁场。霍尔电压（即传感器输出电压）正比于控制电流和磁感应强度，当电流一定时，霍尔电压与磁场强度成正比。如果地磁的磁场和霍尔元件平面法线成一角度，则作用在元件上的有效磁场是其法线方向的分量 $B\cos\theta$。B 是地磁的磁感应强度，θ 是地磁与霍尔元件法线的夹角。元件是固定在汽车上的，因此，这个角度可以转化为汽车与地磁的夹角，所以，霍尔电压与汽车和地磁的夹角有一定的数学关系，通过计算机的运算即可从霍尔电压的大小求出汽车的方向。

10.2.2　汽车惯性导航系统

惯性导航是依据牛顿惯性原理，利用惯性元件（即电子陀螺仪）来测量运载体本身的加速度，经过积分和运算得到速度和位置，从而达到对运载体导航定位的目的。惯性车辆方向传感器，实际上是一个电子陀螺，相比目前世界上现有的 100 多种陀螺它有如下优点：可靠性与寿命比一般陀螺高 1~2 个数量级；价格为其他陀螺的 1/3 ~ 1/2；响应时间短，约为 50~80ms；过载能力强。同时它不像地磁方向传感器那样容易受外界磁场干扰，因此它越来越受到航天、汽车等领域的欢迎。

惯性车辆方向传感器的工作原理是利用氮气的惯性检测方向,而不是利用地磁。惯性车辆方向传感器的结构如图10-4a所示,密封在容器内的氮气在压电振子循环泵的作用下,在容器内循环。当汽车直线行驶时,氮气使两根热线均匀冷却,故两根热线温度相等。一旦汽车改变方向,氮气流由于本身的惯性而偏向一侧,使固定在汽车上的检测器的两热线冷却程度不同,结果产生温度差,并以电位差的形式表现。由于两热线构成电桥电路,如图10-4b所示,A、B两点间的电位差经放大后输出,该输出电压与汽车的偏转率成正比。

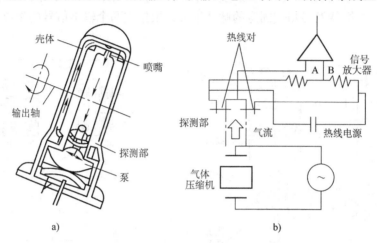

图10-4 惯性车辆方向传感器
a) 结构原理 b) 电路图

10.2.3 汽车内部信息导航系统应用实例

1. 丰田汽车导航系统

该系统为地磁导航系统,由地磁方向传感器、舌簧式车速传感器、计算机及其操纵部件和显示部分等组成,其操纵部分结构原理如图10-5所示,工作原理及显示如图10-6所示。

该系统的主要功能有:①标准时间的显示;②车辆实时前进方向;③目的地的方向;④到达目的地的直线距离;⑤到达目的地的剩余距离;⑥估计到达目的地的时间等。从功能上看这是一个早期产品;从结构上看,输入部分是按钮开关式,显示部分是段码方式静态显示。

该系统的简单工作过程和原理:首先从地图上找出出发地到目的地的东西距离 a(有效数字0.1km)和南北距离 b,分别输入到计算机中去。在操纵面板上右边是东、西、南、北按钮及数字按钮,对应×100、×10、×1、×0.1分别是100km、10km、1.0km、0.1km,并在左下方显示出来,同时把起点到终点的大体方位也用按钮输入计算机中(中间的圆形排列的按钮)。地磁方向传感器的线圈接成电桥形式并接入计算机。当车辆行驶后,无论车辆向哪个方向移动,地磁传感器都能检测出绝对方位 θ_1,并在仪表板上显示出来,而且距目的地距离 l 及方位 θ_2 由微机进行运算并显示出来,如图10-6所示。

车辆行驶在各个位置时距目的地的剩余距离的计算方法:在任一直线道路段行驶时的距离 Δl_i 可以由车速传感器检测出来,在此段路程中的东西方向距离由计算机算出,$\Delta x_i = \Delta l_i \cos\theta_i$,南北距离 $\Delta y_i = \Delta l_i \sin\theta_i$,$\theta_i$ 由计算机算出,则剩余距离为

$$l_i = \sqrt{(a - \sum \Delta x_i)^2 + (b - \sum \Delta y_i)^2} \tag{10-1}$$

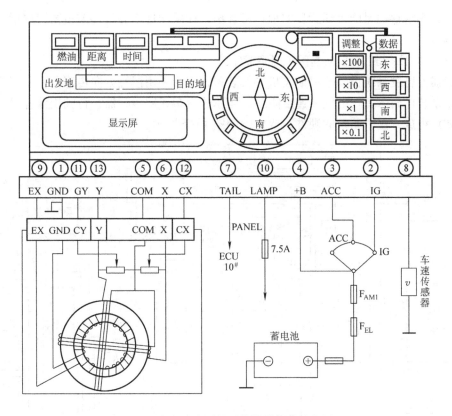

图 10-5　丰田汽车导航系统操纵部分结构原理

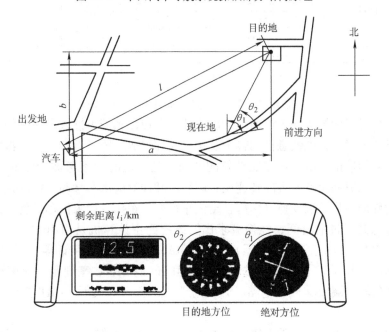

图 10-6　丰田汽车导航系统工作原理及显示

剩余距离可在显示屏显示出来。到达目的地所需的大约时间，也可以从剩余距离和行驶平均速度算出来。油箱内剩余的油量可由油位传感器测出，并且油耗传感器可测出单位距离所用油量，则现存油量能否到达目的地也可算出，如果油量不够可提前报警，提示驾驶人及时加油等。

2. 本田惯性行驶系统（本田电子陀螺仪）

本田惯性行驶系统借助于早期飞机导航装置，因为采用惯性方向传感器，所以又称电子陀螺。该系统由封入氮气的气体速度陀螺、霍尔式汽车速度传感器、行驶用计算机以及显示器（CRT）组成，整个系统的硬件组成框图如图10-7所示。

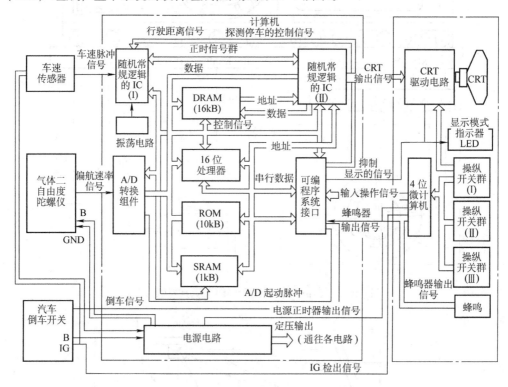

图10-7 惯性行驶系统硬件组成方框图

惯性方向传感器的结构和工作原理如前所述。车速传感器由插入变速器的汽车速度表软轴带动一个具有8对永久磁铁磁极的转子及霍尔元件组成。转子每转一转，霍尔元件中就产生8个脉冲信号的输出。由于汽车驱动轮的圆周长是一定的（不考虑轮胎的气压及磨损），霍尔传感器转子和驱动轮有一定的转速比，即每个脉冲对应汽车移动一定的距离，只要测出传感器输出的脉冲信号总数经换算即可求出汽车行进的距离。如求汽车速度，需同时测出距离脉冲总数和总共经过的时间，经换算求出。系统的主计算机是由16位微处理器、10KB ROM、16KB DRAM（动态随机存储器）、1KB SRAM（静态随机存储器）、A/D 转换器、可编程的接口器件和其他 IC 器件组成；显示部分由 6in 的 CRT、亮度及对比度调整电路、水平和垂直两个偏转线圈及其控制电路、人机对话用的输入开关群、CRT 输出及其驱动等电路组成。

该系统比丰田地磁导航行驶系统的功能要多一些。除上述功能外，它还可以动态显示汽车行驶轨迹。

该系统的基本工作原理与上述丰田导航系统相似，首先通过操纵面板上的控制开关输入汽车起始点到目的地的水平及垂直距离和大体的方位。汽车行驶过程中实时地把方向及距离传感器等信息采集到计算机中，然后进行下列累加计算。

$$X = \int V(t)\cos[\theta(t)]dt \qquad (10\text{-}2)$$

$$Y = \int V(t)\sin[\theta(t)]dt \qquad (10\text{-}3)$$

式中　X——汽车行进过程中的距离水平分量之和；
　　　Y——汽车行进过程中的距离垂直分量之和；
　　　$V(t)$——汽车行进过程中的瞬时速度；
　　　$\theta(t)$——汽车行进过程中实时的汽车前进方向与 x 轴的夹角。这个角度可以由方向传感器输入的信号经计算机处理后获得。

行驶的总距离 $L = \sqrt{X^2 + Y^2}$，距目的地剩余距离、所需时间、油量等，由计算机很容易算出。该系统虽没有电子地图，但它可以显示汽车行驶的轨迹。在汽车从原始点出发前就要把目的地垂直和水平距离、大体方向都输给计算机，计算机可以根据以上参数决定显示屏幕的比例尺及显示的起始与终点位置。计算机根据此比例尺，就可以把汽车在行进过程中 x 及 y 两分量在显示屏上显示出来。每运算一次就得出一组 x、y 值，就可在屏幕上显示出来一个点，这些点连接起来就是汽车行进轨迹。在实际显示过程中，只要显示一个点，该点就一直保存下去，在显示以后的点时，它仍然不消除，直到汽车到终点后，人工消除整个轨迹时，才消除整个汽车轨迹。

10.3　无线电导航系统

10.3.1　无线电导航系统的组成

无线电导航是指通过测定无线电波从发射台到接收机的传播时间，或相位、相角来进行导航定位的方法。

汽车无线电导航系统由高精度的 GPS、自律导航系统、地图匹配器、LCD 显示器等组成，如图 10-8 所示。

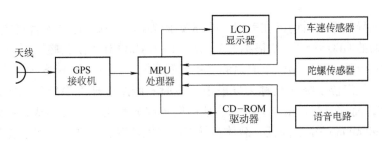

图 10-8　汽车无线电导航系统框图

10.3.2　电子地图

电子地图是现代汽车导航系统中最基本的也是最重要的组成部分，在早期只是单一地作为地图使用并无引导作用。随着科技的发展，电子地图结合GPS技术、"3C"技术、传感器技术等的发展，在各式各样先进的导航技术中已经广泛应用，绝大部分汽车导航系统中都包括电子地图。

以导航和监控为目的的数据地图系统是建立在计算机基础上的一种新型地图，它通过计算机进行信息管理和图形操作，在计算机屏幕上以地理表面物体为背景，显示车辆实时位置（轨迹），为驾驶人提供导航和决策服务。各种比例尺的地图显示和车辆定位是电子地图的关键技术。

模拟地图（纸质地图）是在纸上用图形及文字的方法表示地理、地形、环境、人文等信息的一种工具，它很早就被广泛应用于导航、旅游、航海、勘探等领域。在人们的生活中，地图发挥着重要作用。与模拟地图相比，导航电子地图（因为以数字形式存在计算机中，所以又叫数字地图）具有查找和携带方便、容易和其他先进技术结合等优点。随着计算机技术的发展和普及，导航电子地图在人类活动中将具有深远的意义和广泛的前景。

早在20世纪80年代，由于计算机的软硬件技术的飞速发展，尤其是大容量的存储设备、图形图像技术的发展，美国等先进国家就开始了应用于车辆导航、管理和安全保卫等领域的数字化地图的研制，目前已发展成应用比较成熟、多学科结合的数字化地图应用系统，比较有代表性、先进性的有以下两种。

1. Etak 导航电子地图

美国Etak公司先后研制了各个国家、地区的高精度的电子地图，包括美国、法国、德国等国家和我国香港地区的导航电子地图，其中美国3.0和3.4版本的电子地图覆盖了美国100多个主要城市，其使用的地图比例为1∶24000；版本4.0导航电子地图具有最佳路线寻找、地名匹配等功能。

2. 日本导航电子地图

日本导航电子地图联盟由82个日本公司组成，这些公司生产经营包括电子地图、车辆导航设备等。1988年，联盟研制出第一版本的电子地图，地图比例为1∶50000和1∶25000。到1993年，日本的城镇及农村公路网的电子地图数据量已达2GB，并且有50多万辆汽车安装了电子地图及导航系统。

10.3.3 GPS

1. 概述

卫星定位、导航系统目前已在美国、欧洲及俄罗斯等国家、地区先后建成使用，如美国的GPS、俄罗斯的GLONASS（格洛纳斯）、欧洲的GALILEO（伽利略）系统。我国的北斗系统是继上述三个系统之后第四个成熟的卫星导航系统。现以美国GPS为例予做简单介绍。

GPS全球卫星定位系统（全称为导航卫星授时和测距全球卫星定位系统，英文缩写为NAVSTAR GPS，简称GPS）由空间部分、地面监控部分和用户部分组成，GPS能提供全球范围从地面到9000km高空之间任一载体高精度的三维位置、三维速度和系统时间信息。

空间部分使用24颗高度约20000km的卫星（其中21颗工作卫星、3颗备用卫星）组成卫星座，可保证全球任何地区、任何时刻有不少于4颗卫星以供观测。

卫星发射两个载波无线信号：L_1 = 1575.42MHz，L_2 = 1227.60MHz。在L_1载波上调制1.023MHz的伪随机噪声码（称为粗码或C/A码）、10.23MHz的伪随机码（称为精码或P码）及50bit/s的导航电文，在L_2载波上只调制有精码和导航电文，C/A码可用于低精度测距并过渡到捕获精码，精码用于精密测距。由于美国政府对精码加密，所以一般用户只能用C/A码。

地面控制部分由1个主控站、3个注入站和5个监测站组成。GPS的地面控制部分主要用来测量和计算每颗卫星的星历，编辑成电文发送给卫星，即卫星所提供的广播星历。

用户部分主要是GPS接收机，它接收卫星发射的信号（导航电文），根据导航电文提供卫星位置和钟差改正信息计算用户的位置。用户接收机按使用环境可分为低动态接收机和高动态接收机，按所要求的精度可分为C/A接收机和双频精码（P码）接收机。

2. GPS典型应用

GPS系统应用非常广泛，在空间技术方面，可以用于弹道导弹的导航和定位、空间飞行器的导航和定位；对飞机而言，它可在飞机进场、着陆、中途导航、航速测定、飞机会合和空中加油、武器准确投掷及空中交通管制等方面进行服务。在陆地上，GPS可用于各种车辆、坦克、陆军部队、炮兵、空降兵和步兵等的定位，还可以用于大地精密测量、摄影测量、野外调查和勘探的定位，甚至可用于民用如建筑、汽车、旅行、狩猎等方面。对舰船而言，GPS能在海上协同作战、海洋交通管制、海洋测量、石油勘探、海洋捕鱼、浮标建立、管道铺设、浅滩测量、暗礁定位、海港领航等方面做出贡献。由于GPS系统具有高精度和全天候的特点，可作为军用的首选定位系统，同时也是一些科研不可缺少的工具。

GPS技术在汽车导航上的应用已经有多年的历史。从简单地把GPS接收机安装在汽车上使用，至现在已发展到GPS技术和"3C"技术、电子地图相结合，成为汽车闭环导向行驶系统，发展为具有导航、监控、防盗、交通控制、旅游等综合的大系统。

3. GPS定位基本原理

GPS定位原理是由陆地无线电二维定位原理发展并逐渐完善起来的。无线电二维导航定位的基本原理与测量学中的交汇法十分相似。现以圆定位系统为例加以说明，如图10-9所示。

图中的A和B分别为位于某地的无线电发射台，它们的坐标均为已知值。待定点P即为需要确定的车辆位置。用户用专用的无线电接收机按被动式测距方式测定了至A点的距离r_a和至B点的距离r_b。于是我们就能根据以A为圆心以r_a为半径的定位圆和以B为圆心以r_b为半径的定位圆，确定两圆的交点为待定点P的位置。当然两圆相交一般有两个交点，但根据待定点的概略位置通常是不难加以判断和取舍的。而且为了提高精度和可靠性，实际上使用的已知信号发射台也往往不止两个。也就是说，实际上我们往往是从3个或3个以上已知点来交汇P点的，在这种情况下便不再存在多值性问题。从图10-9圆定位系统的直角三角形APC可列出方程：

$$(X_p - X_a)^2 + (Y_p - Y_a)^2 = r_a^2 \quad (10\text{-}4)$$

同理可列出：
$$(X_p - X_b)^2 + (Y_p - Y_b)^2 = r_b^2 \quad (10\text{-}5)$$

在上述两个方程中r_a及r_b（可用无线电装置测出）、X_a、Y_a、X_b、Y_b分别为A和B两个电台的坐标，都是已知的，则可联立两个方程式求出汽车的坐标X_p及Y_p。

上面讨论的是二维定位的情况，即只需要确定待定点的平面位置时的情况。早期导航一般属于这种情况。在某些情况下需要进行三维定位，即需要同时确定点的平面位置和高程，为飞机导航或借助这些系统来确定地面点的位置时就属于这种情况。三维定位的原理和二维定位相同,只是因为增加了一个自由度因而需要增加一个约束条件而已。在三维定位中至某点的距离为定值的点的轨迹为一个球面,所以至少需测定三个已知点的距离后,才能以这三个已知点为球心,以这三个距离为半径作出三个定位球,从而交汇出待定点在空间的三维位置。

卫星导航系统是随着空间技术的发展而出现的一种空间基准的无线电导航系统。其基本原理是从若干地面跟踪站上不断对卫星进行观测。跟踪站的坐标是已知的,通过观测即可求出卫星的运动轨迹——卫星轨道。因而在任何一个瞬间,卫星在空间的精确位置是已知的。将无线电信号发射机装到这些卫星上,于是这些卫星便成了已知其坐标的空间无线电发射台,用户只需用专用无线电信号接收机测定至这些卫星的距离后即可求出自己的位置。由此可见,空间基准的无线电导航系统和陆地基准的无线电导航系统在导航定位的原理上是相同的。其差别仅在于:在陆地基准的无线电导航系统中,无线电发射台是固连在地球上的,其坐标一经测定即可长期使用下去;而在空间基准中,无线电发射台的位置将随着卫星的运动而不断变动,其运动速度一般为每秒钟若干千米,取决于卫星的高度。因而必须在一个地面卫星跟踪网中不断对卫星进行跟踪观测,以便确定卫星在空中的精确位置。图 10-10 所示为 GPS 定位原理示意图。

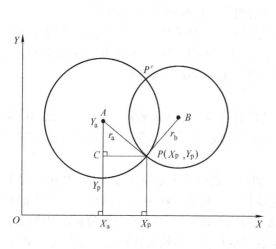

图 10-9 圆定位系统

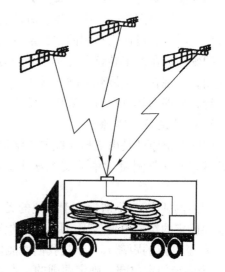

图 10-10 GPS 定位原理示意图

如果卫星和 GPS 接收机(放在汽车内)的时钟完全同步,即不考虑误差,那么用无线电波测出的距离 R_c 就等于测定的几何距离 R_J。而几何距离 R_J 与卫星坐标 (X_s, Y_s, Z_s) 与接收机坐标(指接收机天线相位中心坐标)(X, Y, Z) 之间有下式关系:

$$R_J = \sqrt{(X_s - X)^2 + (Y_s - Y)^2 + (Z_s - Z)^2} = R_c \qquad (10\text{-}6)$$

式中 $R_c = C\Delta t$,其中 C 是无线电波的传播速度,等于光速(设光速是定值),Δt 是标准时钟测定的信号的实际传播时间。卫星坐标可根据接收机收到的卫星导航电文求得,所以式(10-6)中只包含(汽车)三个坐标未知数。若用户同时(多通道接收机)对三颗卫星进行了距离测量则可联立方程式,用计算机很容易解出接收机的位置 (X, Y, Z)。

第 10 章　汽车导航系统

$$\begin{cases} R_{c1} = \sqrt{(X_{s1}-X)^2+(Y_{s1}-Y)^2+(Z_{s1}-Z)^2} \\ R_{c2} = \sqrt{(X_{s2}-X)^2+(Y_{s2}-Y)^2+(Z_{s2}-Z)^2} \\ R_{c3} = \sqrt{(X_{s3}-X)^2+(Y_{s3}-Y)^2+(Z_{s3}-Z)^2} \end{cases} \tag{10-7}$$

上述假设的卫星及接收机的时钟完全同步（没有误差）是不可能的。在数量有限的卫星上配高精度的原子钟是能办到的，但在数以万计的接收机上都要安装原子钟却是不现实的，因为这将大大增加成本，增加接收机的体积和质量，从而严重影响全球定位系统的用户数量。实际解决这个问题的办法是把接收机的时钟误差用一个修正系数 V_{Tb} 来处理，这样式（10-7）变成式（10-8），它比式（10-7）多了一个未知数 CV_{Tb}。要解四个未知数的联立方程，则需同时检测四颗卫星的信号，以便列出四个方程式组，才能解出四个未知数（X，Y，Z，V_{Tb}），就是一般常说的四星三维导航法。如果已知汽车处的垂直高程或已知时钟误差，这样未知数少了一个，则用三颗卫星的参数即可，这就是常说的三星三维或二维导航法；同样如已知高程和时间，则变成二星二维导航法。另外，GPS 接收机从收到卫星的信号中提出多普勒频移，该频移和汽车的速度有一定的数学关系，则可求出汽车在 X 和 Y 两维速度分量。

$$R_c = \sqrt{(X_s-X)^2+(Y_s-Y)^2+(Z_s-Z)^2} - CV_{Tb} \tag{10-8}$$

4. 差分式全球卫星定位系统（DGPS）

目前 GPS 卫星发射的信号有 P 码和 C/A 码，P 码的精度高，但只供美国军方使用。供民用的都是 C/A 码，精度较低。

为了提高 GPS 的定位精度，人们发明了可以把 GPS 精度提高一个数量级的方法（DGPS）。在标准的经纬度及高度的地方设置一个差分 GPS 接收装置，它把从卫星接收到的信息经计算机处理后得到的经、纬度及高度和该处的标准值比较，得出 DGPS 三维校正值，把这些校正信号通过无线电台发射到空间，对装有 DGPS 接收机的汽车导航装置进行修正，从而提高了导航精度与可靠性。

5. GPS 信号接收机

GPS 卫星发送的导航定位信号是一种可供无数用户共享的信息资源。这需要一种能够接收、跟踪、变换和测量 GPS 信号的卫星接收设备，称为 GPS 信号接收机。由于使用目的不同，用户要求的 GPS 信号接收机也各有差异。根据定位过程中接收机天线是处于固定位置还是运动状态，定位方法可分为静态定位和动态定位，两者的主要区别如下。

静态定位是指用户天线在跟踪 GPS 卫星的过程中位置固定不变，接收机高精度地测量 GPS 信号的传播时间和 GPS 卫星在轨道的已知位置，从而算得固定不动的用户天线三维坐标；后者可以是一个固定点，也可以是若干点位构成的 GPS 网。静态定位的特点是多余观测量大、可靠性强、定位精度高。

动态定位是用 GPS 信号接收机测定一个物体的运动轨迹。GPS 信号接收机所在的运动物体叫做载体，包括陆地车辆、河海舰船、空中飞机、空中飞行器等。按照这些载体的运行速度的快慢，又将动态定位分成秒速为几米至几十米的低动态，秒速为一百米至几百米的中等动态和秒速为几千米的高动态等三种形式。所谓"动态定位"，就是载体上的用户天线跟踪 GPS 卫星的过程中相对地球而运动，接收机用 GPS 信号实时地测得运动载体的状态参数。动态定位的特点是逐点测定运动载体的状态参数，多余观测量少，精度较低。从目前动态定位的精度来看，可以分为 20m 左右的低精度、5m 左右的中等精度、0.5m 左右的高精度。

导航和动态定位虽难以严格区分,但导航侧重于"引导",一般它要求测定运动载体的七维状态数(三维位置、三维速度和时间),因此,导航是一种广义的动态定位。

按照 GPS 信号的不同用途,GPS 信号接收机可分成三大类:导航型、测地型和守时型。

按照 GPS 信号的应用场合不同,可以分为袖珍式、背负式、车载式、船用式、机载式、弹载式和星载式七种类型的 GPS 信号接收机。

GPS 信号接收机的种类虽然较多,但从仪器结构来分析,则可概括为天线单元和接收单元两大部分,如图 10-11 所示。

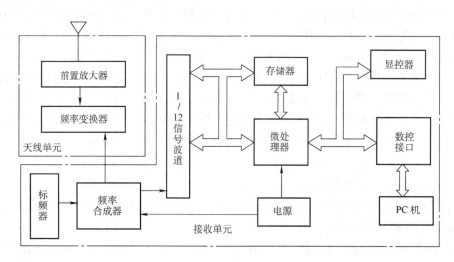

图 10-11 GPS 信号接收机的基本结构

(1) 天线单元 天线单元由接收天线和前置放大器两个部件组成,也有将天线单元称为接收前端的。GPS 信号接收机一般采用全向振子天线、小型螺旋天线和微带天线。

(2) 接收单元 图 10-11 绘出了接收单元的主要部件,现简要予以介绍。

1) 信号波道。信号波道是接收单元的核心部分,它不是一种简单的信号通道,而是一种软硬件相结合的有机体,故以"波道"称之,予以区别。随着接收机的类型不同,它所具有的波道数目从 1~12 个不等。

2) 存储器。为了差分导航和相对定位的检测后数据,许多接收机能够将定位现场所采集的伪距、载波相位测量和人工测量的数据,以及所解译的 GPS 卫星星历,都存储在机内存储器里面。

3) 计算与显控。图 10-11 中的显控器通常包括一个视屏显示窗和一个控制键盘,它们均安装在接收单元的面板上。在工作过程中,使用者通过键盘按键的控制,可以从视屏显示窗上读取所要求的数据和信息。这些数据和信息是由微处理器及其相应软件提供的。接收机内的处理软件是实现 GPS 定位数据采集和波道自校检测自动化的重要组成部分,它主要用作信号捕获、环路跟踪和点位计算。在机内软件的协同下,微处理机主要完成下述计算和处理:当接收机接通电源后,立即指令各个波道进行自检,适时地在视屏显示窗内展示各自的自检结果,并测定、校正和存储各个波道的时延值。

根据跟踪环路所输出的数据码,解译出 GPS 卫星星历,联同所测得的 GPS 信号到达接收天线的传播时间,计算出测试站的三维位置,并按照预置的位置数据更新率,不断更新

（计算）点位坐标。

4）电源。GPS 信号接收一般用蓄电池作电源，通常采用机内和机外两种直流电源。采用 12V 机内镉镍电池，或者 12V 外接蓄电池。设置机内电池的目的是，使在更换外接电池时不中断连续观测。当机外电池下降到 11V 时，便自动接通机内电池，后者的容量为 6.7A·h，可供 3～4h 的观测之用；当机内电池低于 10V 时，若没有连接上新的机外电池，接收机便自动关机，停止工作，以免缩短使用寿命。在用机外电池的工作过程中，机内电池能够自动地被充电。

综上所述，接收单元的主要任务是：当 GPS 卫星在用户视界升起时，接收机能够捕获到按一定卫星高度截止角所选择的待测卫星，并能够跟踪这些卫星的运行；对所接收到的 GPS 信号具有变换、放大和处理功能，以便测量出 GPS 信号从卫星到接收天线的传播时间，解译出 GPS 卫星所发送的导航电文，实时地计算出测试站的三维位置，甚至三维速度和时间。

10.3.4　自律导航及地图匹配器

当汽车行驶在地下隧道、高层楼群、高架桥下、高山群间、密集森林等地段与 GPS 卫星失去联系、中断信号的瞬间，机内可自动导入自律导航系统。此时车速传感器从汽车前进的速度中检测出车速脉冲，通过汽车导航计算机（ECU）的数据处理，从速度和时间中直接求出前进距离。陀螺传感器直接检测出前进方向的变化和行驶状态（即汽车前进的角速度变化值）。例如，汽车行驶在发夹式弯路、环状盘形桥、轮渡过河等地段时，所有这些曲线距离与卫星导航的经纬度坐标产生了误差，通过陀螺传感器的检测和微处理器的运算才能得到汽车正确的位置。

由 GPS 卫星导航与自律导航（包括车速传感器、陀螺传感器）所测到的汽车坐标位置数据及前进的方向与实际行驶的路线轨迹在电子地图上都存在一定误差。为修正这二者的误差，确保二者在电子地图上路线坐标相统一，必须采用地图匹配技术，即在导航系统控制电路中要增加一个地图匹配电路，对汽车行驶路线（各处传感器检测到的轨迹）与电子地图上道路的误差进行实时数字相关匹配，做出自动修正。经过导航计算机（ECU）的整理程序进行实时快速处理，得到汽车在电子地图上指示出的正确位置路线，如图 10-12 所示。

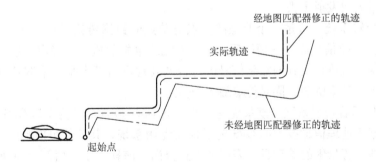

图 10-12　地图匹配器修正路线

由于有了汽车行驶中接收到的 GPS 信息、陀螺传感器检测到的正确前进方向、车速传感器检测出的前进距离这三组数据经过地图匹配器得到自动修正，从而完成了高精度导航。

10.3.5 汽车无线电导航系统应用实例

将 GPS 与电子地图结合起来，采用较好的地图匹配算法，充分利用 GPS 的高精度定位能力以及电子地图的直观性和新型的计算机技术，确保能够实时有效地确定车辆所在的方位，进而实现导航功能。

1. 公交车辆实时定位跟踪系统

该系统分为车载台和基地台两部分，由三个系统组成，如图 10-13 所示。

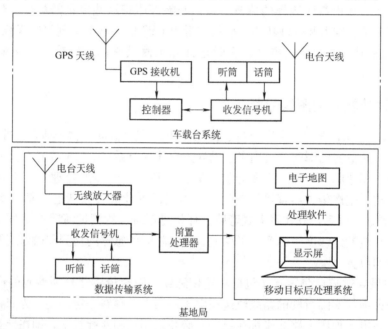

图 10-13 公交车辆实时定位跟踪系统

（1）车载台系统　在公交车上安装 GPS 接收机，接收 GPS 卫星信号后，通过 GPS 控制器解算，然后将 GPS 数据传送到电台的收发信号机。收发信号机将语音信号和 GPS 信号调制解调后，通过天线发射出去。

（2）数据传输系统　这是一个典型的多点对单点的数据传输系统。每个车载台都将接收到的 GPS 卫星定位信号经过处理以后，调制到无线电发射机上，经由发射天线发射出来，再由基地站的接收机将接收到的数字信号进行解调处理。由于本系统采取特殊的技术措施，使之可利用最少的频率资源，同时传输最多的信息。

（3）移动目标后处理系统　该系统使用的 GPS Trace 软件是专为支持 GPS 移动目标定位跟踪而开发的基于地理信息技术的 GPS 电子地图专用系统，其功能可概括为 GPS 数据接收预处理及电子地图背景中的移动目标表征和信息查询。该软件主要由两个模块组成，模块 1 包括以下两个通信软件。

① 电台通信控制软件。它将 GPS 数据调制送到电台发出，并具有数据初级纠错功能。

② 控制中心底层数据接收通信软件。采集从基地台传来的数据，并输送给高级定位跟踪软件。

模块 2 为控制中心定位跟踪软件，其功能如下：

① 设置定位跟踪参数。
② 分解 GPS 数据串。
③ 计算移动目标位置。
④ 在电子地图上显示移动目标。
⑤ 锁定报警的移动目标。
⑥ 向报警目标发出响应指令。
⑦ 图形显示操作工具。
⑧ 目标数据库查询和维护。
⑨ GPS 数据记录回放和跟踪轨迹的统计与计算。

2. 车辆混合导航系统

车辆混合导航系统由可视显示器、导航电子控制单元、GPS 天线和遥控器、VICS（车辆信息和通信系统）和音频单元等装置组成，一个典型的实际组成如图 10-14 所示，图 10-15 所示为典型可视 GPS 显示器。

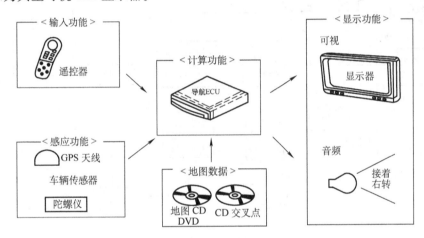

图 10-14　车辆混合导航系统组成

图 10-15　典型可视 GPS 显示器

这些装置通过导航专用网或车载局域网交换信息。显示器包括导航电子控制单元、操作开关和屏幕，它们构成汽车导航系统中心。汽车导航电子控制单元由电路主板、DVD（或CD）驱动器和 GPS 接收器组成。电路主板包含一个微机和一个陀螺传感器，即惯性车辆方向传感器。DVD（或 CD）驱动器用来读取地图光盘上的数据。GPS 接收器接收来自 GPS 卫星的信号，并与 GPS 天线一起使用。GPS 天线由微波传输带天线、前置放大器等组成。

进入导航行驶时，输入目的地，电子导航系统迅速检索，根据地图光盘上的地图数据显示出行车路线。导航电子控制单元根据陀螺传感器的方向变化信号和车速传感器的行驶距离信号，计算车辆位置，并制成轨迹，与地图数据进行比较，将车辆位置与最近路线相连，同时与接收到的 GPS 测定的位置进行比较，出现重大偏差时修正测定位置，如图 10-16 所示。另外，导航电子控制单元还能对车速传感器的行驶距离信号中，由于轮胎与地面之间的滑移、轮胎磨损等造成的与地图数据之间的误差进行自动校正。从起点到终点的操作流程如图 10-17 所示。

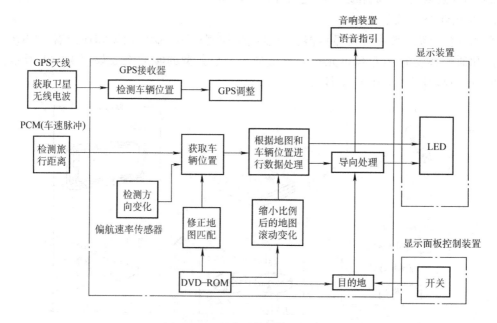

图 10-16 混合导航系统运行简图

汽车导航显示器上显示的地图以地图数据库形式存储在光盘里。早期使用 CD-ROM，但由于 CD 数据容量比较小，因此，目前采用 DVD-ROM 比较多。有些导航系统已经改用闪存。

车辆运行过程中以下状况会影响到 GPS 信号的接收，可能导致车辆位置标志从路线上偏离。

① 车辆位置标记可能出现在与正确的道路平行的不正确道路上。
② 当道路分成狭窄的 Y 形时，车辆位置标记可能出现在 Y 形路口的另一条岔道上。
③ 当车辆右转弯或左转弯时，车辆位置标记可能出现在转弯处前面或后面一条道路上。
④ 当车辆采用自身动力之外的其他方法运输时，如在渡船上，车辆位置标记将停留在运输前的位置直到 GPS 测定出实际位置。
⑤ 当车辆行驶在陡峭的斜坡上时，车辆位置标记可能偏离实际位置。
⑥ 如果在相同方向上有连续弯道，车辆位置标记可能偏离实际位置。
⑦ 如果车辆以蜿蜒曲折的模式行驶，如频繁地变换车道，车辆位置标记可能偏离实际位置。
⑧ 如果车辆停放在转台上，如停车区域，并在点火开关关闭的情况下转动，车辆位置

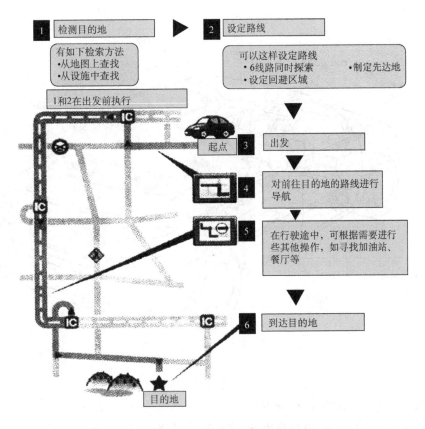

图 10-17 从起点到终点的操作流程

标记的走向可能偏离实际走向。即使车辆驶出停车区域之后，这种现象也可能继续存在。

⑨ 如果车辆用防滑链或备胎行驶在冰雪覆盖的道路上，车辆位置标记可能偏离实际位置。

⑩ 更换轮胎之后，车辆位置标记可能偏离实际位置。

如果不是在上述情况下导致车辆位置标志从路线上偏离，则应进行检查和维修。

10.4 一汽威驰汽车导航系统

10.4.1 导航系统的组成与部件的安装位置

1. 导航系统的组成

一汽威驰汽车的导航系统主要由导航系统 ECU、多功能显示器总成、光盘播放器、GPS 天线与扬声器等组成。

2. 导航系统部件的安装位置

一汽威驰汽车导航系统部件的安装位置如图 10-18 所示。

10.4.2 导航系统的故障诊断步骤

一汽威驰轿车导航系统的故障诊断步骤如下。

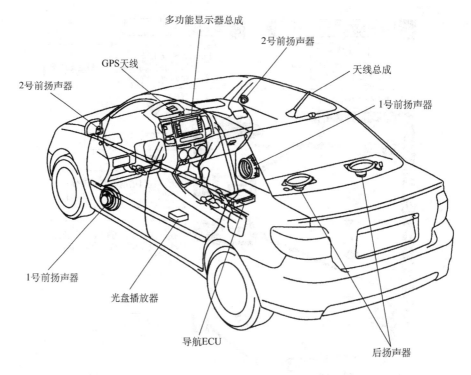

图 10-18 导航系统部件的安装位置

1）对车主所述故障现象进行分析。
2）确认故障现象，若故障现象出现，则进行第 5 步，否则进行下一步。
3）故障现象模拟。
4）检查故障码。若为正常码，则进行第 6 步，否则进行下一步。
5）参阅故障码表，然后进行第 7 步。
6）按故障现象进行检查。
7）ECU 端子检查。
8）确认试验。
9）进行修理或更换部件和（或）线束。
10）确认试验。
11）结束。

10.4.3 预检查

1. 导航系统正常情况下可能出现的问题

1）威驰汽车导航系统即使处于正常情况，但若存在以下情况，也不会执行语音导航。
① 未设定行驶目的地。
② 汽车未按指定路线行驶（指示汽车当前位置所剩余距离并显示在地图屏幕左下角）。
③ 未在其他模式中设置导航功能（在这种情况下只有地图屏幕，而无语音提示）。
2）即使导航系统处于正常状态，而轿车图像在屏幕上是随意转动的。若点火开关处于 ACC 或 ON 位置，当汽车正在转弯时，导航系统把此时记录的角速度作为标准图像。为了解

决此问题，应在汽车停车时，断开点火开关后再将其置于 ACC 或 ON 位置，并观察此故障是否再次出现。

2. 检查故障发生时的位置

检查汽车图像显示错误是否发生在相同或不同地点。注意，当汽车在高速公路上行驶或在环形路中与另外一条路平行的路面行驶，或汽车刚驶出停车场时，此时汽车图像可能偏离其实际所处位置。

3. 诊断系统模式

威驰汽车导航系统的诊断系统模式如图 10-19 所示。

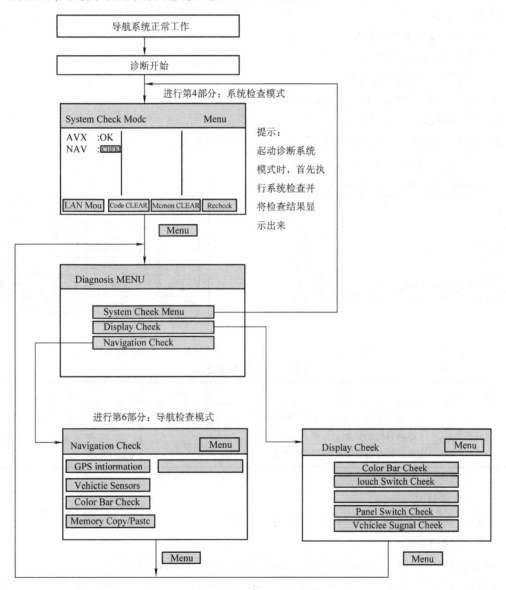

图 10-19　导航系统的诊断系统模式

（1）起动与诊断完成　注意在起动导航系统前，应检查并确认接通点火开关后地图出现在屏幕上。

(2) 用灯控开关起动诊断

1) 车辆处于静止状态。

2) 用驻车制动器制动车辆。

3) 把点火开关置于 ACC 或 ON 位置。

4) 按下图 10-20 所示多功能显示屏上的 INFO 键,并按以下顺序操作灯控制开关:OFF→TAIL→OFF→TAIL→OFF→TAIL→OFF,此时的屏幕显示说明见表 10-1。

注意:诊断系统起动时,显示系统检查菜单屏幕,并且维修检查开始。选择 MENU 显示诊断检查菜单。

(3) 用触摸开关起动诊断

1) 车辆处于静止状态。

2) 用驻车制动器制动车辆。

3) 把点火开关置于 ACC 或 ON 位置。

4) 起动显示屏调节屏幕。

5) 交替地触摸图 10-21 所示屏幕左侧上、下开关 3 次。

6) 完成诊断模式,断开点火开关。

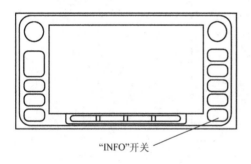

图 10-20　按下 INFO 开关　　　　图 10-21　交替触摸屏幕左侧上、下开关

表 10-1　屏幕显示说明

显示	描述	显示	描述
系统检查菜单	通过执行诊断系统的检查和收集诊断存储的数据,该模式检查每个连接设备目前和过去的工作情况	显示检查	在屏幕上显示"Display Check"
		导航检查	在屏幕上显示"Navigation ECU Check"

4. 导航系统检查模式

威驰汽车导航系统诊断检查模式如图 10-22 所示。

(1) 系统检查

1) 按图 10-23 所示起动诊断系统,其显示项目的功能见表 10-2。

注意:系统检查是根据每个设备对"系统检查执行"和"诊断存储要求"以及来自"当前故障码通知"的信息显示检查结果(单元检查和网络检查信息则在下一屏幕显示)。

2) 读取检查结果。检查显示结果说明见表 10-2。

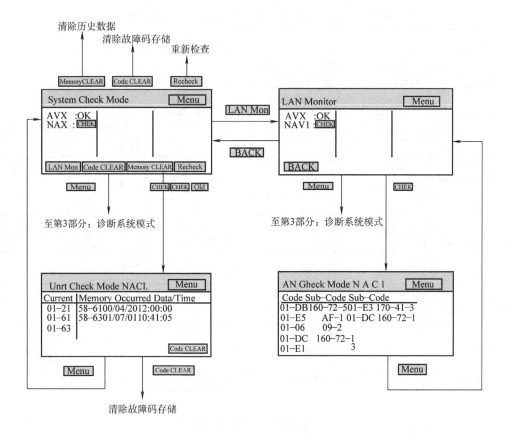

图 10-22 导航系统的诊断检查模式

注意：在检查并修理故障后，应按 Code CLR 键 3s 以上，以删除诊断存储。然后，按 Recheck 键并确认屏幕显示出"OK"。

3）可按 EXCH、CHECK 和 Old 键起动图 10-24 所示"单元检查模式"详细信息开关，其显示项目说明见表 10-3。

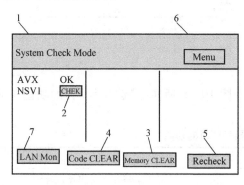

图 10-23 起动诊断系统

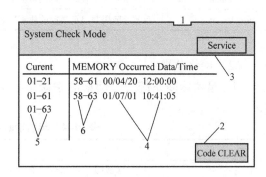

图 10-24 详细信息开关

注意：检测单元故障码激活屏幕上的单元检查模式，而单元检查模式在维修检查中，作为"EXCH"所检测的故障码，按当前或历史故障码分类进行显示。

表10-2 系统检查显示项目的功能及检查结果显示说明

显示项目	功能	检查结果	含义
1—设备名	设备名称列表,显示一系列组件,包括运行的设备(最多15个设备),当不能识别名称时显示其物理地址	OK	没有检测出故障码
2—CHEK	显示检查结果	EXCH	检测到一个或多个故障码的交换请求
3—Memory CLEAR	按下这个开关3s,删除主机登记的所有信息	CHEK	检测到一个或多个故障码的检查请求
4—Code CLEAR	按下这个开关3s,删除所有设备诊断存储 删除设备检查结果和检查结果的屏幕显示	NCON	当打开电源开关时(点火开关在ACC位置),对AVCLAN有连接响应,而对诊断系统起动响应没有连接
5—Recheck	按下这个开关再次执行维修检查	Old	因为是旧版本,检测到一个或多个故障码
6—Menu	按下这个开关起动诊断菜单屏幕	NRES	对诊断系统的信息没有响应,但对诊断系统起动有响应
7—LAN Mon	按下这个开关起动网络监视屏幕	NO Err	没有检测出故障码

表10-3 显示项目说明

显示项目	功能
1—设备名	显示检测出的组件名称
2—CodeCLR	按下这个开关3s,删除所选择诊断设备的故障码存储
3—Service	按下这个开关返回设备检查模式屏幕
4—Date/Time	显示故障码的时间顺序按年—月—日—时—分—秒(如果时间和日期无效,显示空白)
5—Current	当显示系统检查时,可以检测多达6个故障码
6—Memory	存储故障码并显示当前的故障码表

(2)网络监视

① 起动诊断系统。起动诊断系统显示屏幕如图10-25所示,其显示项目的功能见表10-4。

表10-4 起动诊断系统显示项目的功能

显示项目	功能
1—设备名	设备名称列表,包括选装设备(最大15个设备),当不能识别名称时显示其物理地址
2—CHEK	显示检查结果
3—Menu	按下这个开关激活诊断菜单屏幕
4—BACK	按下这个开关激活系统检查屏幕

注意，系统检查显示的检查结果是基于每个设备对"系统检查执行""诊断模式请求"以及来自"当前故障码通知"的信息（网络监视将在下一屏幕显示）。

② 读取检查结果。读取检查结果的显示说明见表10-5。

③ 用 CHECK 键激活网络监视，以获得图 10-26 所示项目及表 10-6 所列详细信息的功能。

表 10-5 读取检查结果的显示说明

检查结果	含义	检查结果	含义
OK	没有检测出故障码	Old	因为是旧版本，检测到一个或多个故障码
EXCH	检测到一个或多个故障码的交换请求		
CHEK	检测到一个或多个故障码的检查请求		
NCON	当打开电源开关时（点火开关在 Acc 位置），对 AVCLAN 有连接响应，而对诊断系统起动响应没有连接	NRES	对诊断系统的信息没有响应，但对诊断系统起动有响应
		NO Err	没有检测出故障码

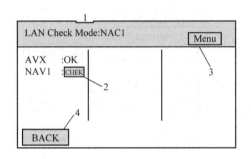

图 10-25 网络监视起动诊断系统显示屏幕

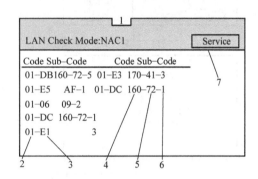

图 10-26 网络监视显示项目

注意：经检查并修理故障后，按 Code CLR 键 3s 以上，以删除诊断存储，然后再按 Recheck 键并确认在屏幕上显示出"OK"。

表 10-6 网络监视的显示项目及其功能

显示项目	功能
1—设备名	显示检查设备的名称
2—程序段	显示与故障码对应的逻辑地址码
3—DTC	显示故障码
4—Sub-code（相关设备的地址码）	与所显示的故障码一起存储的物理地址码
5—Sub-code（连接确认码）	与所显示的故障码一起存储的连接确认码
6—Sub-code（事件码）	与所显示故障码相同的事件码
7—维修检查模式屏幕开关	按下它返回系统检查模式屏幕

注意：检测没有 LAN DTC 激活屏幕上的 LAN Check Mode。

5. 显示检查模式

威驰汽车导航系统显示检查模式如图 10-27 所示。

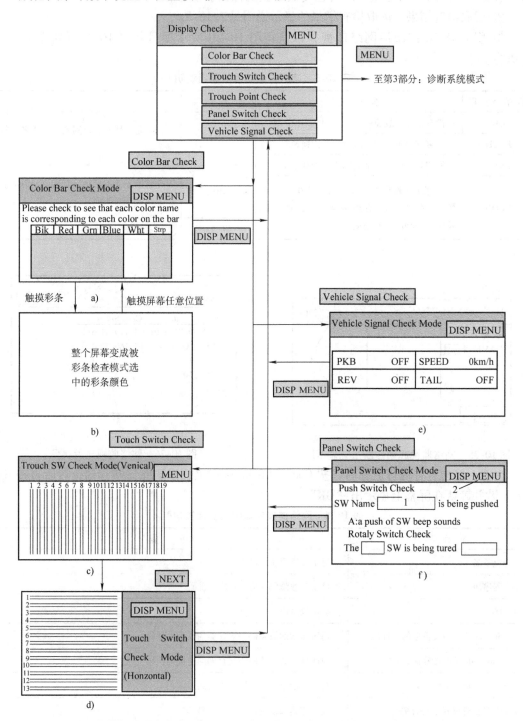

图 10-27　显示检查模式

（1）显示检查模式　显示检查模式的屏幕显示见图 10-28，其内容说明见表 10-7。
注意：按下屏幕上的 MENU 键激活"诊断菜单"。

第10章 汽车导航系统

表 10-7　显示检查模式屏幕显示内容说明

显示	内容	显示	内容
1—Color Bar Check	检查显示颜色	4—Panel Switch Check	检查显示屏两侧开关的操作情况
2—Touch Switch Check	检查触摸开关的操作情况	5—Vehicle Signal Check	检查进入显示屏的车辆信号的状态
3—Touch Point Check	检查触摸点的操作情况		

（2）显示彩条检查

① 起动诊断系统。

② 选择"MENU"。

③ 选择"Display Check"。

④ 选择"Color Bar Check"。

⑤ 如图 10-27a、b 所示，确定彩条颜色与颜色名称一致。注意：选择黑、红、绿、蓝、白和条纹，可使整个屏幕显示所选中的条纹颜色。

⑥ 比较彩条检查与导航检查，并确定两者相同。

注意：按下 Disp MENU 键，激活"显示检查"。

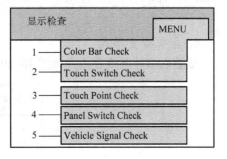

图 10-28　显示检查模式屏幕

（3）显示触摸开关　检查显示触摸开关检查，如图 9-27c、d 所示。

① 起动诊断系统。

② 选择"MENU"。

③ 选择"Display Check"。

④ 选择"Touch Switch Check"。

⑤ 触摸屏幕确认每条线条均对触摸做出响应。注意，对垂直线条检查后，按 NEXT 键检查水平线条。

注意：按屏幕上的 Disp MENU 键激活"显示检查"。

（4）显示面板开关检查　显示面板开关检查，如图 10-27f 所示。

① 起动诊断系统。

② 选择"MENU"。

③ 选择"Display Check"。

④ 选择"Panel Switch Check"。

⑤ 按每个按钮确认屏幕有相应的显示，见表 10-8。

表 10-8　屏幕的相应显示与功能

显示项目	功能
1—按钮的名称	按下的按钮名称被显示 按下两个或两个以上按钮时，显示"MULTIPLE"，然后如果被按下的按钮变为1个，则显示被按下的按钮名称
2—Disp MENU	按下这个按钮激活"显示检查"

（5）显示轿车信号检查　显示轿车信号检查如图 10-27e 所示。

① 起动诊断系统。

② 选择"MENU"。

③ 选择"Display Check"。

④ 选择"Vehicle Signal Check"。

⑤ 检查显示屏显示的轿车信号状态。注意：汽车信号数据每隔1s更新一次（表10-9）。

表10-9 汽车信号检查显示项目与含义

显示项目	含 义	显示项目	含 义
PKB	IG（信号状态）被显示为ON/OFF（点火开关打开）	TAIL	TAIL（信号状态）被显示为ON/OFF（点火开关打开）
SPEED	通过脉冲信号计算车速显示SPD		
REV	REV（信号状态）被显示为ON/OFF（点火开关打开）	DISP MENU	按这个按钮激活显示检查菜单

6. 导航检查模式

威驰汽车导航检查模式如图10-29所示。

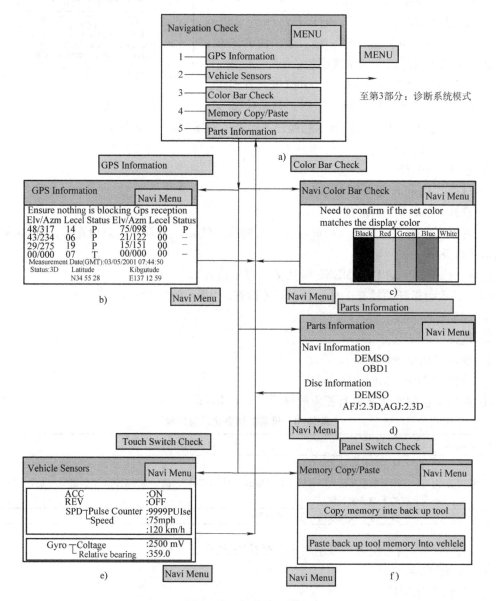

图10-29 导航检查模式

第 10 章 汽车导航系统

(1) 导航检查模式　导航检查模式显示屏幕见图 10-29a，其显示项目与说明见表 10-10。

注意：在导航检查模式（Navigation Check）进行以上所提到的检查，导航系统 ECU 操作每个导航检查屏幕。按屏幕显示项目 MENU 键激活"诊断菜单"。

(2) GPS 信息　GPS 信息显示如图 10-30 所示。

① 起动诊断系统。
② 选择"MENU"。
③ 选择"Navigation Check"。

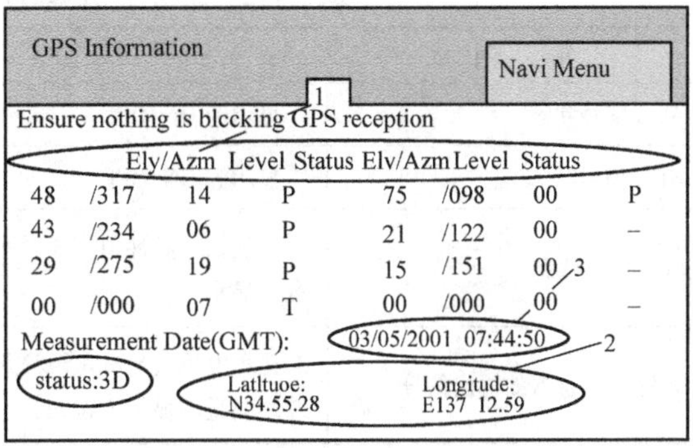

图 10-30　GPS 信息显示屏幕

表 10-10　导航检查模式显示的项目及其说明

显示项目	描　述
1—GPS Information	显示 GPS 相关信息（每秒更新）
2—Vehicle Sensors	显示传递到导航 ECU 的车辆信号信息（每秒更新）
3—Color Bar Check	检查导航 ECU 的彩色显示（"Display Check"状态与"Color Bar Check"比较）
4—Memory Copy/Paste	使用手持式测试仪读写已经存储的诸如商店、饭店的位置等用户数据
5—Parts Information	显示导航程序版本和光盘版本

④ 按表 10-11 所列检查 GPS 相关信息，其测量状态见表 10-11。

表 10-11　检查 GPS 相关信息的显示数据及其测量状态

显示数据	描　述	显示	条　件
1—卫星信息	显示天线捕获卫星的"仰角""方位""信号电平"和"电波接收状态"（最多 8 个卫星）	2D	2 维测量
		3D	3 维测量
2—位置数据	用度、分、秒显示当前位置的经度和纬度	NG	GPS 信息不能利用
3—时间数据	显示从 GPS 接收器获得的日期和时间	Error	接收错误
Navi Menu	按这个键激活"导航检查"	—	其他

(3) 汽车传感器　威驰汽车导航系统陀螺仪传感器显示如图 10-29e 所示。

① 起动诊断系统。
② 选择"MENU"。
③ 选择"Navigation Check"。
④ 选择"Vehicle Sensors"。
⑤ 检查汽车 ACC、REV、SPD 信号和进入表 10-12 所列导航 ECU 的陀螺仪传感器输出信号。

(4) 导航彩条检查　导航彩条检查显示如图 10-29c 所示。

表 10-12 陀螺仪传感器输出信号状态及显示方法

项　　目	显　示　方　法
ACC 信号状态	显示为 ON/OFF
REV 信号状态	显示为 ON/OFF
SPD 信号状态	累计输入脉冲值，显示车速（km/h）（当屏幕显示时，脉冲计数被清零，继续计数和显示）
陀螺仪传感器的输出信号	显示电压（V）和相对方位角（°）（当屏幕显示时，方位角被清零，在此基础上继续测量和显示方位角）
Navi Menu	按此键激活"导航检查"（当屏幕显示该内容时，车辆位置的方位角被置于 0°，在此基础上，继续测量和显示相关的方位角）

① 起动诊断系统。
② 选择"MENU"。
③ 选择"Navigation Check"。
④ 选择"Color Bar Check"。
⑤ 确认设定颜色与显示颜色相对应。
⑥ 与显示检查的彩条进行比较，并确认两者相同。
注意：按下屏幕显示项目 Navi Menu 键激活"导航检查"。
（5）零件信息
① 起动诊断系统。
② 选择"MENU"。
③ 选择"Navigation Check"。
④ 选择"Parts Information"。
⑤ 如图 10-29d 所示，检查程序和光盘版本。
⑥ 如图 10-29f 所示的存储复制/粘贴功能目前不能使用。
按下屏幕显示项目 Navi Menu 键激活"导航检查"。

10.4.4 故障码表

威驰汽车导航系统的地址及其含义见表 10-13。

表 10-13 地址及其含义

地　　址	含　　义
物理地址	为 AVC-LAN 中的每个设备定义三位码（十六进制），各符号与其功能相对应
逻辑地址	在 AVC-LAN 系统内部给每项功能定义两位码（十六进制）

1. 带显示的接收机总成（物理地址：120）
带显示的接收机总成故障码见表 10-14。

表 10-14 接收机总成故障码

逻辑地址	故障码	诊断项目	描述	操作
01（通信控制）	21	ROM 故障	检测到 ROM 工作不正常	更换多功能显示屏（LCD）
	22	RAM 故障	检测到 RAM 工作不正常	更换多功能显示屏（LCD）
	D5[①]	登记设备未连接	点火开关在 ACC 或 ON，子码所代表的设备与系统连接断开或曾经拆开，发动机起动后，与子码所代表的设备的通信没有被确认	1）检查子码所代表的设备的供电系统线束 2）检查子码所代表的设备的通信系统线束
	D8[②]	连接检查没响应	发动机起动后，子码所代表的设备与系统断开	1）检查子码所代表的设备的供电系统线束 2）检查子码所代表的设备的通信系统线束
	D9[①]	前一个模式错误	点火开关在 ACC 或 ON，发动机熄火前的设备操作（提供声音或图像）未连接	1）检查子码所代表的设备的供电系统线束 2）检查子码所代表的设备的通信系统线束
	DA	对于开/关没有响应	当改变模式时没有响应（音响或显示模式），检测到按钮操作不能改变声音和图像	1）检查子码所代表的设备的供电系统线束 2）检查子码所代表的设备的通信系统线束 3）如果再次发生故障，更换子码所代表的设备
	DB[①]	模式状态错误	检测到双警报	1）检查子码所代表的设备的供电系统线束 2）检查子码所代表的设备的通信系统线束
	DC[④]	传输错误	子码所代表的设备信号传输失效（检测到这个故障码并不意味着实际故障）	如果相同的子码在其他设备中被记录，检查子码代表的所有设备的电源和通信系统线束
	DE[③]	分机复位（瞬间中断）	发动机起动后，分机已经断开	1）检查子码所代表的设备的供电系统线束 2）检查子码所代表的设备的通信系统线束
	E2	ON/OFF 说明参数错误	多功能显示屏的 ON/OFF 控制命令错误被检测到	更换多功能显示（LCD）显示器
	E3[①]	登记请求传输	1）从属设备发出登记请求命令 2）接收设备检查说明，子-主设备 3）输出登记请求命令	由于这个故障码用于工程的需要，实际不存在故障也可能检测到故障码

（续）

逻辑地址	故障码	诊断项目	描　述	操　作
21 （开关）	10	面板开关故障	检测到面板开关输入零件故障 （检测到开关控制零件故障或内部通信故障）	1）检查面板上所有开关、显示检查模式测试开关。如果它们失效，更换A/C控制总成 2）如果所有开关功能没有问题，再观察一会儿
	11	触摸开关故障	检测到触摸开关传感器故障 （检测到LED的亮度低于固定值）	1）检查面板上所有触摸开关，显示检查模式测试触摸开关。如果任何线条没有响应，更换多功能显示（LCD）显示器 2）如果所有垂直线和水平线响应正常，再观察一会儿
34（前排乘员监视器）	10	图像电路故障	检测到图像电路电源系统故障（电压不正常）	更换多功能显示（LCD）显示器
	11	背光灯故障（无电流）	背光灯电源转换电路输出电压降低	更换多功能显示（LCD）显示器
	12	背光灯故障（电流过大）	背光灯电源转换电路输出电压过高	更换多功能显示（LCD）显示器
60（收音机）	43	AM调谐错误	AM调谐器故障	更换收音机总成
	11	FM调谐错误	FM调谐器故障	更换收音机总成
61（磁带播放器）	40	音响机械故障	检测到由于机械原因造成的故障或磁带断开或绞带	1）检查盒带 2）更换接收机总成
62（CD播放器）	42	找不到盘	不能读盘	检查CD
	44	CD播放器故障	检测到CD播放器故障	更换接收机和播放器
	45	弹出故障	光盘不能弹出	更换接收机和播放器
	47	CD高温	检测到CD播放器高温	更换接收机和播放器
	48	CD电流过大	提供给CD播放器电流过大	更换接收机和播放器

① 即使无故障，故障码也可能被存储，这取决于蓄电池状况和发动机起动电压。
② 发动机起动后，拔下电源线束插接器180s后，则存储此故障码。
③ 发动机起动后，当转动了点火钥匙时，则存储此故障码。
④ 发动机起动1min后，当转动了点火钥匙时，则存储此故障码。

2. 导航系统ECU（物理地址：178）

导航系统ECU故障码见表10-15。

表10-15　导航系统ECU故障码

逻辑地址	故障码	诊断项目	描　述	操　作
01 （通信控制）	D6①	主机不存在	点火开关在ACC或ON，存储这个故障码的设备已经与系统断开 当存储这个故障码时多功能显示（LCD）显示器未连接	1）检查多功能显示（LCD）显示器的供电系统线束 2）检查多功能显示（LCD）显示器的通信系统线束 3）检查导航ECU供电系统线束 4）检查导航ECU通信系统线束

（续）

逻辑地址	故障码	诊断项目	描　　述	操　　作
01 （通信控制）	D7[②]	连接检查故障	发动机起动后，存储这个故障码的设备已经与系统断开或者多功能显示（LCD）显示器未连接	1）检查多功能显示（LCD）显示器的供电系统线束 2）检查多功能显示（LCD）显示器的通信系统线束 3）检查导航 ECU 供电系统线束
	DC[③]	传输错误	子码所代表的设备信号传输失效（检测到这个故障码并不意味着实际故障）	如果相同的子码在其他设备中被记录，检查子码代表的所有设备的电源和通信系统线束
	DD[④]	主机复位 （瞬间中断）	发动机起动后，主机已经断开	1）检查多功能显示（LCD）显示器的供电系统线束 2）检查多功能显示（LCD）显示器的通信系统线束 3）如果错误频繁出现，更换多功能显示（LCD）显示器
	E0[①]	登记完成说明错误	来自主机的"登记完成说明"命令不能被接收	由于这个故障码用于工程的需要，实际上不存在故障也可能检测到故障码
	E2	ON/OFF 说明参数错误	来自主机的 ON/OFF 命令发生错误	更换多功能显示（LCD）显示器
	E3[①]	登记请求传输	1）显示故障码的设备输出登记请求命令 2）接收设备检查说明，子-主设备输出登记请求命令	由于这个故障码用于工程的需要，实际不存在故障也可能检测到故障码
	DF[④]	主机错误	由于带有显示的设备故障，主机的功能被切换到语音设备，在子-主机（语音）和主机设备之间通信发生错误	1）检查多功能显示（LCD）显示器的供电系统线束 2）检查多功能显示（LCD）显示器的通信系统线束 3）检查多功能显示（LCD）显示器和收音机总成之间的通信系统线束
	E4[①]	多路传输异常中断	多路传输失效	由于这个故障码用于工程需要，实际不存在故障也可能检测到故障码
58 （导航系统 ECU）	10	陀螺仪故障	检测到陀螺仪传感器故障（检测到传感器的输出电压不正常的时间超出特定时间）	更换导航 ECU

243

(续)

逻辑地址	故障码	诊断项目	描 述	操 作
58 （导航系统ECU）	11	GPS接收机故障	检测到GPS接收机工作故障	在户外空旷场地，操作显示GPS数据，如果15min后仍不能显示GPS标记，更换导航ECU
	40	GPS天线故障	检测到GPS天线开路情况（开路、插接器连接失效等）	检查天线必要时更换
	41	GPS天线供电故障	检测到GPS天线电缆电压不正常或短路	1) 检查GPS天线必要时更换（检测到芯线与屏蔽之间不通，则GPS天线是正常的） 2) 如果GPS天线正常，更换导航ECU
	42	地图光盘错误	在某个时间，由于光盘表面划伤、脏污或插入错误光盘，不能读取数据	1) 检查光盘，必要时更换（只检查盘表面并用软布擦拭） 2) 即使更换光盘也不能显示地图，更换导航ECU
	43	车辆信号错误	检测到车辆信号输入错误（某个时间没有输入的车辆信号）	1) 检查线束 2) 如果线束正常，更换导航ECU

① ~ ④同表9-14的表注。

10.5 北斗卫星导航系统

北斗卫星导航系统（BeiDou Navigation Satellite System，BDS）是中国自行研制的全球卫星导航系统。北斗卫星导航系统和美国GPS、俄罗斯GLONASS、欧盟GALILEO，是联合国卫星导航委员会认定的供应商之一。

北斗卫星导航系统由空间段、地面段和用户段三部分组成，可在全球范围内全天候、全天时为各类用户提供高精度、高可靠定位、导航、授时服务，并具短报文通信能力，已经初步具备区域导航、定位和授时能力，定位精度10m，测速精度0.2m/s，授时精度10ns。2017年11月5日，中国第三代导航卫星顺利升空，它标志着中国正式开始建造"北斗"全球卫星导航系统。

1. 星座构成

北斗卫星导航系统空间段计划由35颗卫星组成，包括5颗静止轨道卫星、27颗中地球轨道卫星、3颗倾斜同步轨道卫星。5颗静止轨道卫星定点位置为东经58.75°、80°、110.5°、140°、160°，中地球轨道卫星运行在3个轨道面上，轨道面之间相隔120°均匀分布。至2012年底北斗亚太区域导航正式开通时，已成为正式系统在西昌卫星发射中心发射了16颗卫星，其中14颗组网并提供服务。

2. 定位原理

1) 35颗卫星在离地面2万多千米的高空上，以固定的周期环绕地球运行，使得在任意时刻，在地面上的任意一点都可以同时观测到 4 颗以上的卫星。

2）由于卫星的位置精确可知，在接收机对卫星观测中，我们可得到卫星到接收机的距离，利用三维坐标中的距离公式，利用 3 颗卫星，就可以组成 3 个方程式，解出观测点的位置（X、Y、Z）。考虑到卫星的时钟与接收机时钟之间的误差，实际上有 4 个未知数，即 X、Y、Z 和时钟差，因而需要引入第 4 颗卫星，形成 4 个方程式进行求解，从而得到观测点的经纬度和高程。

3）事实上，接收机往往可以锁住 4 颗以上卫星，这时，接收机可按卫星的星座分布分成若干组，每组 4 颗，然后通过算法挑选出误差最小的一组用作定位，从而提高精度。

4）卫星在空中连续发送带有时间和位置信息的无线电信号，供接收机接收。由于传输的距离因素，接收机接收到信号的时刻要比卫星发送信号的时刻延迟，通常称之为时延，因此，也可以通过时延来确定距离。卫星和接收机同时产生同样的伪随机码，一旦两个码实现时间同步，接收机便能测定时延；将时延乘上光速，便能得到距离。

5）每颗卫星上的计算机和导航信息发生器非常精确地了解其轨道位置和系统时间，而全球监测站网保持连续跟踪。

3. 卫星导航原理

1）跟踪卫星的轨道位置和系统时间。位于地面的主控站与其运控段一起，至少每天一次对每颗卫星注入校正数据。注入数据包括：星座中每颗卫星的轨道位置测定和星上时钟的校正。这些校正数据是在复杂模型的基础上计算出来的，可在几个星期内保持有效。

2）卫星导航系统时间是由每颗卫星上原子钟的铯和铷原子频标（更多采用）保持的。这些原子钟一般来讲精确到世界协调时（UTC）的几纳秒以内。UTC 是由美国海军观象台的"主钟"保持的，每台主钟的稳定性为若干个 10^{-13} s。

4. 定位精度

卫星运行轨道、卫星时钟存在误差，大气对流层、电离层对信号有影响，使得民用的定位精度只有数十米量级。为提高定位精度，普遍采用差分定位技术（如 DGPS、DGNSS），建立地面基准站（差分台）进行卫星观测，利用已知的基准站精确坐标，与观测值进行比较，从而得出一个修正数，并对外发布。接收机收到该修正数后，与自身的观测值进行比较，消去大部分误差，得到一个比较准确的位置。实验表明，利用差分定位技术，定位精度可提高到米级。

科研人员利用严谨的分析研究方法，从信噪比、多路径、可见卫星数、精度因子、定位精度等多个方面，对比分析了北斗和 GPS 在航线上不同区域，尤其是在远洋及南极地区不同运动状态下的定位效果。结果表明，北斗系统信号质量总体上与 GPS 相当。在 45°以内的中低纬度地区，北斗动态定位精度与 GPS 相当，水平和高程方向分别可达 10m 和 20m 左右；北斗静态定位水平方向精度为米级，也与 GPS 相当，高程方向 10m 左右，较 GPS 略差；在中高纬度地区，由于北斗可见卫星数较少、卫星分布较差，定位精度较差或无法定位。

本 章 小 结

- 汽车导航系统的功能有：对目的地进行最佳路线检索；瞬时再检索功能；为检索方便提供丰富的菜单和记录功能；在适当时间内提供实时语音提示；扩大十字路口周围建筑物和交通标志功能；导航系统和娱乐系统部件共用。

- 汽车GPS导航系统由GPS接收天线、GPS接收机、计算机、液晶显示器、位置检测装置（绝对位置检测和相对位置检测）等组成。
- 地磁导航系统利用地磁方向传感器可以以地磁为基准检测车辆方向；汽车惯性导航系统可以利用氮气的惯性检测行驶方向。
- 无线电导航可以通过测定无线电波从发射台到接收机的传播时间，或相位、相角来进行导航定位。
- 当汽车与卫星中断联系的瞬间，可自动导入自律导航系统。车载电脑直接对车速传感器检测到的车速脉冲数进行数据处理，通过速度和时间算出汽车前进的距离。陀螺仪可以测出汽车前进中的微小误差并进行自动修正。
- 由GPS和自律导航系统测得汽车的坐标数据与实际行驶道路的数据存在一定误差，为了修正误差，必须加一个地图匹配器对汽车位置与地图上道路的误差进行自动修正，使得汽车行驶路线与地图上的道路相匹配，从而指示出正确的前进路线。
- 车辆混合导航系统由可视显示器、导航电子控制单元、GPS天线和遥控器、VICS（车辆信息和通信系统）和音频单元等装置组成。
- 北斗卫星导航系统（BDS）是中国自行研制的全球卫星导航系统。是继美国全球定位系统（GPS）、俄罗斯格洛纳斯卫星导航系统（GLONASS）欧洲伽利略卫星导航系统（GALILEO）之后第四个成熟的卫星导航系统。

复习思考题

一、填空题

1. 汽车GPS导航系统由_____、_____、_____、_____、_____等组成。
2. 内部信息导航系统主要由_____、_____、_____、_____、_____等组成。
3. 地磁方向传感器是一种以_____为基准检测车辆方向的装置，按原理分为_____和_____。
4. 发电式车辆方向传感器是一个_____传感器。
5. 惯性车辆方向传感器实际上是一个_____。
6. 丰田汽车的地磁导航系统由_____、_____、_____和显示部分等组成。
7. 本田惯性行驶系统由_____、_____、_____以及CRT的显示部分组成。
8. 无线电导航是指通过测定无线电波从发射台到接收机的_____，或_____来进行导航定位的方法。
9. 汽车无线电导航系统由_____、_____、_____、LCD显示器等组成。
10. GPS信号接收机从仪器结构可概括为_____和_____两大部分。天线单元由_____和_____两个部件组成。接收单元由_____、_____、_____、_____四个部件组成。
11. 世界四大卫星导航系统是_____、_____、_____、_____。

二、判断题

1. 装有GPS的导航系统是一种具有引导功能的导航系统。　　　　　　　　　　（　　）
2. 本田的惯性行驶系统不具有引导功能。　　　　　　　　　　　　　　　　（　　）

3. 车载 GPS 的导航系统中，GPS 信号接收机同时接收三颗卫星的信号即可正常工作。
   （   ）
4. 车载 GPS 导航系统在选择 GPS 接收机时，应尽可能选择高精度的接收机。（   ）
5. 拥有 GPS 车载导航系统，完全不再需要地磁方向传感器或惯性车辆方向传感器。
   （   ）
6. 车载导航系统工作时都离不开电子地图的数据。   （   ）

三、问答题
1. 汽车导航系统的功能有哪些？
2. 汽车电子导航系统按不同分类方式可分成哪些类型？
3. GPS 定位基本原理是什么？
4. 汽车导航系统是如何进行自律导航的？

实训项目 12　威驰汽车导航系统的自诊断测试

车 辆 型 号	车辆识别代码	检 测 系 统

一、实训目标

　　1. 掌握导航系统的基本结构。

　　2. 掌握威驰汽车导航系统的诊断方法。

二、知识准备

　　威驰汽车导航系统的组成和部件安装位置。

三、实训步骤

　　1. 把点火开关置于 ON 位置，用灯控开关或触摸开关启动威驰轿车导航系统的诊断系统模式，如图 10-19 所示。

　　2. 按 MENU→System Check Menu 键进入导航系统的诊断检查模式，如图 10-22 所示。

　　3. 按 Check 键显示检查结果，记录读取的故障码＿＿＿。

　　4. 按 Back 键返回导航系统诊断检查模式。

　　5. 按 LAN Monday 键进入网络监视检查，按 Check 键显示检查结果，记录读取的故障＿＿＿＿＿＿＿＿＿＿＿＿＿＿＿＿＿＿＿＿＿＿＿＿＿＿＿。

　　6. 按 Menu 返回诊断系统模式。

　　7. 按 MENU→Display Check 键进入显示检查模式，如图 10-27 所示。

　　8. 按 Color Bar Check 进入显示彩条检查模式，如图 10-27a 所示，任意触摸彩条，看是否整个屏幕全显示彩条的颜色＿＿＿＿＿＿（是/否）。

　　9. 任意触摸屏幕某位置，返回彩条检查模式，按 Disp MENU 键返回显示检查模式。

　　10. 按 Touch Switch Check 键进入触摸开关检查模式，如图 10-27c 所示，触摸屏幕任意线条，看是否对触摸做出响应＿＿＿＿＿＿＿＿＿＿（是/否）。

　　11. 按 Disp MENU 键返回显示检查模式。

　　12. 按 Panel Switch Check 键进入面板开关检查模式，如图 10-27f 所示，分别按下面板上的开关，看屏幕是否会按 10-27f 显示出相应开关的名称＿＿＿＿＿＿＿＿＿＿＿＿（是/否），记录不能正常显示的开关名称＿＿＿＿＿＿＿＿＿＿＿＿＿＿＿＿＿＿＿＿＿＿＿＿＿＿。

　　13. 按 Disp MENU 键返回显示检查模式。

　　14. 按 Vehicle Signal Check 键进入轿车信号检查模式，如图 10-27e 所示，记录显示的结果＿＿＿＿＿＿＿＿＿＿＿＿＿＿＿＿＿＿＿＿＿＿＿＿＿＿＿＿。

　　15. 按 Disp MENU 键返回显示检查模式，按 Menu 键返回诊断系统模式。

　　16. 按 MENU→Navigation Check 键进入导航检查模式，如图 10-29 所示。

　　17. 按 GPS Information 键显示 GPS 信息，如图 10-29b 所示，记录位置数据＿＿＿＿＿＿＿＿＿＿＿＿＿＿＿＿＿＿＿＿＿＿＿＿＿＿。

　　18. 按 Navi Menu 键返回导航检查模式。

　　19. 按 Vehicle Sensors 键显示陀螺仪传感器信息，如图 10-29b 所示，记录陀螺仪传感器输出信息＿＿＿＿＿＿＿＿＿＿＿＿＿＿＿＿＿＿＿，车速传感器输出信息＿＿＿＿＿＿＿＿＿＿＿＿＿＿＿＿＿＿＿＿＿＿＿＿＿。

　　20. 按 Navi Menu 键返回导航检查模式。

（续）

车 辆 型 号	车辆识别代码	检 测 系 统

21. 按 Parts Information 键显示零件信息，记录显示结果_____
_____。
22. 按 Navi Menu 键返回导航检查模式，按 Menu 键返回诊断系统模式。
23. 完成检查，断开点火开关。

四、实训小结
_____
_____
_____。

第 11 章 车载网络技术

📝 **学习目标：**

- 了解车载网络技术的基础知识和分类。
- 掌握 CAN 总线的结构和工作原理。
- 掌握 CAN 总线应用系统的工作原理。
- 掌握 LIN 总线应用系统的工作原理。
- 了解 MOST 总线的结构和工作原理。
- 了解 FlexRay 总线的结构和工作原理。
- 了解大众、通用和丰田车型的网络结构和工作原理。
- 掌握车载网络技术故障诊断与维修方法。
- 培养学生科技报国的家国情怀和使命担当，树立专业精神、劳动精神和工匠精神。

11.1 概述

现代汽车电控单元之间相互通信的要求日益增长，传统的采用点对点的通信连接会使车内线束增多，通信的可靠性、安全性以及车辆质量增加等问题给汽车设计、制造带来困扰。为减少车内连线，实现数据共享和快速交换，同时提高数据交换的可靠性，将汽车上多个处理器之间相互连接、协调工作并共享信息所构成的计算机网络系统称为汽车车载网络。

11.1.1 车载网络技术简介

自 20 世纪 60 年代汽车技术与电子技术开始融合以来，电子技术在汽车上的应用范围越来越广，特别是随着集成电路、大规模集成电路和超大规模集成电路的发展，为汽车提供功能大、速度快、性能可靠的汽车电控系统成为现实。一般将汽车车载网络的发展分为四个阶段。

第一阶段：20 世纪 60 年代到 80 年代，汽车发电机、晶体管电压调节器和晶体管点火装置等开始装备于汽车，电子控制装置逐步实现了由分立元件向集成化过渡。

第二阶段：20 世纪 80 年代到 90 年代，单片机等微处理器在汽车上得到广泛应用，以单片机为控制核心，以实现特定控制内容或功能为目的的各种电子控制系统得到了迅速发展，电子控制技术在汽车上的广泛应用，不仅拓展了电子控制的功能和控制内容，提高了控制精度和汽车性能，而且也为汽车网络技术的发展奠定了坚实的基础。

第三阶段：20世纪90年代到21世纪初，汽车采用先进的单片机技术和车载网络技术，形成了车内的分布式、网络化的电子控制系统，整车电气系统被连成一个多ECU、多节点的有机整体，使得其性能也更加完善。目前奔驰、宝马、大众、通用、丰田、本田、日产等主要汽车制造商生产的的大多数汽车上均采用了以CAN总线、LIN总线、MOST总线等为代表的网络控制技术，将车辆控制系统简化为节点模块化，在基于现场总线的分布式控制中，传感器和执行器与同一现场的节点相组合，构成节点模块，优化了汽车控制系统，提升了汽车的整体控制水平。

第四阶段：以Telematics技术为代表的汽车信息化时代。Telematics技术是基于远程通信技术（Telecommunications）与信息科学技术（Informatics）融合而成的新技术，通过内置在汽车、航空器、船舶、火车等运输工具上的计算机网络技术，借助无线通信技术、GPS卫星导航技术，实现文字、图像、语音信息交换的综合信息服务系统，Telematics是无线通信技术、卫星导航系统、网络通信技术和车载电子控制系统的综合产物，是未来车载网络技术的发展趋势。

汽车采用车载网络技术将过去一线一用的专线制改为一线多用制，可以被多个系统共享，从而最大限度地提高系统的整体效率，充分利用有限的资源，减少汽车上线缆的数目，缩小线束的直径。车载网络技术将计算机技术融入整个汽车系统之中，加速汽车智能化的发展。

汽车传统的信息传递方式是每项信息需独立的数据线完成，如大众宝来汽车发动机电控单元J220与自动变速器电控单元J217之间需要发动机转速、燃油消耗率、节气门位置、变速器干预信号、升档/降档信息5个信号传输，就必须有5根独立的信号传输线。如果需要传递多个信号，就需要更多的信号传输线，而采用车载网络技术，只需要一两根传输线即可。

11.1.2 车载网络基础知识

1. 局域网

局域网是在一个有限区域内连接的计算机网络，通过该网络实现系统内的资源共享和信息通信。连接到网络上的节点可以是计算机、基于微处理器的应用系统或控制装置。车载网络作为一种局域网，其数据传输速度为10～105kbit/s，传输距离在250m范围内。

2. 数据总线

数据总线是指模块间运行数据的通道，模块可以发送和接收数据，这样的数据总线就称为双向数据总线。数据总线是一条或两条导线，为了对抗电子干扰，双线制数据总线的两条线是绞在一起的，如图11-1所示，控制器局域网络（Controller Area Network，CAN）总线采用双绞线进行数据传输，这两根导线中，一根称为CAN - High导线，另一根导线称为CAN - Low导线，在双绞线上，信号是按相反相位传输的，这样可有效抑制外部干扰。

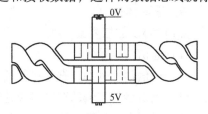

图11-1 双绞线

3. 模块/节点

模块/节点是一种电子装置，如温度、压力传感器。传感器是一个模块装置，根据温度和压力的不同将产生不同的电压信号，这些电压信号在数字装置的输入接口被转变成数字信号，在计算机多路传输系统中的控制单元模块被称为节点。

4. 局域网的拓扑结构

所谓拓扑结构，就是网络的物理连接方式。局域网的常用拓扑结构有三种：星型、环型、总线型。局域网多用总线型方式，总线型网络即所有入网计算机通过分接头接入到一条载波传输线上，信道利用率较高，但同一时刻只能有两处网络节点在相互通信，网络延伸距离有限，网络容纳节点数有限，适用于传输距离较短、地域有限的组网环境，如图11-2所示。

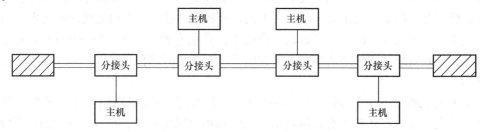

图11-2 总线型网络拓扑结构

5. 链路

链路指网络信息传输的媒体，分为有线和无线两种类型，目前汽车上使用的大多数链路都是有线网络。通常用于局域网的传输媒体有双绞线、同轴电缆和光纤。

双绞线是局域网中最普通的传输媒体，一般用于低速传输，最大传输速率可达几 Mbit/s；双绞线成本较低，传输距离较近，是汽车网络使用最多的传输媒体。

同轴电缆可以满足较高性能的传输要求，连接的网络节点较多，跨越的距离较大。

光纤在电磁兼容性等方面有独特的优点，数据传输速度高，传输距离远。在车载网络上，特别在一些要求传输速度高的车载网络（如车上信息与多媒体网络）上，光纤都有很好的应用前景。

6. 数据帧

为了可靠地传输数据，通常将原始数据分割成一定长度的数据单元，数据单元即称为数据帧。一帧数据内应包括同步信号、错误控制、流量控制、控制信息、数据信息、寻址信息等。

7. 传输协议

（1）协议的三要素

1）通信信息帧的格式。

2）通信信息帧的数据和控制信息。

3）确定事件传输的顺序以及速度匹配。

（2）协议的功能

1）差错监测和纠正。面向通信传输的协议常使用"应答-重发"和通信校验进行差错的检测和纠正工作，一般来说，协议中对异常情况的处理说明要占很大的比重。

2）分块和重装。为符合协议的格式要求，需要对数据进行加工处理。分块是将大的数据划分成若干小块，如将报文划分成几个子报文组。重装是将划分的小块数据重新组合复原，如将几个子报文组还原成报文。

3）排序。对发送的数据进行编号以标识它们的顺序，通过排序，可以达到按序传递、信息流控制和差错控制等目的。

4）流量控制。通过限制发送的数据量或速率，防止在信道中出现堵塞现象。

8. 传输仲裁

当出现数个使用者同时申请利用总线发送信息时，传输仲裁是用于避免发生数据冲突的机构。仲裁可保证信息按其重要程度来发送。

9. 车载网络分类和协议标准

（1）A类总线协议标准　A类网络通信大部分采用UART（Universal Asynchronous Receiver/Transmitter）标准，A类目前首选的标准是局域互联网络（Local Interconnect Network，LIN）。LIN是用于汽车分布式电控系统的一种新型低成本串行通信系统，它是一种基于UART的数据格式、主从结构的单线12V的总线通信系统，主要用于智能传感器和执行器的串行通信。LIN采用低成本的单线连接，传输速度最高可达20kbit/s。

（2）B类总线协议标准　B类中的国际标准是CAN总线，它是一种多主总线，通信介质可以是双绞线、同轴电缆或光导纤维，通信速率可达1Mbit/s。CAN总线通信接口中集成了CAN协议的物理层和数据链路层功能，可完成对通信数据的成帧处理，CAN协议采用循环冗余校验（Cyclic Redundancy Check，CRC）检验并可提供相应的错误处理功能，保证了数据通信的可靠性。

（3）高速总线系统协议标准

① C类总线协议标准。在C类标准中，欧洲汽车制造商基本上采用的都是高速通信的CAN总线标准ISO11898。而标准J1939在货车及其拖车、大型客车、建筑设备以及农业设备上的使用，是用来支持分布在车辆各个不同位置的电控单元之间实现实时闭环控制功能的高速通信标准，其数据传输速率为250kbit/s。通用公司已开始在所有的车型上使用其专属的GM LAN总线标准，它是一种基于CAN的传输速率为500kbit/s的通信标准。

② 安全总线和标准。安全总线主要用于安全气囊系统，以连接加速度计、安全传感器等装置，为被动安全提供保障。如德尔福公司的Safety Bus和宝马公司的Byteflight。

③ X-by-Wire总线协议标准。X-by-Wire称为电传控制，在飞机控制中得到广泛应用。由于目前提高汽车容错能力和通信系统的高可靠性的需求日益增长，X-by-Wire开始应用于汽车电子控制领域。这一类总线标准主要有TTP、Byteflight和FlexRay。

（4）诊断系统总线标准、协议　故障诊断是为了满足OBD Ⅱ（ON Board Diagnose）、OBD Ⅲ或E-OBD（European-On Board Diagnose）标准。目前，许多汽车生产厂商都采用ISO14230（Keyword Protocol 2000）作为诊断系统的通信标准，它满足OBD Ⅱ和OBD Ⅲ的要求。

（5）多媒体系统总线协议标准　汽车多媒体网络和协议分为三种类型，分别是低速、高速和无线。对应美国机动车工程师学会（Society of Automotive Engineers，SAE）标准的分类相应为IDB-C（Intelligent Data BUS-CAN）、IDB-M（Multimedia）和IDB-Wireless，其传输速率为250kbit/s～100Mbit/s。低速用于远程通信、诊断及通用信息传送，IDB-C按

CAN总线的格式以250kbit/s的位速率进行信息传送。高速主要用于实时的音频和视频通信，如MP3、DVD和CD等的播放，所使用的传输媒体是光纤，这一类主要有D2B、MOST和IEEE 1394。D2B是用于汽车多媒体和通信的分布式网络，通常使用光纤作为传输媒体，可连接CD播放器、语音控制单元、电话和因特网。在无线通信方面采用Bluetooth™规范，主要面向汽车的声音系统、信息通信等应用系统。

车载网络分类见表11-1。

表11-1 车载网络分类

网络分类	位传输速率	应用范围	主流协议
A级	<20kbit/s	只需传输少量数据的场合，如刮水器的开闭控制	LIN
B级	20~150kbit/s	信号多、实时性低的单元如车灯、车窗控制	低速CAN
C级	0.125~25Mbit/s	实时性高的控制单元如发动机、ABS等	高速CAN
D级	25~150Mbit/s	数据量大、对带宽要求高，如导航、多媒体系统	IDB-139、MOST、车载以太网AVB
E级	10Mbit/s	实时性要求非常高的系统，如安全气囊	FlexRay、车载以太网TTE

10. 车载网络传输的基本原理

（1）数据传输的基本原理 车载网络中的数据传输总线的数据传递像一个电话会议，一个电话用户（控制单元）将数据"讲"入网络中，其他用户通过网络"接听"这个数据，对这个数据感兴趣的用户就会利用数据，而其他用户则选择忽略。

数据传输总线是车内电子装置中的一个独立系统，用于在连接的控制单元之间进行信息交换。如果数据传输总线系统出现故障，故障就会存入相应的控制单元故障存储器内，可以用诊断仪读出这些故障。控制单元拥有自诊断功能，通过自诊断功能，还可识别出与数据传输总线相关的故障。用诊断仪读出数据传输总线故障记录后，可按这些信息准确地查寻故障。控制单元内的故障记录用于初步确定故障，还可用于读出排除故障后的无故障说明。

车载网络系统由多个控制单元组成，这些控制单元通过收发器（发射/接收放大器）并联在总线导线上，所有控制单元的地位均相同，没有哪个控制单元有特权，信息交换是按顺序连续完成的。

数据传输总线原则上用一条导线就足以满足功能要求，但通常总线系统上还是配备了第二条导线，信号在第二条导线上按相反顺序传送，可有效抑制外部干扰。

（2）网关的基本原理 车载网络的网关具备从一个网络协议到另一个网络协议转换信息的能力，由于电压电平和电阻配置不同，因此在不同类型的数据总线之间无法进行直接耦合连接。另外，各种数据总线的传输速率是不同的，决定了它们无法使用相同的信号，这时需要在这两个系统之间完成一个转换，这个转换过程是通过网关来实现的。网关的主要任务是使两个速度不同的系统之间能进行信息交换。

根据车辆的不同，网关可能安装在组合仪表内、车上供电控制单元内或在自己的网关控制单元内。由于通过各种数据传输总线的所有信息都供网关使用，因此网关也用作诊断接口。过去汽车通过K线来查询诊断信息，现在很多车型是通过数据传输总线和诊断线来完成诊断查询工作的。

11.2 控制器局域网

11.2.1 CAN 的基本知识

汽车电子使用 CAN 连接发动机控制单元、传感器、防抱死系统等，其传输速度可达 1Mbit/s。同时，可以将 CAN 安装在汽车的电子控制系统里，如车灯组、电动车窗等，用以代替接线配线装置。

1. CAN 工作原理

当 CAN 总线上的一个节点（站）发送数据时，它以报文形式广播给网络中所有节点。对每个节点来说，无论数据是否是发给自己的，都对其进行接收。每组报文开头的 11 位字符为标识符（CAN2.0A），定义了报文的优先级，这种报文格式称为面向内容的编址方案。在同一系统中标识符是唯一的，不可能有两个节点发送具有相同标识符的报文。当一个节点要向其他节点发送数据时，该节点的 CPU 将要发送的数据和自己的标识符传送给本节点的 CAN 芯片，并处于准备状态；当它收到总线分配时，转为发送报文状态。

CAN 芯片将数据根据协议组织成一定的报文格式发出，这时网上的其他节点处于接收状态。每个处于接收状态的节点对接收到的报文进行检测，判断这些报文是否是发给自己的，以确定是否接收它。

由于 CAN 总线是一种面向内容的编址方案，因此很容易建立高水准的控制系统并灵活地进行配置，可以很容易地在 CAN 总线中加进一些新节点而无须在硬件或软件上进行修改。当所提供的新节点是纯数据接收设备时，数据传输协议不要求独立的部分有物理目的地址。它允许分布过程同步化，即总线上控制器需要测量数据时，可由网上获得，而无须每个控制器都有自己独立的传感器。

2. CAN 总线特点

CAN 总线是一种串行数据通信协议，最大通信距离可达 10km，最大通信速率可达 1Mbit/s。CAN 总线通信接口中集成了 CAN 协议的物理层和数据链路层功能，可完成对通信数据的成帧处理，包括位填充、数据块编码、循环冗余检验、优先级判别等项工作。

CAN 控制器工作于多主方式，网络中的各节点都可根据总线访问优先权（取决于报文标识符），采用无损结构的逐位仲裁方式竞争向总线发送数据，且 CAN 协议废除了节点地址编码，而代之以对通信数据进行编码，这可使不同的节点同时接收到相同的数据，这些特点使得 CAN 总线构成的网络各节点之间的数据通信实时性强，并且容易构成冗余结构，提高系统的可靠性和系统的灵活性。

11.2.2 CAN 协议与标准

1. CAN 协议规范

CAN 规范中的对应 ISO/OSI 参考模型的网络层。CAN 为串行通信协议，能有效地支持具有很高安全等级的分布实时控制。为了达到设计透明度以及实现灵活性，根据 ISO/OSI 参考模型，CAN 2.0 规范细分为数据链路层和物理层。

数据链路层的 LLC 子层和 MAC 子层的服务及功能分别被解释为"对象层"和"传输

层",逻辑链路控制子层（LLC）的作用主要为远程数据请求以及数据传输提供服务，确定由实际要使用的 LLC 子层接收哪一个报文，为恢复管理和过载通知提供手段。

MAC 子层的作用主要是传送规则，也就是控制帧结构、执行仲裁、错误检测、出错标定、故障界定。总线发送新报文和接收报文，均在 MAC 子层里确定。位定时的一些普通功能也可以看作是 MAC 子层的一部分。理所当然，MAC 子层的修改是受到限制的。

物理层的作用是在不同节点之间根据所有的电气属性进行位的实际传输，同一网络的物理层对于所有的节点当然是相同的。

2. CAN 基本概念

CAN 总线一处于空闲，就自动将破坏的报文重新传输，将节点的暂时性错误和永久性错误区分开来，并且可以自动关闭错误节点。

3. CAN 标准

（1）报文 总线上的报文以不同的固定报文格式发送，但长度受限。当总线空闲时任何连接的单元都可以开始发送新的报文。

（2）信息路由 在 CAN 系统里，CAN 的节点不使用任何关于系统配置的报文（比如节点地址）。这样不用依赖应用层以及任何节点软件和硬件的改变，就可以在 CAN 网络中直接添加节点，提高了系统灵活性。报文的内容由识别符命名。识别符不指出报文的目的地，但解释数据的含义。因此，网络上所有的节点可以通过报文滤波确定是否应对该数据做出反应。由于引入了报文滤波的概念，任何节点都可以接收报文，与此同时对此报文做出反应，为确保报文在 CAN 网络里同时被所有的节点接收（或同时不被接收）。因此，系统的数据连贯性是通过多播和错误处理的原理实现的。

（3）位速率 不同的系统，CAN 的速度不同。在一个给定的系统里，位速率是唯一的，并且是固定的。

（4）优先权 在总线访问期间，识别符定义一个静态的报文优先权。

（5）远程数据请求 通过发送远程帧，需要数据的节点可以请求另一节点发送相应的数据帧。数据帧和相应的远程帧是由相同的识别符命名的。

（6）仲裁 只要总线空闲，任何单元都可以开始发送报文。具有较高优先权报文的单元可以获得总线访问权。如果两个或两个以上的单元同时开始传送报文，那么就会有总线访问冲突。仲裁的机制确保了报文和时间均不受损失。当具有相同识别符的数据帧和远程帧同时初始化时，数据帧优先于远程帧。仲裁期间，每一个发送器都对发送位的电平与被监控的总线电平进行比较。如果电平相同，则这个单元可以继续发送。如果发送的是一"隐性"电平而监视的是一"显性"电平，那么单元就失去了仲裁，必须退出发送状态。

（7）错误检测 为了获得最安全的数据发送，CAN 的每一个节点均采取了强有力的措施以便于错误检测、错误标定及错误自检。要进行错误检测，必须采取监视（发送器对发送位的电平与被监控的总线电平进行比较）、循环冗余检查、位填充、报文格式检查、错误检测的执行等措施。错误检测的机制是要具有检测到所有的全局错误、检测到发送器所有的局部错误、可以检测到报文里多达 5 个任意分布的错误、检测到报文里长度低于 15（位）的突发性错误、检测到报文里任一奇数个的错误等属性。任何检测到错误的节点会标志出损坏的报文。此报文会失效并将自动地开始重新传送。如果不再出现错误，则从检测到错误的节点会标志出损坏的报文。此报文会失效并将自动地开始重新传送。如果不再出现错误，从检测到错误到下一报文的传送开始为止,恢复时间最多为31个位的时间。

(8) 故障界定　CAN节点能够把永久故障和短暂扰动区别开来,故障的节点会被关闭。

(9) 总线值　总线有两个互补的逻辑值:"显性"或"隐性"。"显性"位和"隐性"位同时传送时,总线的结果值为"显性"。例如,在总线的"写与"执行时,逻辑0代表"显性"等级,逻辑1代表"隐性"等级。

(10) 应答　所有的接收器检查报文的连贯性。对于连贯的报文,接收器应答;对于不连贯的报文,接收器做出标志。

4. CAN的报文及结构

在总线上的任意节点均可以作为发送器或接收器,那么我们就将发出报文的节点叫发送器,该节点在总线空闲或丢失仲裁前始终为发送器。如果一个节点不是发送器,且总线不是处于空闲状态,则该节点就叫接收器。报文由一个发送器发出,再由一个或多个接收器接收。报文传输由4个不同类型的帧表示和控制,分别为数据帧、远程帧、错误帧和过载帧。

(1) 数据帧　数据帧携带数据从发送器至接收器。数据帧由7个不同的位场组成:帧起始(Stsrt of Frame SOF)、仲裁场(Arbitration Frame)、控制场(Control Frame)、数据场(Data Frame)、CRC场(CRC Frame)、应答场(ACK Frame)、帧结尾(End of Frame)。数据场的长度可以为0。CAN 2.0A数据帧的组成如图11-3所示。

图11-3　数据帧的组成

① 帧起始。帧起始(SOF)标志数据帧和远程帧的起始,仅由一个"显性"位组成。只在总线空闲时才允许站开始发送。所有站必须同步于首先开始发送报文的站的帧起始前沿。

② 仲裁场。仲裁场包括识别符和远程发送请求位(RTR)。仲裁场结构如图11-4所示。

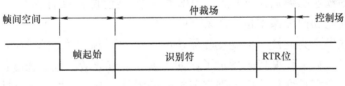

图11-4　仲裁场结构示意图

标准格式识别符的长度为11位,相当于扩展格式的基本ID (Base ID)。这些位按ID-28到ID-18的顺序发送。最低位是ID-18。7个最高位(ID-28~ID-22)必须不能全是"隐性"。

扩展格式识别符和标准格式形成对比,图11-5所示的标准格式数据帧与扩展格式数据帧的仲裁场比较,扩展格式由29位组成。其格式包含两个部分:11位基本ID、18位扩展ID。基本ID包括11位,它按ID-28到ID-18的顺序发送。这相当于标准识别符的格式。基本ID定义扩展帧的基本优先权。扩展ID:扩展ID包括18位,它按ID-17到ID-0顺序发送。

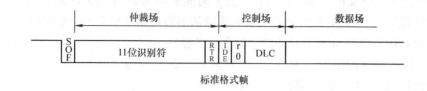

图 11-5 标准格式数据帧与扩展格式数据帧的仲裁场

标准帧里，识别符其后是 RTR 位。RTR 的全称为远程发送请求位（Remote Transmission Request Bit）。SRR 是一个隐性位。它在扩展格式的标准帧 RTR 位位置，因此代替标准帧的 RTR 位。

标准帧与扩展帧的冲突是通过标准帧优先于扩展帧这一途径得以解决的，扩展帧的基本 ID 如同标准帧的识别符。

IDE 的全称是识别符扩展位（Identifier Extension Bit）。标准格式里的 IDE 位为"显性"，而扩展格式里的 IDE 位为"隐性"。

③控制场。控制场由 6 个位组成，如图 11-6 所示。

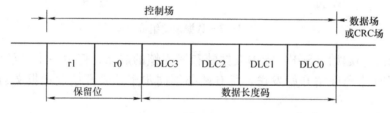

图 11-6 控制场示意图

标准格式里的帧包括数据长度代码、IDE 位（为显性位）及保留位 r0。扩展格式里的帧包括数据长度代码和两个保留位：r1 和 r0。

保留位：必须发送为显性，但是接收器认可"显性"和"隐性"位的组合。

数据长度代码：数据长度代码指示了数据场里的字节数量。数据长度代码为 4 个位，它在控制场里发送。数据长度代码中数据字节数的编码是：d—显性；r—隐性 。

④数据场。数据场由数据帧里的发送数据组成。它可以为 0~8 个字节，每字节包含了 8 个位，首先发送 MSB。

⑤CRC 场。CRC 场包括 CRC 序列（CRC Sequence）和 CRC 界定符（CRC Delimiter），如图 11-7 所示。CRC 序列是由循环冗余码求得的帧检查序列组成，最适用于位数低于 127 位〈BCH 码〉的帧。为进行 CRC 计算，被除的多项式系数由无填充位流给定，组成这些位流的成分是：帧起始、仲裁场、控制场、数据场（假如有），而 15 个最低位的系数是 0。CRC 序列之后是 CRC 界定符，它包含一个单独的"隐性"位。

⑥应答场。应答场长度为两个位，包含应答间隙（ACK Slot）和应答界定符（ACK

第 11 章 车载网络技术

图 11-7 CRC 场示意图

Delimiter），如图 11-8 所示。

在应答场里，发送站发送两个"隐性"位。当接收器正确地接收到有效的报文，接收器就会在应答间隙（ACK Slot）期间（发送 ACK 信号）向发送器发送一"显性"位以示应答。

图 11-8 应答场示意图

所有接收到匹配 CRC 序列（CRC Sequence）的站会在应答间隙（ACK Slot）期间用一"显性"的位写入发送器的"隐性"位来做出回答。

应答界定符是应答场的第二个位，并且是一个必须为"隐性"的位。因此，应答间隙被两个"隐性"的位所包围，也就是 CRC 界定符和应答界定符。

⑦ 帧结尾。每一个数据帧和远程帧均由一个标志序列界定，这个标志序列由 7 个"隐性"的位组成。

（2）远程帧 远程帧由总线单元发出，请求发送具有同一识别符的数据帧，数据帧（或远程帧）通过帧间空间与其他各帧分开。通过发送远程帧，作为某数据接收器的站可以初始化通过其资源节点传送不同的数据。

远程帧也有标准格式和扩展格式，而且都由帧起始、仲裁场、控制场、CRC 场、应答场、帧结尾 6 个不同的位场组成（图 11-9）。

与数据帧相反，远程帧的 RTR 位是"隐性"的。它没有数据场，数据长度代码的数值是不受制约的（可以标注为容许范围里 0 ~ 8 的任何数值）。此数值是相应于数据帧的数据长度代码。RTR 位的极性表示了所发送的帧是一个数据帧（RTR 位"显性"）还是一个远程帧（RTR"隐性"）。

图 11-9 远程帧的组成

（3）错误帧 任何单元一但检测到总线错误就发出错误帧。错误帧由两个不同的场组成（图 11-10）：第一个场是不同站提供的错误标志（Error Flag）的叠加，第二个场是错误界定符。为了能正确地终止错误帧，"错误被动"的节点要求总线至少有长度为 3 个位时间的总线空闲（如果"错误被动"的接收器有局部错误的话），总线的载荷不应为 100%。

有两种形式的错误标志：主动的错误标志和被动的错误标志。

① 主动的错误标志由 6 个连续的"显性"位组成。

图 11-10 错误帧的组成

② 被动的错误标志由 6 个连续的"隐性"位组成,除非其他节点的"显性"位重写。

检测到错误条件的"错误激活"的站通过发送主动错误标志指示错误。错误标志的形式破坏了从帧起始到 CRC 界定符的位填充的规则,或者破坏了 ACK 场或帧结尾场的固定形式。所有其他站由此检测到错误条件并与此同时开始发送错误标志。因此,"显性"位(此"显性"位可以在总线上进行监视)的序列导致一个结果,这个结果就是把个别站发送的不同的错误标志叠加在一起。这个序列的总长度最小为 6 个位,最大为 12 个位。

检测到错误条件的"错误被动"的站试图通过发送被动错误标志指示错误。"错误被动"的站等待 6 个相同极性的连续位(这 6 个位处于被动错误标志的开始)。当这 6 个相同的位被检测到时,被动错误标志的发送就完成了。

错误界定符包括 8 个"隐性"的位。

(4) 过载帧 过载帧用以在先行的和后续的数据帧(或远程帧)之间提供一个附加的延时。过载帧包括两个位场:过载标志和过载界定符(图 11-11)。

有 3 种过载情况,这 3 种情况都会引发过载标志的传送:

①接收器的内部情况(此接收器对于下一数据帧或远程帧需要有一个延时)。

②在间歇的第一和第二字节检测到一个"显性"位。

③如果 CAN 节点在错误界定符或过载界定符的第 8 位(最后一位)采样到一个"显性"位,节点会发送一个过载帧(不是错误帧)。错误计数器不会增加。

根据过载情况①而引发的过载帧只允许起始于所期望的间歇的第一个位时间,而根据情况②和情况③引发的过载帧应起始于所检测到"显性"位之后的位。通常,为了延时下一个数据帧或远程帧,两种过载帧均可产生。

图 11-11 过载帧的组成

过载标志:过载标志由 6 个"显性"的位组成。过载标志的所有形式和主动错误标志一样。过载标志的形式破坏了间歇场的固定形式。因此,所有其他的站都检测到过载条件并与此同时发出过载标志。如果有的节点在间歇的第 3 个位期间检测到"显性"位,则这个位将解释为帧的起始。

过载界定符(Overload Delimeter):过载界定符包括 8 个"隐性"的位。过载界定符的形式和错误界定符的形式一样。过载标志被传送后,站就一直监视总线直到检测到一个从"显性"位到"隐性"位的跳变。此时,总线上的每一个站完成了过载标志的发送,并开始同时发送其余 7 个"隐性"位。

帧间空间：帧间空间是用于隔离数据帧（或远程帧）与先行帧（数据帧、远程帧、错误帧、过载帧）的。而过载帧与错误帧之前没有帧间空间，多个过载帧之间也不用帧间空间隔离。帧间空间包括间歇场、总线空闲的位场。如果"错误被动"的站已作为前一报文的发送器，则其帧间空间除了间歇、总线空闲外，还包括称作挂起传送的位场。

11.2.3 CAN 应用系统

大众宝来汽车动力传动系统和舒适系统中就装用了两套 CAN 数据传输系统，其中 CAN 数据传输舒适系统的车载网络如图 11-12 所示，CAN 总线连接了传动装置控制中央单元、灯控单元、门控单元、座椅控制单元、空调单元以及仪表板控制单元；由 LIN 总线构成的 LIN 网络作为 CAN 网络的辅助网络，连接了车窗控制单元、刮水器控制单元、天窗控制单元等低速设备。

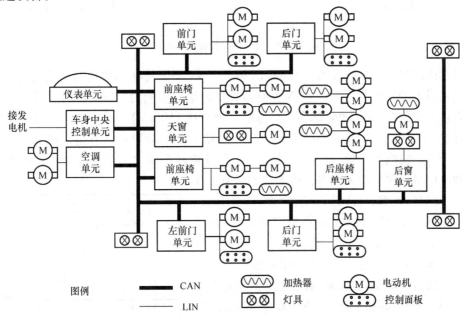

图 11-12 大众宝来汽车数据传输舒适系统的车载网络

1. 典型 CAN 总线器件及其应用

（1）典型 CAN 总线器件

1) SJA1000 CAN 控制器：SJA1000 是一个独立的 CAN 控制器，SJA1000 在软件和端子上都是与它的前一款 PCA82C200 独立控制器兼容的。在此基础上它增加了很多新的功能，为了实现软件兼容，SJA1000 独立的 CAN 控制器有 BasicCAN 模式和 PeliCAN 模式。

BasicCAN 模式：和 PCA82C200 兼容，BasicCAN 模式是通电后默认的操作模式，因此用 PCA82C200 开发的已有硬件和软件，可以直接在 SJA1000 上使用而不用做任何修改。

PeliCAN 模式：它能够处理所有 CAN2.0B 规范的帧类型，而且还提供一些增强功能，使 SJA1000 能应用于更宽的领域。

工作模式通过时钟分频寄存器中的 CAN 模式位来选择，复位时默认模式是 BasicCAN

模式。

SJA1000 控制器可以分为 CAN 核心模块、接口管理逻辑、发送缓冲器、验收滤波器、接收先进先出存储器（FIFO 存储器）5 个功能模块，SJA1000 控制器结构如图 11-13 所示。由主控制器进行管理控制、将欲收发的信息（报文），转换为 CAN 规范的 CAN 帧，通过 CAN 收发器，在 CAN 总线上交换信息。

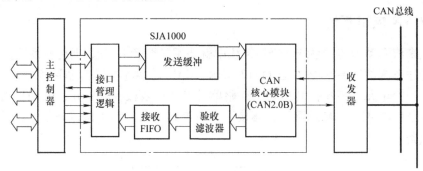

图 11-13　SJA1000 控制器结构图

2）PCA82C250 CAN 收发器：PCA82C250 是 CAN 协议控制器和物理总线的接口。此器件对总线提供差动发送能力，对 CAN 控制器提供差动接收能力。它又称为总线驱动器。主要特性有：完全符合 ISO11898 标准；高速率（最高达 1Mbit/s）；具有抗汽车环境中的瞬间干扰、保护总线的能力；具有斜率控制，降低射频干扰（RFI）；具有差分接收器，抗宽范围的共模干扰，抗电磁干扰（EMI）；热保护；防止电池和地之间发生短路；低电流待机模式；未通电的节点对总线无影响；可连接 110 个节点。

（2）SJA1000 和 PCA82C250 的基本应用
SJA1000 和 PCA82C250 收发器的典型应用如图 11-14 所示。CAN 控制器通过串行数据输出线（TX）和串行数据输入线（RX）连接到 PCA82C250 收发器。

收发器通过有差动发送和接收功能的两个总线终端 CAN-H（CAN 高位）和 CAN-L（CAN 低位）连接到总线电缆，输入 R_s 用于模式控制，参考电压 V_{ref} 的输出电压是额定电压 V_{CC} 的 0.5 倍，其中收发器的额定电源电压是 5V。

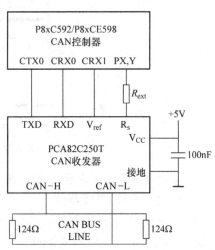

图 11-14　CAN 收发器的应用

CAN 协议控制器输出一个串行的发送数据流到收发器的 TXD 端子，内部的上拉功能将 TXD 输入设置成逻辑高电平，也就是说总线输出驱动器默认是被动的，在隐性状态中，CAN-H 和 CAN-L 输入通过典型内部阻抗是 17kΩ 的接收器输入网络，偏置到 2.5V 的额定电压；另外，如果 TXD 是逻辑低电平，总线的输出级将被激活，在总线电缆上产生一个显性的信号电平，输出驱动器由一个源输出级和一个下拉输出级组成，CAN-H 连接到源输出级，CAN-L 连接到下拉输出级，在显性状态中 CAN-H 的额定电压是 3.5V，CAN-L 的额定电压是 1.5V。

如果没有一个总线节点传输一个显性位，则总线处于隐性状态，即网络中所有 TXD 输入是逻辑高电平。另外，如果一个或更多的总线节点传输一个显性位，即至少一个 TXD 输入是逻辑低电平，则总线从隐性状态进入显性状态（线与功能）。

接收器的比较器将差动的总线信号转换成逻辑信号电平，并在 RXD 输出，接收到的串行数据流传送到总线协议控制器译码。接收器的比较器总是活动的，也就是说当总线节点传输一个报文时，它同时也监控总线，这就要求有诸如安全性和支持非破坏性逐位竞争等 CAN 策略。有些控制器提供一个模拟的接收接口（RX0，RX1）。RX0 一般需要连接到 RXD 输出，RX1 需要偏置到一个相应的电压电平，这可以通过 VREF 输出或一个电阻电压分配器实现。

2. CAN 总线节点设计举例

（1）网络拓扑　CAN 总线采用总线网络拓扑结构，在一个网络上至少需要有两个 CAN 总线节点存在。在总线的两个终端，各需要安装 1 个 120Ω 的终端电阻；如果节点数目大于 2，中间节点就不要求安装 120Ω 终端电阻。网络拓扑示意图如图 11-15 所示。

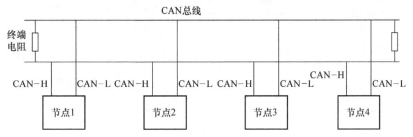

图 11-15　网络拓扑示意图

虽然每个节点根据应用系统的任务有各自的控制功能，但完成 CAN 总线信息交换的功能是相同的。CAN 总线节点一般由微处理器、CAN 控制器、CAN 收发器三部分组成，CAN 总线节点示意图如图 11-16 所示。

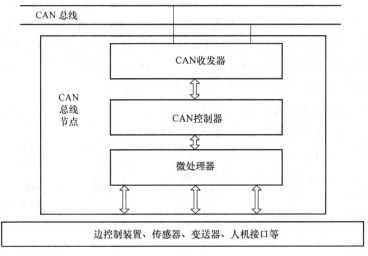

图 11-16　CAN 总线节点示意图

（2）硬件设计　图 11-17 所示为 CAN 总线系统节点硬件电路原理图。从图中可以看出，电路主要由三部分构成：单片机89C51、独立CAN通信控制器SJA1000、CAN总线收发器PCA82C250。单片机89C51负责SJA1000的初始化，通过控制SJA1000实现数据的接收和发送等通信任务。

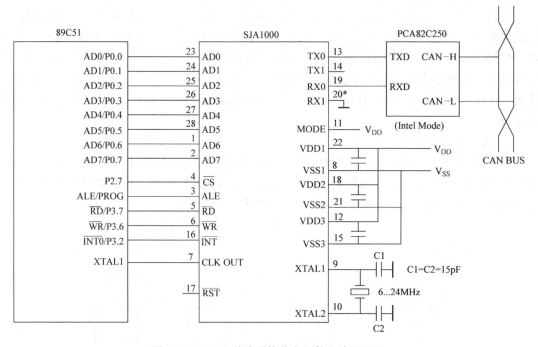

图11-17　CAN总线系统节点硬件电路原理图

11.2.4　LIN总线系统

LIN总线由奥迪、宝马、戴姆勒－克莱斯勒、摩托罗拉、大众、沃尔沃等公司（LIN联合体）提出的一个汽车低层网络协议，目的是在汽车网络层次结构中建立一个低端网络的通用协议，并取代当时不同种类的低端总线系统作为CAN网络的辅助网络。LIN总线应用在低端系统，不需要CAN的性能、带宽以及复杂性，其工作方式是一主多从，单线双向低速传送数据（最高传输速度为20kbit/s），与CAN相比具有更低的成本，且基于通用异步收发传输器（UART）接口，无需硬件协议控制器，成本更低。

LIN总线的标准与其相应的开发、测试以及维护平台的应用，会降低车上电子系统的开发、生产、使用和维护费用，LIN总线在汽车上的应用领域主要有防盗系统、自适应前照灯、氙气前照灯、驾驶人侧开关组件、外后视镜、中控门锁、电动天窗、空调系统的鼓风机、加热器控制等。车门LIN总线模块示意图如图11-18所示。

1. LIN总线的应用

现代汽车电子系统已经实现了多路传输，使汽车大量线路和内部连接被取消，在这种条件下，

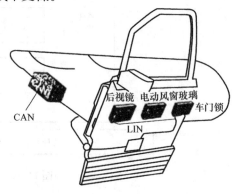

图11-18　车门LIN总线模块示意图

CAN 网络电控单元间的连接虽然已是最优结构,但是一个电控单元和它的传感器、执行器之间的连接还不一定是多路传输的,如图 11-19 所示。

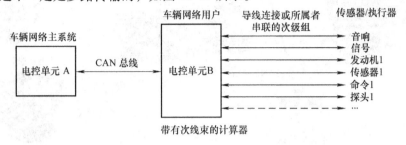

图 11-19　没有配备 LIN 总线的 CAN 网络结构图

引入 LIN 总线后,几乎所有的电控单元和其传感器、执行器之间的连接都已实现多路传输。车上各个 LIN 总线系统之间的数据交换是由控制单元通过 CAN 数据总线实现的,如图 11-20 所示。

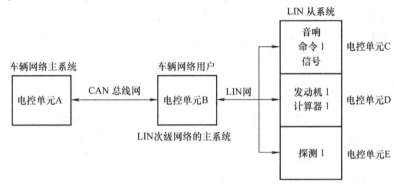

图 11-20　配备 LIN 总线的 CAN 网络结构

2. LIN 总线的结构

LIN 总线是主从结构的网络,如图 11-21 所示。

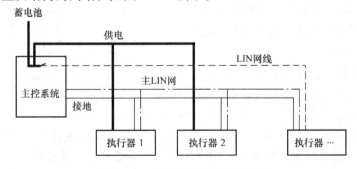

图 11-21　LIN 总线的结构示意图

(1) LIN 主控单元　LIN 主控单元连接在 CAN 数据总线上,如图 11-22 所示。LIN 主控单元主要监控数据传递和数据传递的速率,发送信息标题,主控单元将需要的数据信息发送到 LIN 数据总线上,主控单元在 LIN 数据总线与 CAN 总线之间起"翻译"作用,它是 LIN 总线系统中唯一与 CAN 数据总线相连的控制单元,通过 LIN 主控单元进行 LIN 系统自诊断。

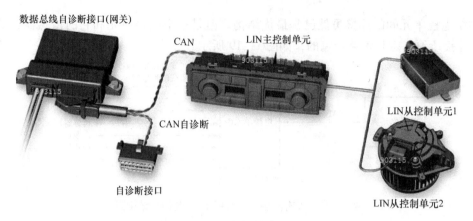

图 11-22 LIN 主控制单元的连接

(2) LIN 从控单元 在 LIN 总线内，单个控制单元的传感器及执行元件都可看作 LIN 从控单元。LIN 从控单元传感器内集成电子装置，该装置对测量值进行分析，测量值作为数字信号通过 LIN 总线传输到主控单元，LIN 主控单元通过传感器获知执行元件的实际状态，然后进行规定状态和实际状态的对比，将对比的结果通过 LIN 总线传输至从控单元的执行元件（智能电子或机电部件），执行元件完成规定的动作。

3. LIN 协议

(1) 传输媒体 LIN 网络一般使用一根单独的铜线作为介质。

(2) 节点 一个 LIN 电控单元拥有一个统一的接口，以便与其他 LIN 电控单元处理数据，LIN 节点的结构如图 11-23 所示，节点主要由两部分组成：协议控制器和线路接口。协议控制器集成在微控制器中的一个标准单位（UART）上实现，微控制器主要实现发送/接受 8 位字节、构成请求、接受和发送；线路接口主要负责将 LIN 总线的信号翻译成无干扰的信号进入 LIN 协议控制器，以及相反地将协议控制器的信号进行翻译传入 LIN 总线。

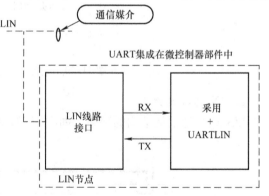

图 11-23 LIN 总线节点的结构

(3) 传输速率 数据传递速率为 1～20kbit/s，在 LIN 控制单元的软件内已经设定完毕，该速率最大能达到舒适 CAN 数据传递速率的 1/5。

(4) 信号 隐性电平：如果无信息发送到 LIN 数据总线上或者发送到 LIN 数据总线上的是一个隐性位，那么数据总线导线上的电压就是蓄电池电压。显性电平：为了将显性位传到 LIN 数据总线上，发送控制单元内的收发报机将数据总线导线接地。注意：由于控制单元内的收发报机有不同的型号，因此表现出的显性电平是不一样的。

(5) 传递安全性 在收发隐性电平和显性电平时，通过预先设定公差值来保证数据传输的稳定性。为了在有干扰辐射的情况下仍能收到有效信号，接收信号的允许电压值要稍高一些。

(6) LIN 帧结构 一个 LIN 帧结构由字节分隔开的一系列字节组成，LIN 帧结构如

图 11-24 所示。LIN 帧的开始是异步中断域，它通过 LIN 网的主节点发出，并且支持所有的 LIN 节点自动适应总线速度；异步域使得所有总线上的节点异步；标识域可表示 64 个节点，它指明数据的目的地或者所询问的节点地址；数据域由 1~8 个 8 位字节构成，包含了有用的命令或回应信息；检查域由一个 8 位字节构成，以保证 LIN 帧内容的完整性。

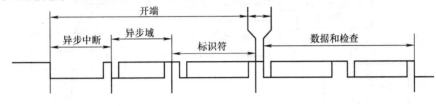

图 11-24　LIN 帧结构

（7）信息的顺序和回应信息内容　LIN 主控单元已经设定工作顺序，LIN 主控单元按顺序将信息发送至 LIN 总线上（若是主信息，则发送的是回应）。为了减少 LIN 主控单元部件的种类，主控单元将全部装备控制单元的信息标题发送到 LIN 总线上。

对于带有从控制单元回应的信息，LIN 从控制单元会根据识别码给这个回应提供信息，对于主控制单元带有数据请求的信息，根据识别码的情况，相应的 LIN 从控制单元会根据这些数据去执行各种功能。

11.2.5　MOST 总线

MOST（Media Oriented Systems Transport）总线是一种基于多媒体数据传输的网络系统，可连接汽车音响系统、视频导航系统、车载电视、高保真音频放大器、车载电话、多碟 CD 播放器等模块。MOST 总线数据传输速率最高可达 22.5Mbit/s，且没有电磁干扰。

1. MOST 总线传输速率

车载多媒体系统对数据传输速率要求高，数字式电视系统的最低数据传输速率要求为 6Mbit/s，视频和音频数据是由 MOST 总线来传输的，CAN 总线只能用来传输控制信号。

2. MOST 总线结构

（1）MOST 总线的拓扑结构　如图 11-25 所示，MOST 总线采用环形拓扑结构，控制单元通过光纤沿环形方向将数据发送到下一个控制单元，这个过程一直在持续进行，直至首先发出数据的控制单元又接收到这些数据为止。MOST 系统的故障诊断可通过数据总线自诊断接口和诊断 CAN 总线进行。

（2）MOST 总线形态　在 MOST 总线中，所有的控制单元通过光纤环形连接成一个具有环形结构的网络，各个控制单元之间的连接通过沿一个方向传输的环形总线实现，一个控制单元有两根光纤，一根光纤用于发射器，另一根光纤用于接收器。

3. 信息帧结构

MOST 总线以 44.1kHz 的脉冲频率向环形总线上的控制单元发送信息帧，如图 11-26 所示，一个信息帧的大小为 64 字节，1 个字节为 8bit。

11.2.6　FlexRay 总线

FlexRay 总线能在汽车电气与机械电子部件之间实现可靠、实时、高效的数据传输，以确保满足汽车网络技术的需要。FlexRay 总线可有效管理多重安全和舒适系统，为车内分布

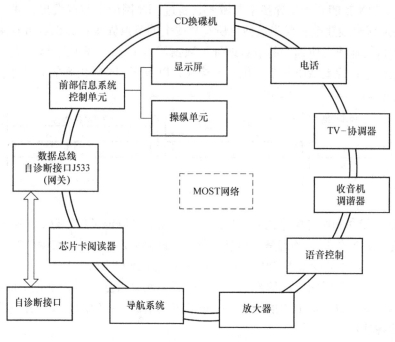

图 11-25　MOST 总线结构

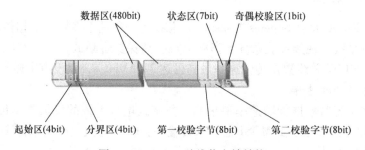

图 11-26　MOST 总线信息帧结构

式网络系统的实时数据传输提供了有效协议,已成为汽车网络系统的标准。目前通过 CAN 总线实现车联网的方式已经达到其效率的极限,FlexRay 总线将是 CAN 总线的替代标准。

1. FlexRay 总线数据传输速率

FlexRay 总线的最大数据传输速率为 10Mbit/s,明显高于以前在车身和动力传动系统/底盘方面所用的数据总线,它具有以下优点:

1) 数据传输速率高。
2) 实时数据传输。
3) 数据通信可靠。
4) 支持系统集成。

2. FlexRay 总线拓扑结构

FlexRay 总线拓扑结构有三类:分线形总线拓扑结构、星形总线拓扑结构、混合总线拓扑结构。

3. 冗余数据传输

在容错性系统中，即使某一总线的导线断路，也必须确保数据能继续可靠传输，这一要求可通过在第二个数据通道上进行冗余数据传输来实现。具有冗余数据传输能力的总线系统使用两个相互独立的通道，每个数据通道都由一组双导线组成，一个数据通道发生故障时，该数据通道应传输的信息可在另一条没有发生故障的数据通道上传输。

4. 信号特性

FlexRay 总线信号必须在规定范围内，其电压范围如下。

1）系统接通时，如无通信，其电压为 2.5V。

2）高电平信号的电压为 3.1V。

3）低电平信号的电压为 1.9V。

5. 确定性数据传输

FlexRay 总线是一种时间触发式总线系统，它也可以通过事件触发方式进行部分数据传输。在时间控制区域内，时隙分配给确定的信息（时隙是指一个规定的时间段，该时间段对特定信息开放），对时间要求不高的其他信息则在事件控制区域内传输，实时性数据传输用于确保时间触发区域内的每条信息都能实现实时传输。

6. 唤醒和休眠特性

处于休眠状态的节点可以由总线事件唤醒。

7. 同步化

为了能够在联网控制单元内同步执行各项功能，需要有一个共同的时基，由于所有控制单元内部都是利用其自身的时钟脉冲发生器工作的，必须通过总线进行时间匹配，控制单元测量某些同步位的持续时间，据此计算平均值，并根据这个数值调整总线时钟脉冲，同步位在总线信息的静态部分中发送。

8. FlexRay 总线在汽车上的应用

宝马 7 系通过 FlexRay 总线实现了汽车行驶动态管理系统和发动机管理系统的联网。

11.3 车载网络应用实例

11.3.1 大众车系车载网络系统

1. 大众车系网络简述

大众车系的 CAN 总线系统有驱动系统、舒适系统、信息系统、仪表系统、诊断系统五个局域网，通过网关构成一个完整的汽车网络体系，如图 11-27 所示。

（1）驱动系统 CAN 总线　驱动系统 CAN 总线如图 11-28 所示。

（2）舒适系统 CAN 总线　舒适系统 CAN 总线如图 11-29 所示。

（3）网关　高尔夫、宝来等车型采用组合仪表作为网关，迈腾、速腾、速派、途安等车型采用专用控制单元作为网关。

（4）诊断总线　诊断总线如图 11-30 所示，通过网关连接各控制单元。

2. 大众迈腾车载网络系统

（1）驱动 CAN 总线　迈腾驱动 CAN 总线如图 11-31 所示。

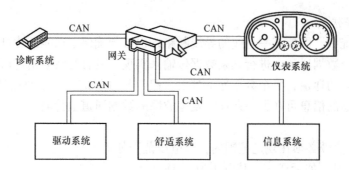

图 11-27 大众车系的 CAN 总线系统

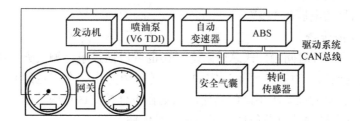

图 11-28 驱动系统 CAN 总线

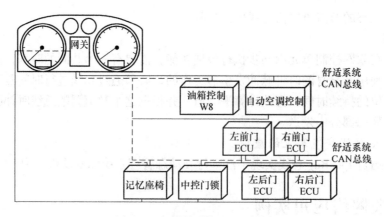

图 11-29 舒适系统 CAN 总线

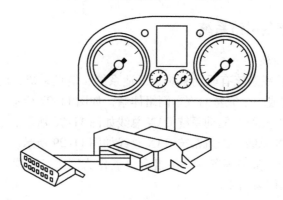

图 11-30 诊断总线

（2）舒适 CAN 总线 迈腾舒适 CAN 总线如图 11-32 所示。

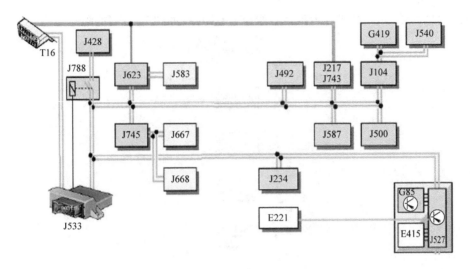

图 11-31　迈腾驱动 CAN 总线

T16—故障诊断接口　J428—车距控制系统控制单元　J788—驱动 CAN 总线断路继电器
J623—发动机控制单元　J583—NO$_x$ 传感器控制单元　J533—网关　J745—前照灯控制单元
J667—左侧前照灯模块　J668—右侧前照灯模块　J492—四轮驱动控制单元　J217—自动变速器控制单元
J743—DSG 双离合变速器机械电子单元　J104—ABS 控制单元　G419—ESP 组合传感器控制单元
J540—电子机械驻车制动控制单元　J500—助力转向控制单元　J587—变速杆传感器控制单元
J234—气囊控制单元　E221—多功能转向盘控制单元　G85—转向角度传感器
J527—转向柱控制单元　E415—进入和起动许可控制单元

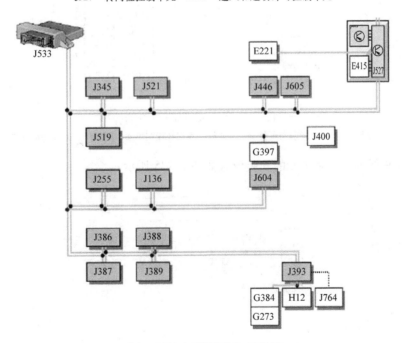

图 11-32　迈腾舒适 CAN 总线

J446—停车辅助控制单元　J345—拖车控制单元　E221—多功能转向盘控制单元
J527—转向柱控制单元　J136—驾驶人座椅记忆控制单元　J519—车载电源控制单元
J255—空调控制单元　J393—舒适系统控制单元　J387—右前（前排乘员）车门控制单元
J521—前排乘员座椅记忆控制单元

（3）信息娱乐 CAN 总线　迈腾信息娱乐 CAN 总线如图 11-33 所示。

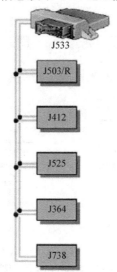

图 11-33　迈腾信息娱乐 CAN 总线
J533—网关　J503/R—导航控制单元（收音机）　J412—电话准备系统控制单元
J525—数字音响控制单元　J364—驻车加热控制单元　J738—电话控制单元

（4）LIN 总线　迈腾 LIN 总线的总体布置如图 11-34 所示。

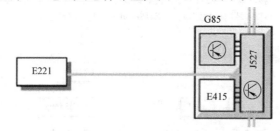

图 11-34　迈腾 LIN 总线的总体布置
E221—多功能转向盘　G85—转向角度传感器　J527—转向柱控制单元　E415—进入和起动许可控制单元

迈腾 LIN 总线各个控制单元的安装位置如图 11-35 所示。

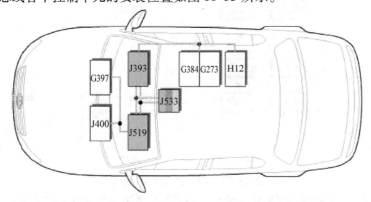

图 11-35　迈腾 LIN 总线各个控制单元的安装位置
G397—雨量及光线传感器　J400—刷水器电动机控制单元　J519—车载电源控制单元
J393—舒适系统中央控制单元　J533—网关　G384—车辆倾斜传感器　G273—内部监控传感器　H12—防盗警报喇叭

（5）电子机械驻车制动 CAN 总线　迈腾电子机械驻车制动 CAN 总线的总体布置及控制单元的安装位置如图 11-36 所示。其数据传输速率为 500kbit/s，不支持单线工作模式。

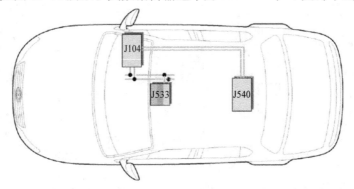

图 11-36　迈腾电子机械驻车制动 CAN 总线的总体布置及控制单元的安装位置
J104—ABS 控制单元　J533—网关　J540—电子机械驻车制动控制单元

（6）智能前照灯 CAN 总线　迈腾智能前照灯 CAN 总线的总体布置及控制单元的安装位置如图 11-37 所示。其数据传输速率为 500kbit/s，不支持单线工作模式。

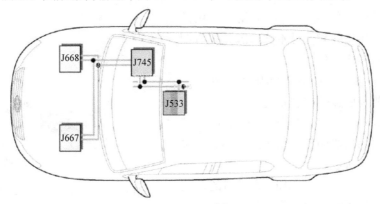

图 11-37　迈腾智能前照灯 CAN 总线的总体布置及控制单元的安装位置
J667—左侧前照灯模块　J668—右侧前照灯模块　J745—智能前照灯控制单元　J533—网关控制单元

（7）位串行数据接口总线（BSD）　迈腾位串行数据接口总线（BSD）的总体布置及控制单元的安装位置如图 11-38 所示。其数据传输速率为 9.8kbit/s，与 LIN 总线相比，应用位串行数据接口总线增强了防盗功能。

（8）仪表与诊断 CAN 总线　迈腾仪表与诊断 CAN 总线如图 11-39 所示。

11.3.2　丰田车系车载网络系统

1. 丰田车系车载网络简述

丰田汽车公司将车载网络系统称为多路传输系统，主要有 CAN、BEAN 和 AVC-LAN 等几种网络结构。

控制器局域网（CAN）总线是符合 ISO 标准的串行数据通信网络。车身电子局域网（Body Electronic Area Network，BEAN）总线是丰田汽车公司开发的双向通信网络。音响视听局域网（Audio Visual Communication-Local Area Network，AVC-LAN）总线是丰田汽车

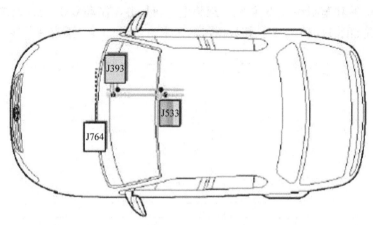

图 11-38 迈腾位串行数据接口总线（BSD）的总体布置及控制单元的安装位置
J764—电子转向柱锁　J393—舒适系统中央控制单元　J533—网关

公司开发的，用于音频和视频设备的通信网络。

CAN、BEAN 与 AVC – LAN 总线的不同之处在以下两方面：

① 通信协议不同。各个电控单元所采用的数据传输速度、传输线和信号不同，因此要有明确的通信协议来完成通信。

② 传输速率不同。CAN 的传输速率快，一般应用在发动机和底盘等控制系统。

CAN、BEAN、AVC – LAN 网络的通信协议各不相同，需要网关协调各个系统的工作，网关的结构如图 11-40 所示。

如图 11-41 所示，网关 ECU 从不同的总线接收数据，对数据进行处理，再按照通信协议把该数据发送到总线上，网关的安装位置位于前排乘员前。

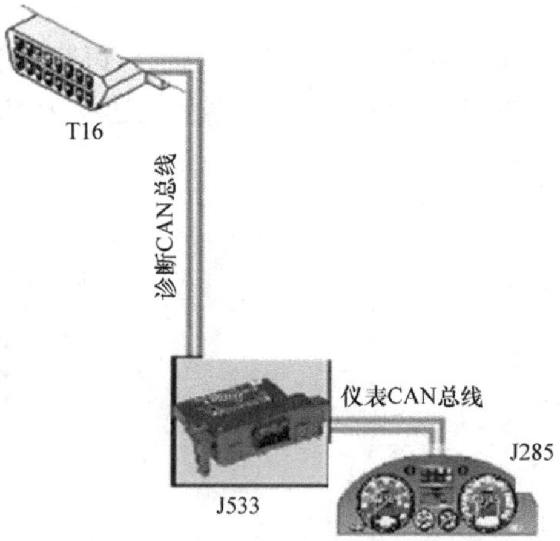

图 11-39 迈腾仪表与诊断 CAN 总线
T16—故障诊断接口　J533—网关　J285—仪表控制单元

（1）CAN 通信网络　丰田车系 CAN 通信网络的组成如图 11-42 所示，CAN 通信网络中的多个 ECU 连接到通信线路上，120Ω 的终端电阻（防止信号反射，使信号更稳定）安装在总线主线路上，各控制单元模块和相关 ECU 连接在总线上，总线采用 CAN – H（主线）、CAN – L（副线）双线传输，抗干扰强。

（2）车身电子局域网　丰田车系车身电子局域网络（BEAN）是一种多总线局域网，图 11-43 所示是仪表板系统多路通信网络，由仪表板 BEAN 系统、转向柱 BEAN 系统和车门 BEAN 系统等组成。车身电子局域网通信一般采用单线传输（由公用地线构成回路），通过扩展控制对象，可提高控制数据量。

2. 雷克萨斯多路传输系统

1) 雷克萨斯 LS430 汽车多路传输系统如图 11-44 所示，全车电控单元以网关为中心，设置仪表板总线系统，门控总线系统，转向柱总线系统，控制转向信号灯、尾灯、制动灯和后雾灯总线系统以及 AVC – LAN 总线系统。

第 11 章 车载网络技术

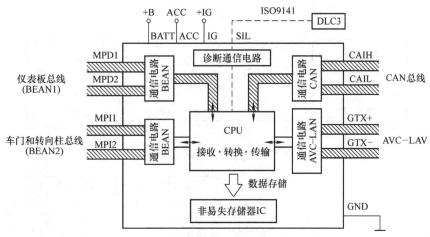

图 11-40 丰田车系网关结构

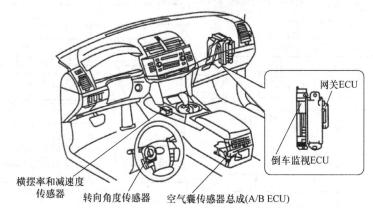

图 11-41 丰田车系网关的安装位置

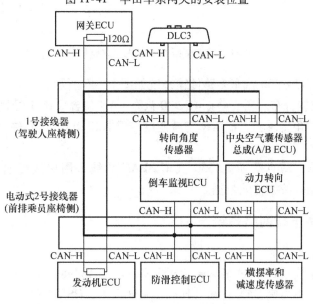

图 11-42 丰田车系 CAN 通信网络组成

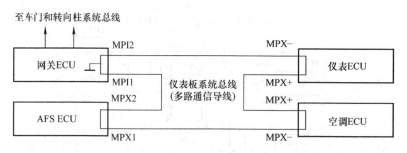

图 11-43 丰田车系车身电子局域网

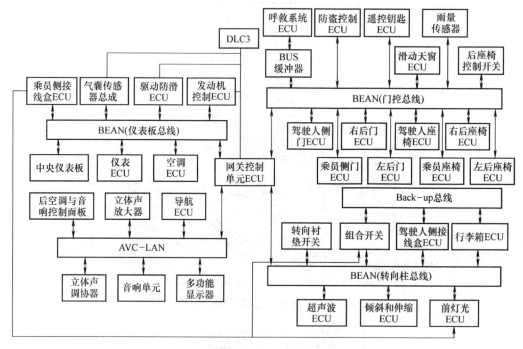

图 11-44 雷克萨斯 LS430 汽车多路传输系统

2) 雷克萨斯 GS430/300 汽车多路传输系统如图 11-45 所示。

3) CAN 元件位置分布。雷克萨斯 RX330 汽车 CAN 包含 CAN 1 号接头、CAN2 号接头、防滑控制 ECU、转向角传感器、横摆率与减速度传感器和 DLC3 等元件，CAN 元件位置分布如图 11-46 所示。

如图 11-47 所示，雷克萨斯 RX330 汽车 BEAN 总线采用单线传输数据，CAN 总线和 AVC - LAN 总线采用双绞线传输数据。

11.3.3 通用车系车载网络系统

1. 通用车系网络简述

通用车载网络系统（General Motors Global Electrical Architecture，Global A）中各个系统控制模块之间的通信由高速 CAN 总线（High Speed CAN，HS CAN）、底盘扩展总线（Chassis Expansion Bus，CEB）、中速 CAN 娱乐总线（Mid Speed CAN/Entertainment，MS CAN/Entertainment）、低速 CAN 总线（Low Speed CAN，LS CAN）、LIN 总线（LIN Bus）、专用链接

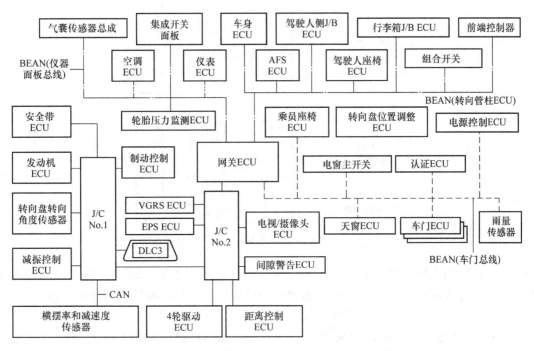

图 11-45 雷克萨斯 GS430/300 汽车多路传输系统

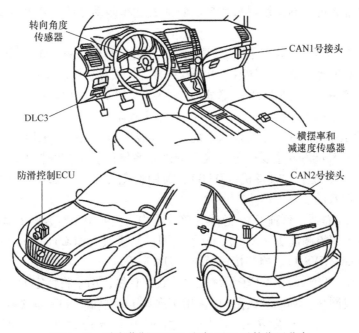

图 11-46 雷克萨斯 RX330 汽车 CAN 元件位置分布

(Dedicated Links,DL)以及数据通信接口(DLC)组成,车身控制模块(BCM)是整个 Global A 汽车网络系统的网关。

(1)高速 CAN 总线 高速 CAN 总线为线形拓扑结构,采用两条导线传输数据,数据传输速率为 500kbit/s。高速 CAN 总线用于发动机控制模块(ECM)、变速器控制模块

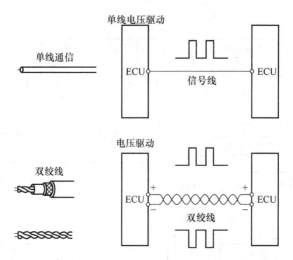

图 11-47 雷克萨斯 RX330 汽车单线通信与双线通信示意图

(TCM)、可变助力转向控制模块（VES）、半主动阻尼减振系统（SADS）等对数据传输实时性要求较高的系统，高速 CAN 总线系统各个控制模块包括发动机控制模块（ECM）、变速器控制模块（TCM）、电子制动控制模块（EBCM）、车身控制模块（BCM）、数据通信接口（DLC）、可变助力转向控制模块（VES）、自适应前照灯控制模块/高级前照灯模块（AHL/AFL）、后驱动控制模块（RDCM）、电子驻车制动模块（EPB）、半主动阻尼减振系统（SADS）、燃油系统控制模块（FSCM）、集成式驻车制动系统（IPB）、总线线束插接器（X8B）。

（2）底盘扩展总线　底盘扩展总线主要用于连接汽车底盘系统的各个控制模块。底盘扩展总线可扩展新的控制单元，且不会影响网络带宽，底盘扩展总线系统各个控制模块的安装包括电子制动控制模块（EBCM）、数据通信接口（DLC）、转向角传感器（SAS）、惯性测量单元（IMU）、后驱动控制模块（RDCM）、半主动阻尼减振系统（SADS）。

（3）中速娱乐系统总线　中速娱乐系统总线为线形拓扑结构，采用两条导线传输数据，数据传输速率为 125kbit/s，主要用于连接音响娱乐系统的各个控制模块。中速娱乐系统总线各个控制模块包括数字式收音机（DAB）、通用型免提电话（UHP）、收音机（Radio）、数据通信接口（DLC）。

（4）低速 CAN 总线　低速 CAN 总线为单线结构，主要用于对数据传输实时性要求不高的系统，如座椅占用检测模块（AOS）、电子空调控制模块（ECC）、记忆座椅模块/加热通风座椅模块（MSM/HVSM）、拖车接口模块（TIM）等。

（5）LIN 总线　LIN 总线属于子系统层次的数据总线，用于将特定的、物理位置彼此靠近的控制模块连成网络。Global A 系统中采用了多条 LIN 总线，LIN 总线各个控制模块包括有源报警喇叭（PSM）、远距离档位显示、雨量/光线感应模块（RSM）、天窗控制器（SCR）、车门电动车窗升降（PWL）、车门电动车窗玻璃升降开关按钮（DSP）、报警模块（ALM）等。

（6）专用链接　为增加数据传输的快速性和安全性，并提高响应性能，通用车系的某些控制模块之间，如车身模块（BCM）与防盗模块（Immo）之间、车身模块（BCM）与遥控和胎压接收天线模块（RFA）之间、高级前照灯模块（AFL）与两个前照灯控制模块

(HDLP1 和 HDLP2)之间，采用专线通信方式进行数据传输，只传输与之直接连接的两个模块之间的数据，而不传输其他网络数据，也不接受其他网络数据。

(7) 车身控制模块　车身控制模块作为整车车载网络系统的网关，对整个车载网络系统实施协调和控制，如图 11-48 所示。

(8) 诊断通信接口　诊断通信接口亦称数据通信接口，诊断通信接口（DLC）与各个总线系统的连接如图 11-49 所示。

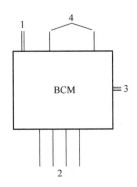
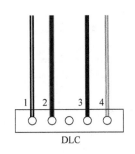

图 11-48　与网关联接并进行通信的各总线
1—高速 CAN　2—LIN 总线
3—低速 CAN　4—专用链接

图 11-49　诊断通信接口（DLC）与各个总线系统的连接图
1—中速 CAN 总线　2—低速 CAN 总线
3—高速 CAN 总线　4—底盘扩展总线

2. 通用别克新君威车载网络系统

别克新君威车载网络系统称为 GM LAN（General Motors Local Area Network），GM LAN 采用一组串行数据总线实现汽车各个电子控制模块 ECM 之间的数据通信，控制、联网能力非常强大。

(1) GM LAN 系统结构　GM LAN 系统结构如图 11-50 所示，按照不同系统对数据传输速率的要求不同，GM LAN 系统主要由高速主网络、低速主网络、中速双线网络、底盘扩展网络、LIN 总线以及诊断通信接口（DLC）组成。

(2) 诊断通信接口　诊断通信接口各端子的定义见表 11-2。

(3) 高速主网络　高速主网络是一种串行双线数据总线，数据传输速率为 500kbit/s，CAN-H 导线的电压为 2.5~3.5V，CAN-L 导线的电压为 1.5~2.5V。

(4) 底盘扩展总线　底盘扩展总线与高速主网络结构和工作原理相同，其专用于汽车底盘系统。

(5) 中速双线网络　中速双线网络是双线系统，数据传输速率为 125bit/s，连接在中速双线网络上的控制单元有收音机模块和车载电话控制模块。

(6) 低速主网络　低速主网络是单线结构，数据传输速率为 33.3bit/s，诊断数据传输速率为 83.3bit/s，信号电压为 0~4V。

(7) LIN 总线　LIN 总线是单线结构，工作电压为 12V，在诊断维修工作中，仅能通过 LIN 主控单元获得对从控单元的诊断信息，如图 11-51 所示，只能从主控单元车身控制模块上获得 LIN1、LIN2、LIN3、LIN4 总线的故障码；只能从记忆座椅模块（MSM）上获得存储的 LIN 总线的故障码。

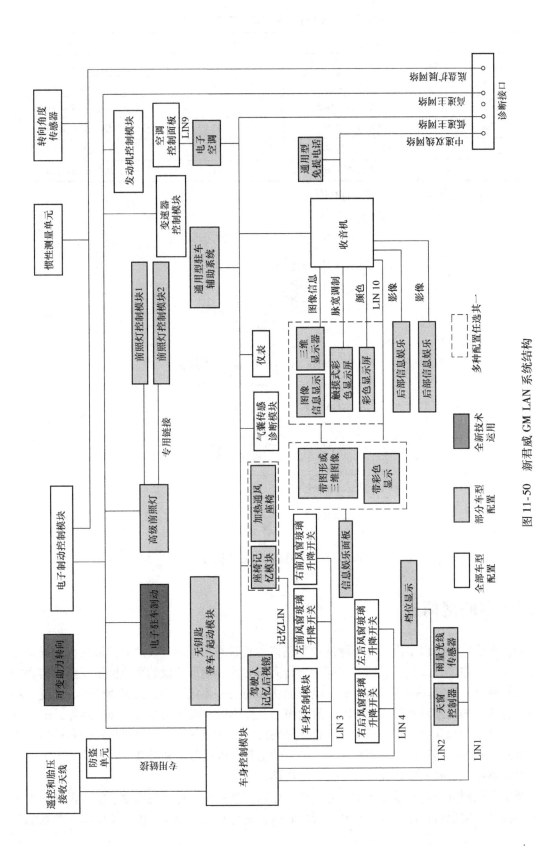

图 11-50 新君威 GM LAN 系统结构

表 11-2 新君威诊断通信接口各端子的作用

端子名称	作用（信号）	端子名称	作用（信号）
1	低速单线 CAN 总线	9	LIN 1
2	LIN 2	10	LIN 3
3	中速 CAN – High	11	中速 CAN – Low
4	接地（端子 31）	12	CE CAN – High
5	信号接地（端子 31）	13	CE CAN – Low
6	高速 CAN – High	14	高速 CAN – Low

注：CE 是 Chassis Expansion（底盘扩展）的缩写。

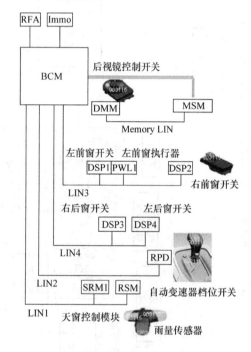

图 11-51 新君威 LIN 总线结构

11.4 车联网简述

现代车联网是指以车内网、车际网和车载移动互联网为基础，按照通信协议和数据交互标准，在车、路、行人及互联网等之间，进行无线通信和信息交换的系统网络，能够实现智能化交通管理、智能动态信息服务和车辆智能化控制的一体化网络，由车辆位置、速度和路线等信息构成的交互网络，通过 GPS、射频识别、传感器、摄像头图像处理等装置，车辆可以完成自身环境和状态信息的采集，通过互联网技术，所有的车辆可以将自身的各种信息传输汇聚到中央处理器，通过计算机技术，车辆的信息可以被分析和处理，从而计算出不同车辆的最佳路线，及时汇报路况并安排信号灯周期。

智能车联网货车物流系统利用全球定位、地理信息系统、计算机视觉、模式识别、人工智能等技术，实现对运输过程中车辆和货物联网，进行有效管理与监控；不停车收费系统是应用于道路、大桥和隧道的电子收费系统；智能车载终端基于移动通信网络技术和云计算技术的在线服务平台，为用户实时提供行车信息和服务。

本 章 小 结

- 车载网络使计算机技术融入整个汽车系统之中，加速了汽车智能化的发展，可最大限度地提高系统的整体效率。
- 车载网络的数据总线是指模块间运行数据的通道，模块/节点是一种电子装置，如温度、压力传感器，根据温度和压力的不同将产生不同的电压信号，这些电压信号在数字装置的输入接口被转变成数字信号。
- 目前汽车上使用的大多数链路都是有线网络，通常用于局域网的传输媒体有：双绞线、同轴电缆和光纤。
- 为了可靠地传输数据，通常将原始数据分割成一定长度的数据单元，数据单元即称为数据帧。一帧数据内应包括同步信号、错误控制、流量控制、控制信息、数据信息、寻址信息等。
- 车载网络传输协议规定通信信息帧的格式、通信信息帧的数据和控制信息、确定事件传输的顺序以及速度匹配；协议具有差错监测和纠正、分块和重装、排序、流量控制的功能。当出现数个使用者同时申请利用总线发送信息时，传输仲裁是用于避免发生数据冲突的机制。
- 车载网络系统由多个控制单元组成，这些控制单元通过收发器并联在总线导线上，控制单元的地位均相同，信息交换是按顺序连续完成的。
- 车载网络的网关具备从一个网络协议到另一个网络协议转换信息的能力，由于电压电平和电阻配置不同，在不同类型的数据总线之间无法进行直接耦合连接。另外，各种数据总线的传输速率是不同的，决定了它们无法使用相同的信号。
- CAN 总线通信接口中集成了 CAN 协议的物理层和数据链路层功能，可完成对通信数据的成帧处理，包括位填充、数据块编码、循环冗余检测、优先级判别等项工作。CAN 总线上的任意节点均可以作为发送器或接收器，报文由一个发送器发出，再由一个或多个接收器接收，报文传输由四个不同类型的帧表示和控制，它们分别是数据帧、远程帧、错误帧、过载帧。
- LIN 总线是在汽车网络层次结构中作为低端网络的通用协议，并取代目前各种各样的低端总线系统，从某种意义上讲，LIN 总线可认为是 CAN 的通信网络。
- 大众宝来汽车的舒适/信息 CAN 网络传输速率为 100kbit/s。
- 车联网基本原理；
- MOST 总线应用系统的工作原理；FlexRay 总线应用系统的工作原理。
- 大众车型网络结构；通用车型网络结构；丰田车型网络结构。

复习思考题

一、填空题

1. CAN 总线由_____、_____、_____组成。
2. 数据总线又称为_____线。

3. CAN 数据总线可对数据进行_____向传输,两条线被分别称为_____和_____两条线绕在一起,所以被称为_____线,其目的是为了防止_____和_____。

4. CAN 总线为_____方式工作,网络上任一节点均可在任意时刻主动地向网络上其他节点发送信息。

5. LIN 总线采用_____模式工作,_____需总线仲裁机制。

6. 车载网络上有线通信介质可为_____或_____。

二、判断题

1. 在 CAN 总线数据报文中,其总线上的节点分成不同的优先级。( )
2. 在 CAN 总线上的车载网络结构中,其节点数目实际上没有限制。( )
3. 在 CAN 总线报文中,对信息帧没有检错机制。( )
4. 在 CAN 总线中,位速率越高,传输距离越远。( )
5. 在 LIN 总线中,数据总线可采用单线。( )
6. CAN 总线到目前还没有成为国际标准。( )

三、简答题

1. CAN 总线的工作原理是什么?
2. CAN 总线的数据传输过程是什么?
3. CAN 总线系统中,各电子控制单元相关状态有哪些种类?
4. 宝来汽车的舒适/信息 CAN 数据总线上的信号电压是如何变化的?
5. 宝来汽车的舒适/信息 CAN 数据总线的联网单元有哪些?
6. LIN 总线的帧结构是怎样的?

实训项目13 大众汽车 CAN 总线系统的故障诊断与维修

车 辆 型 号	车辆识别代码	检 测 系 统

一、实训目标

　　1. 掌握汽车 CAN 总线系统的故障诊断与维修的方法。

　　2. 通过汽车 CAN 总线系统的故障诊断分析，判断 CAN 总线故障原因。

二、知识准备

　　1. 大众汽车的 CAN 总线是控制单元通过网络交换数据的，是车用控制单元传输信息的一种传送形式。

　　2. 大众汽车 CAN 总线系统的控制单元连接方式采用_____串行方式。

　　3. 可能引起 CAN Bus 系统故障的原因主要有_____，_____，_____，_____。

三、实训步骤

　　1. 检查汽车电源系统或接地是否存在故障，测量记录以下数据，绘制交流发电机的输出波形。

　　蓄电池的电压_____ V；

　　蓄电池负极与发动机的接地电压_____ V；

　　蓄电池负极与变速器的接地电压_____ V；

　　蓄电池负极与车身的接地电压_____ V。

交流发电机输出的正常波形	交流发电机输出的异常波形

　　2. 对数据总线进行检测和维修的方法。

　　（1）插拔法　一根总线上多个控制单元故障，插拔时按优先顺序进行。对于 a. 安全气囊控制单元，b. ABS 控制单元，c. 舒适系统控制单元，d. 自动变速器控制单元，常见的优先插拔顺序按照从高到低依次为_____。

　　（2）颜色法　检查并记录各类线的颜色。

项　　　目	颜　　色
CAN 总线的基本颜色	
CAN-Low 的颜色	
驱动系统的 CAN-High 的颜色	
舒适系统的 CAN-High 的颜色	
信息系统的 CAN-High 的颜色	

(续)

车 辆 型 号	车辆识别代码	检 测 系 统

(3) 电阻法　测量驱动总线的电阻_____Ω。

(4) 波形法　检查波形，用各总线出现故障时的波形与正常的波形相对比，画出故障时的波形和正常的波形。

故障波形	正常波形

通过上述检测，得出的结论是：_____
_____。

四、实训小结

第 11 章 车载网络技术

实训项目 14　多路传输系统通信线路的故障诊断

车　辆　型　号	车辆识别代码	检　测　系　统

一、实训目标

1. 掌握多路传输系统通信线路故障诊断的检测方法。
2. 能够通过对多路传输系统通信线路故障诊断的分析，找出多路传输系统的故障原因。

二、知识准备

1. 丰田检测仪器检测多路传输系统故障的流程：（1）_____；（2）_____；（3）_____；（4）_____；（5）_____；（6）_____；（7）_____。

2. DLC3 诊断插座的连接

将诊断工具连接到雷克萨斯 LS400 车辆上的诊断插座 DLC3 _____，可以由网关 ECU 和各种多路传输通信线路连通各 ECU，能输出故障码，进行数据监控（ECU 数据确认）、主动测试（执行器的动作测试）、定制功能的设置（改变控制程序）等，由于采用 CAN 通信系统，DLC3 诊断插座的端子排列有了一定改变，画出端子的排列图。

DLC3 诊断插座的端子排列图

三、实训步骤

1. 通过人工跨接读取故障码

使用短路跨接线 SST，跨接 DLC3 诊断插座的 TC 和 CG 端子，画出端子连接图。

DLC3 诊断插座的 TC 和 CG 端子连接图

2. 通过开门警告灯闪烁读取故障码。

(续)

车 辆 型 号	车辆识别代码	检 测 系 统

3. 写出通过诊断仪读取故障码的操作步骤：_____，
_____，
_____，
_____。

对下列故障码说明故障原因：

故障码	说　　　明	故障码	说　　　明
B1211		B1214	
B1261		B1215	

4. 通信线路诊断

（1）通过 DLC3 进行诊断　如果 CAN 通信系统中断，并且输出多个故障码，可以用检测仪连接到 DLC3 来读取系统故障码。DLC3 端子中设有 CAN-High 和 CAN-Low 端子，用来诊断 CAN 系统。通过测量通信线路端子之间的电阻可以确定通信线路是否短路或断路。通过测量 CAN-High 或 CAN-Low 端子和 BAT 或 CG 之间的电阻，可以确定通信线路与电源和搭铁之间是否有短路。根据所测量的电阻值，判断通信线路是否有故障，填写通信线路间通信线路情况以及数据分析表。

CAN-High 或 CAN-Low 之间电阻值	通信线路情况
54～67Ω	
超过 67Ω	
低于 54Ω	

端　　　子	电　阻　值	数　据　分　析
CAN-High 与 BAT	1kΩ 或以上	
	小于 1kΩ	
CAN-Low 与 BAT	1kΩ 或以上	
	小于 1kΩ	
CAN-High 与 CG	1kΩ 或以上	
	小于 1kΩ	
CAN-Low 与 CG	1kΩ 或以上	
	小于 1kΩ	

（2）短路故障的查找

当通信线路之间发生短路时，如果线路与电源之间短路，检查通信线路的电压为_____V；如果线路与搭铁短路，检查通信线路的电压为_____V，为了找到短路点，必须要一个一个地把电控单元的插头拔掉。

通过上述检测，得出的结论是：_____
_____。

四、实训小结

参 考 文 献

[1] 舒华，姚国平. 汽车电子控制技术 [M]. 北京：人民交通出版社，2008.
[2] 孙仁云，付百学. 汽车电器与电子技术 [M]. 北京：机械工业出版社，2006.
[3] 凌永成，于京诺. 汽车电子控制技术 [M]. 北京：北京大学出版社，2006.
[4] 李春明. 汽车底盘电控技术 [M]. 北京：机械工业出版社，2009.
[5] 冯渊. 汽车电子控制技术 [M]. 北京：北京大学出版社，2005.
[6] 麻友良. 汽车电气与电子控制技术 [M]. 北京：机械工业出版社，2006.
[7] 付百学. 汽车电子控制技术 [M]. 北京：机械工业出版社，2002.
[8] 谢剑. 汽车底盘电控技术 [M]. 长沙：国防科技大学出版社，2009.
[9] 刘仲国. 丰田凌志轿车故障诊断与维修手册 [M]. 北京：机械工业出版社，2003.
[10] 姚国平. 汽车电控系统结构与维修 [M]. 北京：北京理工大学出版社，2005.
[11] 周云山. 汽车电子控制技术 [M]. 北京：机械工业出版社，2004.
[12] 李美娟. 汽车典型电控系统结构与维修 [M]. 西安：西安电子科技大学出版社，2007.
[13] 李传志. 汽车车身电子控制系统 [M]. 北京：机械工业出版社，2006.
[14] 毛峰. 汽车电气设备与维修 [M]. 北京：机械工业出版社，2005.
[15] 解福泉. 汽车典型电控系统构造与维修 [M]. 北京：人民交通出版社，2008.
[16] 陈无畏. 汽车车身电子与控制技术 [M]. 北京：机械工业出版社，2008.
[17] 齐峰. 汽车电控系统实务 [M]. 北京：机械工业出版社，2009.
[18] 杨庆彪. 汽车电控制动系统原理与维修精华 [M]. 北京：机械工业出版社，2006.
[19] 李东江，张大成. 国产轿车 ABS 系统检修手册 [M]. 北京：机械工业出版社，2003.
[20] 宋进桂. 怎样维修汽车防盗与音响系统 [M]. 北京：机械工业出版社，2004.
[21] 高晗，王彬. 进口汽车防盗及中控系统维修精华 [M]. 北京：机械工业出版社，2005.
[22] 刘希恭. 国产汽车巡航控制、导航系统使用与故障检修使用手册 [M]. 北京：机械工业出版社，2009.
[23] 田夏. 桑塔纳 2000 俊杰轿车使用与维修手册 [M]. 北京：机械工业出版社，2002.
[24] 邬宽明. 现场总线技术应用选编 [M]. 北京：北京航空航天大学出版社，2003.
[25] 于万海. 汽车单片机与车载网络技术 [M]. 西安：西安电子科技大学出版社，2007.
[26] 饶云涛，邹继军. 现场总线 CAN 原理与应用技术 [M]. 2 版. 北京：北京航空航天大学出版社，2009.
[27] 南金瑞，刘波澜. 汽车单片机及车载网络系统 [M]. 北京：北京理工大学出版社，2008.
[28] 李贵炎. 车载网络系统结构原理与维修 [M]. 南京：江苏科学技术出版社，2008.
[29] 杨庆彪. 现代轿车全车网络系统原理与维修 [M]. 北京：国防工业出版社，2007.
[30] 李雷. 汽车车载网络系统检修 [M]. 北京：人民邮电出版社，2009.
[31] 吴文琳，吴丽霞. 汽车车载网络系统原理与维修精华 [M]. 北京：机械工业出版社，2008.
[32] 谭本忠. 汽车车载网络维修教程 [M]. 北京：机械工业出版社，2008.
[33] 刘云，刘志华. 计算机网络实用教程 [M]. 2 版. 北京：清华大学出版社，2006.
[34] 鲁植雄. 汽车电脑控制器区域网数据总线 [M]. 北京：人民交通出版社，2004.